Goudgele

Belgische immigranten in de Canadese tabaksstreek (1900-nu)

Goudgele Virginia

Belgische immigranten in de Canadese tabaksstreek (1900-nu)

Martina De Ridder

Uitgeverij Van Halewyck

Opgedragen aan mijn vrienden en kennissen in Ontario (Canada).

Diestsesteenweg 71a – 3010 Leuven
www.vanhalewyck.be

Cover: Julie van Severen
Foto voorplat: R&R Robyn (Merckx) – 1943, Kingsville. *Roger Robyn, Omer Hageniers (op het paard) en Thereza Poltz zetten jonge tabaksplanten uit met de plantmachine op de hoeve van Omer.*
Foto achterplat: Delhi Tobacco Museum & Heritage Centre
Foto's flappen: *The Canadian Tobacco Grower Magazine* (*www.annexweb.com*), Martina De Ridder, F&G Devlamynck (Lisabeth), Martina De Ridder, Irma Andries (Vermeulen), Marcel Lannoo.
Druk: Peeters, Herent

NUR 696
ISBN 978 90 5617 872 7
D/2008/7104/35

Inhoud

GROENLAND
KONINGIN ELIZABETH-
EILANDEN
ALASKA
(VS)
CANADA
Vancouver
Calgary
Regina
Winnipeg
Seattle
Quebec
Halifax
Montreal
Ottawa
Boston
Toronto
Milwaukee
Detroit
Buffalo
New York
Chicago
San Francisco
VS
St. Louis
Los Angeles
BAHAMA'S
Miami
CUBA
MEXICO
JAMAICA

Woord vooraf

Op een koude, mistige zondagmorgen in februari 2005 reden we van de internationale luchthaven van Toronto naar Simcoe in Norfolk County, Ontario. Ik was nooit eerder in Canada geweest.

De metropool en zijn voorsteden zaten verborgen achter dikke mistgordijnen. Pas toen we na meer dan een uur rijden de highway 403 verlieten, richting Simcoe, begonnen de nevelslierten langzaam weg te trekken en kwam een landschap tevoorschijn dat eigenlijk niet zoveel verschilde van mijn eigen Vlaamse land. Een beetje weidser misschien, iets golvender, met grotere percelen veld en weide, met minder lintbebouwing en de dorpen verder uit elkaar, maar niet echt anders.

Net voor Simcoe zag ik langs de weg een groot, in het oog springend reclamebord '*Garage DEMEYERE – Plymouth Chrysler Jeep*' en even verder '*DEMAREE first on the right*'. Ik wist wel dat er in deze regio Vlamingen woonden die hun weg gemaakt hadden in de tabak. Ik herinnerde me een vroegere kennis die als student bij die Vlaamse tabaksboeren tijdens de oogst was komen werken, ergens in het begin van de jaren zeventig. Maar ik had me daar toen onmetelijke, eindeloze velden vol tabak bij voorgesteld. Helemaal anders dan dit landschap.

Toen ik de volgende dagen Simcoe ging verkennen en in enkele winkels binnenliep, kreeg ik vaak al na mijn eerste zin in het Engels te horen: '*Hey, are you Dutch or Belgian?*' '*Belgian,*' zei ik dan ietwat verbaasd, en meteen kwam er al een tweede vraag: '*From the north or the south?*' Perplex over die kennis van België antwoordde ik: '*From the north, from Flanders!*' en dan volgde er steevast een verhaal over ouders of schoonouders of oma en opa die afkomstig waren uit Menen of Brugge of Westrozebeke of Beveren of Stekene… en die plaatsnamen werden dan in onversneden Vlaams dialect uitgesproken.

Een energieke winkelbediende in het Canadian Tyrewarenhuis vertelde me, tussen het stapelen van de waren door, dat ze in augustus samen met haar moeder naar België zou vliegen om de as van haar onlangs overleden vader te gaan uitstrooien op zijn geboortegrond in Duffel. Ik wist niet dat de band met België nog zo sterk was.

In het plaatselijke reclameblad zag ik advertenties voor Sinnaeve Heating, Vanden Bussche Irrigation, Rick VanDamme Custom Woodwork… en ik las een aankondiging van de gouden bruiloft van Walter en Margaret Van Laeken. Ik vond zelfs een artikel dat helemaal gewijd was aan de Belgische cultuur in de streek, dit als onderdeel van een vervolgreeks over alle etnische groepen uit de regio die gingen deelnemen aan de multiculturele Heritage Day op 1 mei 2005, met een foto erbij van een kantklossende dame, Irma Andries, die zeker aanwezig zou zijn op de Belgische stand die dag.

Toen heb ik het telefoonboek opengeslagen en bij de letter V geloofde ik haast mijn eigen ogen niet. Een paar pagina's vol Vlaamse namen van Vanacker tot Vynckier.

Hier wilde ik het fijne van weten.

Tijdens de zeventien maanden dat we in Simcoe hebben gewoond, ben ik gaan neuzen in boeken en archieven en ben ik vooral gaan praten met Belgische Canadezen in Simcoe, Delhi, Langton, Courtland en Tillsonburg. Ze hebben me hun verhalen verteld en die waren altijd boeiend, vaak verrassend en meestal heel herkenbaar. Ze hebben hun fotoalbums voor me opengeslagen, me gastvrij ontvangen met koffie en koek, me onvoorwaardelijk gesteund met dit project en ze hebben me vooral hun oprechte vriendschap geschonken en daar was ik heel gelukkig mee.

OPMERKING OVER DE NAMEN IN HET BOEK

Sommige Belgische achternamen werden door de Canadese immigratiediensten foutief overgeschreven, waardoor heel wat Belgische immigranten met een ietwat gewijzigde naam aan hun nieuwe leven in Canada zijn begonnen. Andere Belgische achternamen kregen geleidelijk aan een Canadese schrijfwijze. Engelstaligen zijn geneigd om tweedelige achternamen samen te smelten tot één woord, zowel in krantenartikels als in officiële documenten. Sommige immigranten nemen die Canadese schrijfwijze over, anderen blijven bij de Belgische schrijfwijze. Voornamen werden in de spreektaal heel vlug verengelst.

In Canada krijgt de vrouw bij het huwelijk de naam van haar echtgenoot en die naam behoudt ze ook na een scheiding of als ze weduwe wordt. Soms wordt de meisjesnaam tussen haakjes bijgevoegd en dat is wat ik in dit boek ook doe waar die gekend is.

1. 'Waarom gaat ge niet naar Canada?'

Het verhaal van Irma

Ze heeft nog fijne gelaatstrekken en een vinnige blik, ook al is ze al even de tachtig voorbij. Haar vingers spelen met de klosjes op haar kantkussen. Irma Andries (Vermeulen), de kantwerkster op de Belgische stand tijdens de multiculturele erfgoeddag in Delhi (Ontario) op 1 mei 2005, is een van de vele Belgische immigranten die een nieuwe thuis en een nieuw leven hebben opgebouwd in de Canadese tabaksstreek in Zuid-Ontario.

Of ze nog Nederlands spreekt, vraag ik haar. '*Of course. Ma zekerst!*' en er volgt een lange uitleg in sappig West-Vlaams doorspekt met Engelse stopwoorden. Dat ze weduwe is en dat ze nog steeds in hun huis in Delhi woont. En dat ze nog altijd met de *karre* (auto) rijdt. En dat ze zichzelf wat gunt, elke week naar de kapper en af en toe met vriendinnen op restaurant, want ze heeft lang genoeg en hard genoeg *gewrocht* in de tabak en in die fabriek.

Irma praat graag over vroeger, over België en over Canada, over haar leven...

'Ik ben geboren in Ruddervoorde [West-Vlaanderen] *in 1922. Toen ik 22 was, trouwde ik met Henri Andries* [°1914], *eveneens uit Ruddervoorde en we gingen op een* boerenhof *in Torhout wonen. Daar werden onze twee kinderen geboren: Marie-Jeanne in 1948 en Willy in 1949.*
Henri deed naast het werk op de boerderij nog een melkronde, maar het bracht allemaal niet veel op. We kwamen niet echt vooruit. Toen in 1951 Michel, een van de oudere broers van Henri, die al sinds 1926 in Detroit woonde, op bezoek kwam, zei hij: "Maar waarom trekt ge niet naar Canada, naar de tabaksstreek waar onze André [andere broer van Henri en Michel] *woont?" Tja, waarom niet? We hadden nog niets anders gekend dan slechte tijden en hard werken. Ik was achttien toen de Tweede Wereldoorlog uitbrak en nu was de oorlog al meer dan vijf jaar voorbij en het ging nog altijd slecht! We dachten erover na en nog datzelfde jaar verkochten we alles en we kochten met dat geld tickets*

om in december naar Canada te reizen. We hielden nog een mooi bedrag over, zodat we geld hadden om te starten in Canada. Het deed me wel pijn dat ik wegtrok van mijn moeder. Ik was haar enige meisje. Dat moet enorm hard geweest zijn voor haar en dat knaagt bij mij nog altijd een beetje.

We zijn per bus naar Rotterdam gereisd en daar gingen we aan boord van de boot voor New York. De overtocht duurde negen dagen. Het was een hele belevenis. Onze Willy, amper twee jaar toen, kon maar niet genoeg krijgen van het kruipen op al die trappen om er dan op zijn achterste weer vliegensvlug af te glippen, dit tot groot plezier van veel medepassagiers. In New York namen we de nachttrein naar Buffalo. Was me dat een wrak van een trein! De ressorts staken door de kussens. We hebben nog drie of vier keer moeten overstappen – gelukkig waren de treinen in Canada een stuk comfortabeler – om uiteindelijk aan te komen in het ondergesneeuwde station van Saint Thomas, waar André ons kwam ophalen met zijn wagen. We hebben de kerst- en

Irma Andries (Vermeulen)

December 1951. Aankomst in Langton van het gezin Andries (Vermeulen). V.l.n.r.: Henri, Irma en André Andries, met voor hen Willy en Marie-Jeanne.

nieuwjaarsdagen in zijn huis in Langton [Ontario] *doorgebracht, samen met zijn gezin.*
Daarna huurden we een huisje in Langton, heel goedkoop, dat wel, maar er was niet eens elektriciteit. We hebben daar maar zes weken gewoond. Toen kwam de planttijd eraan en we verhuisden naar een tabakshoeve in de buurt, waar we allebei aan het werk konden. Henri deed daarbij nog timmerwerk tijdens de zomerperiode.

Dat eerste jaar was heel zwaar. De kinderen waren nog heel klein en zowel Henri als ik hadden veel heimwee. Ik had een leerboek Engels gekregen van de reisagent voor we vertrokken naar Canada en ik was meteen Engels beginnen te leren, maar het was heel moeilijk. Ook het werk was totaal anders dan thuis, al waren we gewoon van op het veld te werken. Een van de grote verschillen was wel de gejaagdheid waarmee alles moest gebeuren. De graanoogst, de aardappeloogst, de tabaksoogst... het moest allemaal snel, snel, rush, rush. *Het waren lange werkdagen en de omstandigheden waren verre van ideaal. Zo kwam er op een morgen, terwijl we aan het werk waren tussen de tabaksplanten, een vliegtuig overgevlogen om het veld – en de arbeiders erbij! – met chemicaliën te besproeien. Ik voelde me meteen ziek. Ik heb toen wat melk gedronken, dat hielp een beetje, maar van naar huis gaan was geen sprake. We deden verder, want we hadden het geld heel*

Irma Andries (Vermeulen)

1955, Delhi. Aan het werk op de Crevets-tabakshoeve. Irma Andries (Vermeulen) met een van de medewerkers op de plantmachine. De stofbril was nodig tegen het opwaaiende zand.

hard nodig. In 1954 zijn we zelfs in het najaar in de suikerbieten gaan werken in St. Mary's, maar dat was echt heel zwaar. Dat hebben we maar één keer gedaan.

In 1955 zijn we gestart met sharegrowing [boeren voor de helft, zie hoofdstuk 5] *op de tabakshoeve van Crevets in Delhi, maar de oogst was dat jaar bedroevend klein. Vroege nachtvorst was een spelbreker en we verloren geld. We zijn er dan maar mee gestopt.*
Vanaf toen zijn we tijdens de winterperiode gaan werken in de tabaksfabriek in Delhi en in de zomer was er werk genoeg op de tabakshoeves. We zijn in Delhi gaan wonen, dicht bij het werk, en ik vond het er veel aangenamer dan in Langton. We hebben acht jaar gehuurd en dan een eigen huis gekocht. Vijfentwintig jaar lang heb ik in die tabaksfabriek gewerkt. Ik deed er kwaliteitscontrole; dat was geen vuil werk in het stof of zo. Ik deed het graag, maar toen ging de fabriek hier dicht. Ik mocht wel mee naar hun fabriek in Aylmer, maar dat heb ik niet gedaan.
In april 1961 had Henri een zwaar werkongeval. Hij werkte mee aan de grote schoonmaakbeurt in de tabaksfabriek en hij is van een stelling gevallen. Na een lange herstelperiode vond hij een job in een andere fabriek in Delhi, maar timmerwerk doen ging niet meer. Vanaf toen deed hij als bijverdienste enkel hier en daar nog wat klusjes.
Ik verdiende nog wat bij door lukken *te bakken volgens het recept van mijn moeder, met het wafelijzer dat ik uit België had meegebracht. Eerst bakte ik op de kolenkachel, maar toen ik voor het eerst terugkeerde naar België, kocht ik daar een elektrisch wafelijzer. Die lukken verkochten vlot, want de Belgen waren zo blij met alles wat hen aan thuis deed denken. Ik bak nu nog altijd die West-Vlaamse wafeltjes, flinterdun en krokant, zoals echte lukken moeten zijn. Onze Willy kan ze ook zo bakken. Hij woont nu in Three Hills in de provincie Alberta en hij verkoopt daar zijn lukken op de plaatselijke markt.*

Achter ons huis in Delhi hebben we een lapje grond en daar heb ik een mooie bloementuin van gemaakt. Zelfs na een lange werkdag ging ik nog even de tuin in om de bloemen te verzorgen. Die liefde had ik van mijn vader geërfd.

Geen bloemen... dat was mijn einde geweest. Als ik me wat down voelde of als ik last had van heimwee, dan kon ik de tuin ingaan en dan ging die trieste bui over en dan voelde ik me weer goed, elke keer.
In 1960 ben ik voor het eerst terug naar België gegaan, samen met mijn dochter. Alles ging er stukken beter dan toen we vertrokken zijn in 1951. Wie had kunnen denken dat het zo zou draaien! We hadden eigenlijk niet hoeven te vertrekken.

Mijn moeder heeft me leren kantklossen toen ik nog een kind was. Brugse kant. "Spellenwerk" noemden we dat. Dat kloskussen had ik meegenomen naar Canada, maar ik heb er lang niets mee gedaan. Mijn schoonzuster Maria [Gevaert], de vrouw van André, kon goed kantklossen en via haar ben ik er weer aan begonnen. Ik heb de finesses van de Brugse kant ook aan mijn dochter doorgegeven.
Toen men meer dan twintig jaar geleden in Delhi een jaarlijkse Heritage Day begon te organiseren, kwam iemand Maria vragen om op de Belgische stand het kantklossen te demonstreren, maar ze aarzelde toen ze hoorde dat ze er ook uitleg bij moest geven in het Engels. "Vraag het eens aan Irma," heeft ze toen voorgesteld, "die doet ook spellenwerk en die kan het veel beter uitleggen in het Engels dan ik." En zo heb ik voor het eerst enkele eigen werkjes tentoongesteld en voor een publiek zitten kantklossen. En raar maar waar, ik had vooral succes bij de Canadezen. Voor hen was Brugse kant iets totaal nieuws en ze vonden het prachtig. "Belgian lace" noemden zij het. Voor de Belgen die al lang in Canada woonden, droeg kant nog steeds het etiket van "gemaakt door de arme voor de rijke", zoals het vroeger ook was. Ik denk dat er daarom in het begin zo weinig belangstelling was bij de eigen landgenoten.
Ik kreeg de smaak te pakken en ik ben vanaf toen mijn kantwerk gaan tentoonstellen en het kantklossen gaan demonstreren tijdens allerlei craftshows [handwerktentoonstellingen], die overal in Zuid-Ontario worden georganiseerd. Henri ging altijd mee. We gingen ook vaak samen naar antiekshows, waar ik enkele mooie, grote stukken kant op de kop heb kunnen tikken.
Soms vertelden Canadezen me tijdens die craftshows dat ze thuis ook ergens zo'n lapje hadden liggen. Hun zoon of hun man had het meegebracht uit Europa

na de oorlog en ze wisten niet goed wat het eigenlijk was. Ik zei dan altijd: "Ge moet dat inkaderen en in uw beste plaats hangen, want dat is iets van waarde." Ik vertelde tijdens het klossen ook over België en vooral over de stad Brugge en ik deelde toeristische foldertjes uit. Het gebeurde dat mensen die een foldertje hadden meegenomen, me het volgende jaar kwamen opzoeken en me met veel enthousiasme zegden: "We hebben uw stad bezocht en het was wonderful!"

Tijdens de jaarlijkse multiculturele Heritage Day in Delhi was de Belgische consul uit Toronto vaak aanwezig. Op een keer kwam hij bij me en vertelde hij me hoe hij het bewonderde dat ik de hele streek rondtrok om dat stukje Belgische cultuur aan de mensen te tonen. En dat hij hiervoor iets ging doen. En inderdaad, in 1995 was het denk ik, tijdens een speciale vergadering van de Multicultural Heritage Association in het tabaksmuseum kreeg ik een ereteken opgespeld door Gaston Geysens, in opdracht van het Belgisch Consulaat in Toronto. Gaston zelf had al een paar jaar eerder die onderscheiding gekregen van de consul-generaal voor zijn jarenlange voorzitterschap van de vereniging én van de Belgian Club. Nadien heeft ook Luc Van Maele uit Tillsonburg dat ereteken gekregen omdat hij al sinds 1957 een Nederlandstalig radioprogramma verzorgt waar alle Belgische immigranten zo graag naar luisteren. Jammer dat Henri, die in 1993 is overleden, die uitreiking van de medaille niet heeft kunnen meemaken. Vanaf die dag was ik "Ridder in de Orde van Leopold II van het Koninkrijk België", en daar ben ik best trots op.'

Irma Andries (Vermeulen)

Irma Andries (Vermeulen) op een handwerktentoonstelling.

2. Pelsjagers, pioniers en missionarissen

Voorgeschiedenis

DE PIONIERS

Vanaf het begin van de zestiende eeuw zetten Europese ontdekkingsreizigers voet aan wal op de oostkust van Noord-Amerika. De Spanjaarden doen dat in wat nu de staat Florida is. De Engelsen stichten Virginia. De Nederlanders exploreren de monding van de Hudsonrivier en stichten Nieuw-Nederland. De Fransen verkennen het noordelijker gelegen deel, ze zeilen de Saint Lawrencerivier op en gaan aan land in wat zij Canada noemen.

Aanvankelijk tonen de Europese staten niet veel interesse voor Noord-Amerika. Het enige doel van hun ontdekkingsreizigers is zo vlug mogelijk een directe zeeroute te vinden naar het Verre Oosten met al zijn kostbare schatten zoals zijde en specerijen. Goud is ook een optie, maar het enige kostbare dat de Fransen en de Nederlanders in die Nieuwe Wereld kunnen vinden, is beverpels. Dat materiaal is ideaal om warme, waterdichte wintermutsen mee te maken en is peperduur geworden in West-Europa omdat de bever er bijna is uitgestorven. Er komt een ruilhandel op gang met de inheemse bevolking. Onverschrokken pelsjagers trekken zelf de dichte wouden in. Vrij vlug floreert de bonthandel en worden massa's pelsen naar Europa verscheept. De eerste pioniers stichten de prille kernen van Nieuw-Frankrijk en Nieuw-Nederland.

De Engelsen in het veel zuidelijker gelegen Virginia experimenteren met het telen van tabak uit zaden die de pionier John Rolfe meebracht uit Trinidad (of van de Bermuda-eilanden). Het blijkt een regelrecht succes te zijn. Die tabak is veel beter dan de plaatselijke variant die door de inheemse bevolking van Virginia wordt gekweekt en gerookt. In 1614 wordt de eerste tabak uit Virginia al in Londen verkocht. Het is het begin van een succesverhaal. Tabak wordt het grootste exportproduct van de Britse kolonies in Noord-Amerika naar het moederland.

De Franse ontdekkingsreiziger Samuel de Champlain is de eerste die het dichtbeboste gebied tussen het Ontariomeer en het Huronmeer, ten noorden van het Eriemeer, verkent. Hij maakt er in 1615 kennis met de Petuns en de Neutrals, twee indianenstammen die op grote schaal tabak verbouwen om ermee handel te drijven met andere stammen. De Neutrals hebben grote tabaksvelden aan de noordelijke oever van het Eriemeer. Ze zijn ook zeer bedreven in het maken van stenen pijpen en vuurstenen speerpunten. In 1649 komt hieraan abrupt een einde door de massale aanvallen en slachtpartijen door de Irokezen. De overlevende Neutrals, Petuns en Huronen vluchten naar het noorden en het immense bos slorpt hun tabaksplantages stilaan weer op.

Met de eerste Franse ontdekkingsreizigers komen ook de eerste rooms-

Uit het boek *Tobacco in Canada* van Lyal Tate

Petunvrouw aan het schoffelen tussen de tabaksplanten.

katholieke missionarissen aan. Avontuurlijke, gedreven idealisten (jezuïeten en franciscanen) die tussen de inheemse bevolking gaan leven, hun taal leren en proberen hen tot het 'ware geloof' te bekeren. Iets waarin sommigen slagen terwijl anderen die inspanning met hun leven bekopen.

De Franse koning ziet alles groots, niet alleen voor zijn rijk in Europa maar ook voor zijn nieuwe gebieden overzee. Er zeilen steeds meer Franse soldaten en kolonisten naar Nieuw-Frankrijk. Om de man-vrouwverhouding in evenwicht te houden en het bevolkingsaantal op te krikken stuurt de koning zelfs een schip vol potentiële bruiden voor de mannelijke kolonisten. De nieuwkomers vestigen zich steeds verder stroomopwaarts aan de Saint Lawrencerivier. Om de beginnende, kleinschalige industrie wat impuls te geven stuurt Frankrijk onder andere ook bekwame werklui uit de Zuidelijke Nederlanden naar zijn prille kolonie.

Lodewijk XIV wil nog meer grondgebied over zee bezitten. Hij geeft René-Robert Cavalier, Sieur de La Salle de opdracht om Noord-Amerika dieper landinwaarts te verkennen met de bedoeling een weg te vinden naar de monding van de Mississippi, om zo een havenplaats aan de Golf van Mexico te bemachtigen. In 1678 bouwen de expeditieleden van La Salle in de buurt van de Niagararivier een stevig schip waarmee ze over de Grote Meren zullen zeilen. Een van hen is de franciscaan Louis Hennepin uit Ath (Henegouwen). Hij is een avontuurlijke slagerszoon die voor priester studeerde met de bedoeling missionaris te worden in de Nieuwe Wereld. Hij is daarbij ook een begenadigd schrijver. Zijn taak tijdens deze verkenningstocht is alles nauwkeurig noteren. Zo is hij de allereerste Europeaan die een beschrijving van de grandioze Niagarawatervallen in woorden vastlegt en is hij ook de eerste die in lovende woorden de vruchtbare oevers van de rivier tussen het Eriemeer en het kleinere St.-Clairmeer beschrijft. Die rivier krijgt de naam Le Detroit (het nauw, de engte).

Verder dan de Grote Meren raakt deze expeditie niet, maar drie jaar later waagt La Salle nog een poging, ditmaal zonder pater Hennepin, en hij slaagt erin de Mississippi volledig af te varen en de monding te vinden. Meteen vordert hij alle gronden ten oosten van de rivier op voor zijn koninklijke opdrachtgever; het gebied wordt ter ere van Lodewijk XIV Louisiana genoemd.

HET PRILLE BEGIN VAN DETROIT EN WINDSOR

Ondertussen neemt de kolonisatie van de Oostkust door de Britten, in wat nu de Verenigde Staten zijn, een enorme vlucht. In 1644 nemen ze Nieuw-Nederland zonder slag of stoot in en herdopen ze Nieuw-Amsterdam tot New York. Er worden in totaal dertien Britse kolonies opgericht langs de oostkust, van Massachusetts in het noorden tot Georgia in het zuiden, en er is een druk (gemonopoliseerd) handelsverkeer tussen de kolonies en het moederland.

Ook de Britten zoeken, net als de Fransen, uitbreiding naar het westen toe. Daarom beginnen de Fransen op strategische plaatsen forten te bouwen om zo hun jachtgebied voor pelsen tegen de Britten te beschermen. Le Detroit, de enge rivier tussen het Eriemeer en het St.-Clairmeer, wordt als een ideale plaats voor een vooruitgeschoven Franse post aangezien. Antoine de la Mothe Cadillac krijgt de toelating van het Franse Hof om er een nederzetting te starten. In 1701 komt hij er aan met een gezelschap van een vijftigtal soldaten en evenveel burgers, onder wie boeren, handwerkers, handelaars en twee priesters, een franciscaan en een jezuïet. Dit gezelschap bouwt Fort Ponchartrain op de westelijke oever van de rivier. De jezuïet kan zich niet verzoenen met het feit dat de heer Cadillac een handeltje in brandewijn wil opzetten met de inheemse bevolking en dat hij zijn soldaten aanmoedigt om te trouwen met de indianenmeisjes. Daarom verlaat hij de groep bijna meteen na de landing.

In 1720 reist de Franse jezuïet Pierre Francois Xavier Charlevoix naar Nieuw-Frankrijk met de intentie de 'allereerste geschiedenis van Canada' te schrijven. Hiervoor toert hij rond in het gebied en bestudeert hij verscheidene inheemse stammen. Hij besluit dat de Huronen het meest ontvankelijk zijn voor het christendom. De Huronen zien in het christendom inderdaad een veilige hemel die hen hopelijk zal verlossen van de voortdurende aanvallen van de strijdlustige Irokezen. Na een bezoek aan de regio rond de Detroitrivier, besluit Charlevoix dat er in die omgeving een missiepost moet worden opgestart tussen een groep Huronen. De Franse jezuïet Armand de la Richardie krijgt die opdracht in 1728. Hij vestigt zich wijselijk niet in de parochie binnen de muren van Fort Ponchartrain wegens de vroegere vete tussen de heer Cadillac en de jezuïeten, maar hij bouwt zijn bescheiden missiepost aan de overkant van de rivier, op de oostelijke oever, op een plaats net ten noorden van waar nu de universiteitscampus van de huidige Canadese stad Windsor is. De relatie met de bekeerde Huronen verloopt (meestal) goed. Uit die kiem langs de oostelijke oever van de Detroitrivier ontstaat twintig jaar later de allereerste katholieke parochie in Ontario: Notre-Dame-de-l'Assomption, die nu een deel is van de stad Windsor. Naast de Huronen wonen er ook Franse en gemengde gezinnen, want heel wat soldaten keren niet terug naar hun vaderland, maar trouwen met een inheemse vrouw en worden boer, vakman of handelaar.

EEN NIEUWE GRENS

Rond het midden van de achttiende eeuw wonen er al meer dan een miljoen Europeanen in Noord-Amerika. De Britten (en hun inheemse bondgenoten) raken steeds vaker slaags met de Fransen (en hun inheemse bondgenoten) en dat ontaardt in een regelrechte, jarenlange oorlog die uiteindelijk wordt gewonnen door de Britten in 1759 na de val van Quebec. In 1763 komen alle Franse bezittingen in Noord-Amerika definitief in handen van de Britten door het Verdrag van Parijs. De tachtigduizend Franstalige katholieken moeten nu verder leven onder Brits, protestants bewind, maar ze krijgen wel de zekerheid dat ze hun taal, godsdienst en burgerlijk recht kunnen behouden. In Fort Pontchartrain wordt het bewind door de Franse commandant overgegeven aan een nieuwe Britse gouverneur. De naam van het fort is vanaf dan Fort Detroit of kortweg Detroit en er wordt zowel Frans als Engels gesproken.

Enkele jaren later krijgen dertien Britse kolonies het aan de stok met het moederland omwille van te hoge belastingen en te beperkte inspraak. De noordelijker gelegen Britse kolonies Nova Scotia, Prince Edward Island, New Brunswick, Newfoundland en Quebec zijn het niet eens met deze opstandelingen en blijven de Britse Kroon trouw. Dit geschil mondt uit in de Amerikaanse Vrijheidsoorlog, waarbij uiteindelijk het Britse leger het onderspit moet delven.

Op 4 juli 1776 vormen die dertien opstandige kolonies door middel van de *Declaration of Independence* officieel een onafhankelijke staat: de Verenigde Staten van Amerika. Er wordt ook een grens vastgelegd met het Brits gebleven gebied, dat lang Brits Noord-Amerika zal heten (nu Canada). Die grens loopt midden in de Detroitrivier, zodat de stad Detroit nu in de Amerikaanse staat Michigan komt te liggen en de Assumptionparochie in Brits Noord-Amerika.

Niet alle Britse kolonisten in die opstandige staten kiezen de kant van de Amerikaanse Vrijheidsstrijders. De vele Loyalisten, die trouw blijven aan de Britse kroon, vluchten massaal naar Brits Noord-Amerika, samen met de oorlogshatende Mennonieten en de totaal verzwakte Six Nations-indianen.

In Fort Detroit blijven er van de tweeduizend inwoners slechts vijfhonderd over. De rest is vertrokken naar de overkant van de rivier, waar ze dicht bij de Assumptionparochie een nieuwe Frans-Engelse, katholiek-protestantse stad stichten: Sandwich. Er volgen nog meer kleine nederzettingen in Brits Noord-Amerika langs de noordrand van het Eriemeer.

DE VERDELING IN COUNTY'S

De stroom Amerikaanse vluchtelingen die neerstrijkt in de provincies Nova Scotia en Quebec, bezorgt de Britse regering tegelijk een godsgeschenk en een serieus probleem. Enerzijds kan Brits Noord-Amerika hierdoor worden bevolkt met een grote groep mensen van Britse origine, die trouw zijn aan de Britse kroon, en anderzijds dreigen er gevaarlijke spanningen door het grote verschil in godsdienst en cultuur met de bestaande Franstalige, katholieke gemeenschappen. Om zware moeilijkheden te voorkomen wordt er een heel nieuw plan uitgedokterd: als dank voor hun trouw aan het moederland zullen de Loyalisten percelen grond krijgen in gebieden die tot dan toe nog niet ontgonnen zijn, namelijk het westelijke deel van de provincie Quebec en de door de inheemse indianenstammen bewoonde gebieden langs de noordrand van het Ontario- en het Eriemeer. Voor die laatste gebieden onderhandelt de Britse regering met de Mississaugas, die ze als eigenaars van deze gronden aanzien, en ze sluiten met deze indianen (gedwongen) overeenkomsten af. In 1791 is die nieuwe provincie een feit. Ze heet Upper Canada (het latere Ontario) en de bestaande, hoofdzakelijk Franstalige provincie Quebec heet voortaan Lower Canada.

De eerste gouverneur van Upper Canada is de Engelsman John Graves Simcoe. Hij verdeelt zijn provincie eerst in vier districten en later in negentien *counties*, net als in *good old England*. De namen van de county's weerspiegelen zijn nostalgie naar dat *good old England* en benadrukken tegelijkertijd nog eens extra dat dit Brits gebied is: zo heten bijvoorbeeld de county's ten noorden van het Eriemeer Lincoln, West-York, Norfolk, Suffolk, Essex (waartoe Sandwich behoort) en Kent.

Rond 1790 arriveren de eerste vluchtelingen in de streek rond Long Point in Norfolk County. Ze hebben de lange, zware tocht gedaan per boot, met paard en kar of zelfs helemaal te voet. Eens aangekomen krijgen ze per familie een perceel wildernis toegewezen, waarvan ze binnen het jaar al een stukje moeten hebben bewerkt om het hun eigendom te mogen noemen. Elk moet ook zor-

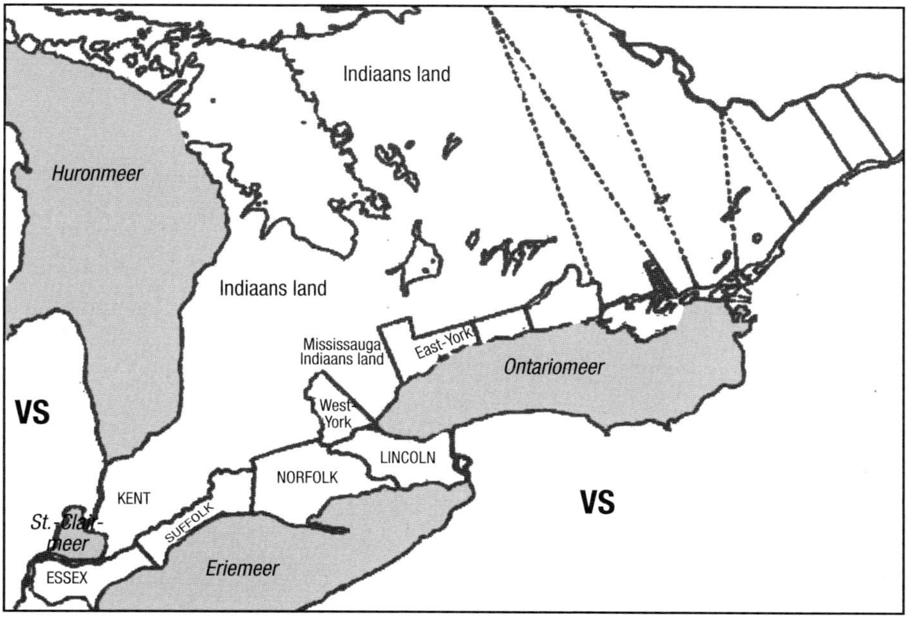

De originele countyverdeling van Zuid-Ontario in 1792.

gen voor een weg langs zijn perceel. Het harde labeur kan beginnen. Niet al die zogenaamde Loyalisten zijn de Verenigde Staten ontvlucht om politieke redenen, heel wat onder hen zijn gewoon uit op goedkoop land.

De Six Nations-indianen, die in de Amerikaanse vrijheidsstrijd trouw aan de zijde van de Britten hebben gevochten, worden voor hun diensten beloond met een groot eigen gebied langs de Grandrivier in Upper Canada.

De pas opgerichte onafhankelijke Verenigde Staten vallen in 1812 Brits Noord-Amerika binnen om het land, in hun ogen, te bevrijden van het koloniale juk. Dat lukt hun echter niet, onder meer omdat het overgrote deel van de bevolking dat niet wil. Deze oorlog eindigt in 1814 met de ondertekening van de Vrede van Gent. Het gevolg is dat de Britten nu de immigratie uit de Verenigde Staten heel sterk gaan beperken en de komst uit Europa van Engelsen, Schotten, Ieren en in beperktere mate Duitsers zeer fel gaan aanmoedigen om zo hun kolonie volledig op Britse leest te kunnen schoeien en het zeer vrije, democratische gedachtegoed van de Verenigde Staten buiten hun grenzen te houden, evenals hun 'leve het privé-initiatief'-denkpatroon.

DETROIT GROEIT

In het begin van de negentiende eeuw voelen heel wat Belgische priesters zich geroepen om naar Noord-Amerika te vertrekken om er als missionaris tussen de indianen te gaan werken. Zo belanden in 1832 enkele Vlaamse priesters samen met een handvol ambachtslui in Detroit. Ze zijn op weg naar hun missiepost, maar blijven uiteindelijk in de stad wonen. De Antwerpse familie Palms had zich in die stad al een paar jaar eerder gevestigd als allereerste Belgen.

Peter Paul Lefevre uit Roeselare heeft voor priester gestudeerd in Parijs en vertrekt meteen na zijn studies naar de Verenigde Staten. Na veel jaren missiewerk wordt hij in 1841 benoemd tot bisschop van Detroit. De stad telt dan al tienduizend inwoners en begint aan een heuse 'boom'. Het is de tijd van de industriële revolutie. Stoommachines, fabrieken, stoomschepen, treinen... de westerse wereld komt in een stroomversnelling terecht en ook de stad Detroit draait hierin mee. Grondspeculanten doen gouden zaken. Er is werk in de fabrieken, in de bouw, in de wegenaanleg, in de scholen, in de land- en tuinbouw, in de handel... en de Europese immigranten stromen toe. Ze komen vooral uit Duitsland omwille van politieke en godsdienstige onrust in dat rijk, maar ze komen ook massaal uit Duitse buurlanden als Polen, Oostenrijk, Hongarije en uit Rusland. En in veel mindere mate ook uit België. Het jonge België beleeft immers rond 1850 barre tijden en vooral West-Vlaanderen, maar ook delen van Oost-Vlaanderen krijgen het hard te verduren. Op de vele kleine, onfunctionele boerenbedrijfjes is er geen werk genoeg voor de jonge generatie. De ambachtelijke vlasbewerking wordt door de textielindustrie genekt. Een paar mislukte aardappeloogsten en een bedroevende gerstoogst doen daar nog een schep bovenop. Heel wat Belgen, zowel in Vlaanderen als in Wallonië, lijden honger. Emigreren naar de Nieuwe Wereld is een staalharde, hartverscheurende noodzaak die door de Belgische regering fel wordt aangemoedigd. Terwijl de Waalse emigranten (voornamelijk uit de provincie Luxemburg en uit Waals-Brabant) hoofdzakelijk naar de staat Wisconsin trekken, kiezen veel Vlamingen voor de staten Illinois (Chicago, Moline), Ohio, Indiana en voor de staat Michigan, waar ze zich vooral in de stad Detroit vestigen, allemaal in dezelfde buurt aan de uiterste oostkant van de stad.

In die jaren barst Detroit uit zijn voegen. Bisschop Lefevre bouwt nieuwe kerken, kloosters en scholen in zijn snelgroeiende bisdom. Voor al die gloednieuwe katholieke parochies heeft hij priesters nodig en die vindt hij in België. Meer zelfs, hij en de bisschop van Saint Louis zijn de promotors van het Amerikaans College in Leuven, dat speciaal wordt opgericht om jonge priesters voor te bereiden op hun missiewerk in Noord-Amerika.

Vanaf 1859 is Peter De Coster de eerste consul van België in Detroit. De Vlamingen vormen een aparte parochie en ze krijgen in 1884 hun eigen parochiekerk met Gustaaf Limpens als hun eerste pastoor. De onderlinge solidariteit onder de Belgen is groot. Ze helpen en steunen elkaar om aan werk en aan een woning te geraken. 's Avonds ontmoeten ze elkaar in een van de vele *Flemish saloons*, waar ze kaarten en *bollen* (met houten bollen proberen een houten paal te raken) en nieuws uitwisselen over het thuisland.

... EN OOK ZUID-ONTARIO

Ondertussen breiden ook de steden aan de overkant van de Detroitrivier zich uit. Sandwich wordt een deel van de grotere, snelgroeiende stad Windsor. Leamington wordt gesticht en in Wallaceburg komen houtindustrie en scheepsbouw op gang.

In 1854 kiest de Great Western Railway de stad Windsor als eindbestemming voor zijn treintraject vanuit Toronto door Upper Canada (nu Ontario). Dit is de start van de industrialisering van de hele regio.

In de county's van Upper-Canada hebben de Loyalisten en de nieuwe Europese immigranten hun percelen wildernis in vrij korte tijd en met hard labeur omgetoverd tot vruchtbaar landbouwgebied. In Essex County blijkt er onder het dichte woud goede kleigrond te zitten. In Norfolk County daarentegen moeten ze het na het rooien van de majestueuze dennen stellen met een zanderige bodem die door ontbossing werkelijk poederdroog wordt en door de wind her en der wordt weggeblazen.

Er ontstaan overal dorpen en steden met kerken, scholen, graanmolens, houtzagerijen en nieuwe wegen. De nieuwe immigranten blijven toestromen. Tussen deze mix van Europese nationaliteiten trachten tot 1865 ook vroegere negerslaven uit de zuidelijke staten van de Verenigde Staten een nieuw en veiliger leven op te bouwen.

Na verloop van tijd gaan sommige Belgen uit Detroit ook langs de Canadese kant van de rivier wonen en werken, net zoals heel wat Duitsers en Polen dat doen. De volkstelling van 1871 meldt negentien Belgen in de provincie Ontario.

Ondertussen is de naam van de provincie al een paar keer veranderd. Eerst voegt de Britse regering in 1840 Lower Canada en Upper Canada weer samen tot de provincie United Canada. En dan komt er op 1 juli 1867 de *British North America Act*, waarbij United Canada, New Brunswick en Nova Scotia worden samengevoegd tot een confederatie, een bondsstaat met een grote graad aan vrijheid. Groot-Brittannië vindt dit nodig voor de ontwikkeling van zijn kolonie en voor de verdediging ervan tegen zijn zeer woelige en ondernemende zuiderbuur. Het hele gebied heet vanaf dan Dominion Canada en heeft een eigen parlement en een gouverneur-generaal als vertegenwoordiger van de Britse vorst(in) in Canada. Koningin Victoria roept iedereen in de nieuwe bondsstaat op om elk jaar die eerste juli te vieren. Hieruit groeit later de officiële feestdag *Dominion Day* (nu *Canada Day*). De koningin beslist tot ieders verbazing dat het kleine, onbeduidende Ottawa de hoofdstad zal worden van het Dominion. De provincies krijgen overwegend zelfbestuur wat betreft lokale aangelegenheden, maar er is ook een federale overheid die zetelt in Ottawa. De provincie United Canada houdt overigens op te bestaan en valt uiteen in de provincie Ontario en de provincie Quebec. In 1870 geeft de Britse regering de controle over de Northwest Territories over aan het Dominion Canada, een jaar later treedt de provincie Manitoba toe en nog een jaar later ook British Columbia, de verre westelijke provincie aan de Stille Oceaan, dit na de belofte van de aanleg van een spoorweg van oost naar west (Canadian Pacific Railway). En in 1873 beslist de kleine maritieme provincie Prins Edwardeiland ook bij het Dominion Canada aan te sluiten. (Zie ook het kaartje p. 206.)

BELGEN, KOM A.U.B. NAAR CANADA?

Canada wil zijn uitgestrekte vlaktes van Manitoba en Saskatchewan in cultuur brengen en daarvoor heeft het duizenden en duizenden bekwame landbouwers nodig. Het ziet met lede ogen aan hoe de meeste Europese emigranten kiezen voor de Nordwest en de Midwest van de Verenigde Staten. Er blijven wel Franstalige Belgen verhuizen naar Montreal en Quebec en er blijven vaklui migreren naar de provincies Nova Scotia en New Brunswick, maar dat gebeurt slechts mondjesmaat.

Canada tracht zijn deel van de stroom gemotiveerde, goede werkkrachten te lokken met beloftes van een gratis overtocht en een gratis stuk land als ze, alstublieft, toch maar naar Canada willen komen werken als landbouwer. Ook vakmannen en huisbedienden zijn welkom. De eerste federale Canadese Immigratiewet in 1869 klasseert België meteen bij de zeer beperkte groep van voorkeurslanden. Vanaf dan spaart de federale overheid kosten noch moeite om de Belgen over de streep te trekken. Ze sturen overtuigende immigratievertegenwoordigers en ze verspreiden brochures waarin het leven in Canada veel mooier wordt voorgesteld dan het is. Later voeren ook de scheepvaartmaatschappijen hun eigen propaganda met bijbehorende onderlinge prijzenoorlog en er verschijnen heuse handboeken voor de kandidaat-immigranten. Maar een echt succes wordt het niet. De gouverneur van de provincie Oost-Vlaanderen verwoordt het zo tegenover Canada: 'Vlamingen vertonen een extreem, bijna overdreven parochialisme. Zij besluiten pas hun moederland te verlaten als laatste redmiddel.' En de gouverneur van de provincie Luxemburg beweert: 'Als Walen hun thuisland verlaten, is dat meestal met de bedoeling rijk te worden, of wegens een zekere zin voor avontuur. Maar ze zullen zelden vertrekken zonder het verlangen om toch weer terug te keren.'

In 1884 happen veel Belgen echter toch toe en emigreren naar de provincie Manitoba op de belofte van '*eene vrije haardstede van 160 akkers (65 bunders) voor ieder hoofd van een huisgezin zoowel als ieder mannelijk kolonist den leeftijd van 18 jaren bereikt hebbende in de prairies van de provincie Manitoba in het groote Noord Westen van Amerika*'.

Tussen 1871 en 1901 komen anderhalf miljoen immigranten Canada binnen.

National Archives of Canada – Ottawa
Uit het boek *Go West!* van Marc Journée (uitgeverij Snoeck, 2006)

Het werven van Vlaamse werkkrachten voor Manitoba (1 acre = 4000 m²).

3. Als zwaluwen

Belgen in de suikerbietenindustrie in Wallaceburg

1900. Burgemeester David A. Gordon van Wallaceburg in Kent County, Ontario, heeft grote plannen voor zijn bescheiden industriestadje aan de Sydenhamrivier, op een boogscheut van de grens met de Verenigde Staten. De glasnijverheid floreert er en andere bedrijfjes doen het ook goed in zijn stad, maar de eens zo rendabele houthandel kwijnt weg omdat de houtreserves uitgeput geraken. De kapitaalkrachtige houtbaronnen trekken met hun aanzienlijke fortuin over de grens om in de Amerikaanse staat Michigan te gaan investeren in een nieuwe mogelijke goudmijn: raffinage van suiker uit suikerbieten. De hele streek rond Wallaceburg en Chatham heeft net dezelfde vruchtbare bodem en hetzelfde klimaat als in Michigan, dus waarom die nieuwe industrie ook niet hier lanceren, redeneert hij. Bovendien weet de bevolking heel goed wat suikerbieten zijn, want ze telen ze voor de suikerfabrieken van Michigan. En de regering van de provincie Ontario wil ook wat graag met die nieuwe nijverheid beginnen, want ze zijn al jaren aan het experimenteren in onder meer het proefstation van Guelph. Het faliekant aflopen van de prille suikerbietindustrie in de provincie Quebec, omdat de plaatselijke boeren niet voldoende suikerbieten konden produceren, maakt hen wel voorzichtig.

SUIKERBIETEN? JA!

Als David A. Gordon in 1901 parlementslid wordt en het provinciebestuur van Ontario tevens financiële steun belooft aan nieuwe bietsuikerinitiatieven die winstgevend zijn, is hij vastbesloten om een suikerraffinaderij in Wallaceburg op te richten. Hij organiseert meetings waarbij hij de inwoners vraagt om speciale wetten goed te keuren die de stad aanlokkelijk moeten maken voor mogelijke investeerders. Wallaceburg zegt massaal 'ja'. Investeerders uit Ontario en

ook uit de staat Michigan happen toe en op 4 april 1901 is de Wallaceburg Sugar Company Ltd., met David A. Gordon aan het hoofd, een feit. De bouw van de suikerfabriek door een constructiebedrijf uit Cleveland, Ohio (VS), kan meteen van start gaan, want tijd is kostbaar. De lokale kranten publiceren uitvoerige artikels over de nieuwe industrie om de interesse van de bevolking nog wat aan te wakkeren en om nog meer landbouwers te overhalen om suikerbieten te verbouwen.

In afwachting van de start van dit gloednieuwe bedrijf gaan de bazen hun licht opsteken in de suikerbietenvelden en de raffinaderijen van Caro in Michigan (Verenigde Staten), waar de nieuwe bietensuikerindustrie al een tijdje op volle toeren draait en vrij vlug leren ze daar dat de beste bietenwerkers en de beste arbeiders in de suikerfabrieken de Belgische immigranten zijn. Bieten verbouwen, dat kennen de vele Belgen die zich daar gevestigd hebben van thuis uit. En ook de raffinage van suiker uit die bieten was hun niet onbekend bij hun aankomst in Amerika. In België werden immers al in 1834 de eerste suikerfabrieken, die naam waardig, opgericht en na 1865 steeg dat aantal tot meer dan honderd. De bazen van de fabriek in opbouw in Wallaceburg beseffen dat er Belgen

Richard Feltoe – Redpath Sugar Museum Toronto

Richard Feltoe – Redpath Sugar Museum Toronto

1908, Wallaceburg. De suikerfabriek.

naar hun suikerbietenvelden moeten komen. Ze kunnen voor het werk op de velden wel rekenen op de indianen van Walpole Island en uit het Brantreservaat, maar die werkkrachten hebben vakkundige mensen nodig die hun zeggen hoe het moet. Ze hebben die Belgische arbeiders ook broodnodig voor de opstart van hun fabriek om van hen de knowhow van de suikerproductie te leren.

Met advertenties in plaatselijke kranten proberen ze Belgen uit de staat Michigan naar Wallaceburg te lokken en dat lukt. Op 17 april 1902 bloklettert de Wallaceburg News op zijn voorpagina: 'BELGEN AANGEKOMEN'. Het gaat over een dozijn grote, stevig gebouwde jonge mannen die meteen aan de slag gaan. Kort nadien komt er nog eens een groep Belgen aan, onder wie vrouwen en kinderen. En met mogelijk nog meer enthousiasme kondigt die krant eind mei 1902 de familie Van Damme aan 'rechtstreeks uit België!'. Het gaat hier om de 22-jarige Remi Henri Van Damme (°1880) uit Pittem, vergezeld van zijn vader Peter Van Damme. Peter komt mee om te zien waar zijn zoon terechtkomt. Hij werkt mee aan de bouw van de suikerfabriek en als die klaar is, vertrekt hij weer naar huis. Zijn jongere zoon Achiel emigreert drie jaar later ook naar Wallaceburg. Die zomer van 1902 volgt nog de familie Seys (waarschijnlijk uit Ardooie) en de Zeeuwse families Vandommelen, Waterschoot, Roels, Vanlinden en Modde uit kleine grensdorpen ten noorden van de Belgische gemeenten Stekene en Moerbeke (waar een suikerfabriek gevestigd is). Het gaat in totaal om een zeventigtal nieuwkomers, die naar Wallaceburg zijn gehaald om er landbouwers en fabrieksbazen met raad en daad bij te staan.

De fabrieksbazen zijn inderdaad bij de bron zelf actief op zoek gegaan naar de broodnodige werkkrachten. Suikerbieten worden immers al sinds het eind van de negentiende eeuw in de vruchtbaarste delen van België verbouwd en ook in de Nederlandse kleigronden net over de Belgisch-Nederlandse grens, onder meer in Zeeuws-Vlaanderen. Maar het is vooral in Noord-Frankrijk dat dit gewas echt op grote schaal wordt geteeld. Het zetten, het kappen en het rooien van de suikerbieten in die immens grote Franse velden, allemaal ontzettend zwaar werk, wordt er vooral gedaan door de ijverige, bedreven en verweerde handen van Vlaamse boerenzonen. Velen van hen trekken na het zetten en het kappen van de bieten nog dieper Frankrijk in om tijdens de zomermaanden graan te pikken en aardappelen uit te graven en komen dan in het najaar terug om de suikerbieten te rooien. Ze zijn soms zes maanden of nog langer weg van huis. Het is geen keuze maar een bittere noodzaak, want in eigen land is er niet voldoende werk voorhanden om aan de kost te komen. Maar door die seizoenarbeid zijn ze wel specialisten in de suikerbietenteelt geworden.

SAAIE WINTERMAANDEN

In tegenstelling tot de Belgische immigranten uit Michigan, die na hun opdracht in Wallaceburg meteen weer weg zijn, vestigen die eerste Belgische en Nederlandse families zich blijvend in het stadje. Als er even geen werk voor hen is in de bieten, dan helpen ze hooi binnenhalen, aardappelen rooien, uien uitgraven, tomaten en komkommers plukken en heel af en toe ook tabaksplanten verzorgen of uitdoen. Sommigen gaan ook even de grens over voor een tijdelijk werkje in de staat Michigan (Verenigde Staten).

In augustus 1902 is in Wallaceburg het vier verdiepingen hoge immense gebouw van baksteen, beton en staal al klaar, samen met vijftig woningen voor het fabriekspersoneel. Ook de steden Dresden, Wiarton en Berlin (nu Kitchener) zijn op het initiatief van het provinciebestuur en de lokroep van premies ingegaan en hebben investeerders aangetrokken en hun suikerraffinaderij gebouwd. De bietencampagne van 1902 kan van start gaan. Ze duurt tot 30 december, maar jammer genoeg valt het resultaat tegen voor alle vier de suikerfabrieken. Een onverwacht extreem natte herfst zorgt ervoor dat de suikerbieten in de laaggelegen velden niet eens kunnen worden geoogst.

En dan komt die eerste Canadese winter voor de handvol Belgen en Zeeuwen in Wallaceburg en dat is ook een regelrechte tegenvaller. De blijvers klagen steen en been, want het is er niet alleen een stuk kouder dan bij ons, de wintermaanden zijn er vooral saai en oervervelend. Er zijn geen cafés, geen voetbalploegen, geen fanfare, geen schuttersgilde, geen toneelbond… niets. De zondag is in Wallaceburg, met zijn protestantse bevolking, een dag voor rust en religie en absoluut niets anders. Er is geen greintje sociaal leven. Het enige wat de Belgen en de Zeeuwen kunnen doen op een winterse zondag, is een beetje samen zitten ergens in stallingen, als dat tenminste mag van de boer. Tijdens de zomerse zondagen zorgen ze zelf voor verzet. Dan amuseren ze zich met kaarten of vogelpikken, ergens op een grasperk of op een open plein terwijl ze steeds luider praten, lachen en soms ook zingen en dansen. Maar ook dan is er een probleem, want hun uitbundige zondagse gedrag stoort de inwoners van Wallaceburg zodanig dat die klacht gaan indienen bij de overheid tegen deze onbehouwen '*Buffaloes*' (buffels).

Het gaat de bietsuikerindustrie van Ontario niet voor de wind, want ook de productie van 1903 valt tegen, alweer door extreem slecht en nat weer. Het enthousiasme begint te tanen en de provincieoverheid draait de subsidiekraan weer dicht. De suikerfabrieken van Wiarton en van Dresden houden het voor bekeken. Die van Berlin (nu Kitchener) kwakkelt nog een tijdje verder tot het in 1909 door de Wallaceburg Sugar Co. Ltd. wordt opgeslokt. Uiteindelijk is het dus enkel de suikerfabriek van Wallaceburg die stand kan houden.

Redpath Sugar Museum Toronto

1905, Wallaceburg. Bietenwerkers.

ZWALUWMIGRATIE

De fabrieksmanagers en de provincieoverheid weten het na een paar jaar bietsuikerproductie maar al te goed: de zwakke schakel in deze nieuwe industrie in Ontario is het tekort aan werkkrachten in het algemeen en het tekort aan goede, ervaren werkers in het bijzonder. Daarom trachten ze zoveel mogelijk bekwame mensen aan te trekken om op hun bietenvelden te werken. En die komen… uit West-Vlaanderen, uit Oost-Vlaanderen en ook uit Zeeuws-Vlaanderen (Nederland) en hebben in hun plunjezak (*balluchon*) gegarandeerd hun 'krabber' zitten, waarmee ze als geen ander kunnen werken in de 'kleine biet'. Voor de Vlaamse bietenwerkers is de stap van een half jaar in Frankrijk werken naar acht maanden in Noord-Amerika geld verdienen niet zo drastisch. Deze seizoenarbeid krijgt de passende naam 'zwaluwmigratie'. De Vlamingen en Zeeuwen maken elk jaar de lange zeereis naar Canada in april of mei, nadat de dooi zijn intrede heeft gedaan in Zuid-Ontario. De fabrieksbazen regelen de overtocht en schieten hun het geld voor het ticket voor. De seizoenarbeiders planten suikerbieten, doen andere klusjes op de hoeves en rooien de suikerbieten in het najaar. Slapen doen ze in voorlopige barakken of logementshuizen. Ze keren pas terug naar huis eind november of begin december. Het zijn bijna allemaal mannen tussen de achttien en de veertig jaar, van wie de meeste ongetrouwd zijn. De avontuurlijksten blijven een paar jaar rondhangen in de streek en zoeken in de winter een job en een onderkomen in de industriestad Detroit, waar de autofabrieken van Ford en General Motors goed beginnen te produceren en meer en meer werknemers nodig hebben. Tussen 1906 en 1910 vinden ze ook werk bij de aanleg van de treintunnel onder de Detroitrivier tussen Detroit en Windsor.

De Wallaceburg Sugar Company Ltd. doet het prima en verhoogt elk jaar zijn suikerproductie, maar dat betekent ook dat er elk jaar meer suikerbieten worden aangeplant en dus steeds meer werkkrachten nodig zijn op de velden. Vanaf 1910 reizen officiëlen van de suikerfabriek in Wallaceburg, die het jaar voordien van naam is veranderd en voortaan de Dominion Sugar Company heet, elk jaar in het voorjaar naar België en naar Nederland om er ervaren bietenwerkers te rekruteren. Af en toe is er al een getrouwde bietenwerker die zijn gezin laat overkomen om zich voor langere tijd te vestigen in de streek. Zo vermelden Louis Callaert en Paul Mertens in hun boek over de emigratie uit Klein-Brabant een man uit Puurs, Frans Genijn (Frank Genyn in Canada) (°1865), die in augustus 1911 naar Wallaceburg vertrekt samen met zijn pasgehuwde dochter Rosalie en schoonzoon Petrus Joannes Van Seghbroeck. Hij vindt er werk in de suikerfabriek en het volgende jaar in juni laat hij zijn vrouw Anna Maria De Wachter en zeven kinderen overkomen. Maar het gros van de Vlaamse en Zeeuwse seizoenarbeiders op de bietenvelden van Zuid-Ontario denkt er niet aan om zich definitief te vestigen overzee en blijft als zwaluwen heen en weer trekken.

De Belgische boerenzonen, landbouwersgezinnen of meer gefortuneerde investeerders die echt denken aan emigreren naar Canada, die hebben meer oor voor wat de emigratieagenten vertellen over de weidse prairies in de provincie Manitoba en verder westwaarts in Saskatchewan en Alberta, waar grote percelen niet ontgonnen grond gratis worden aangeboden aan wie er met hard werken in korte tijd landbouwgrond van wil maken. En er is altijd nog de provincie Quebec, waar zowel Walen als Vlamingen naartoe trekken voor een breed gamma aan beroepen.

BOOT GEMIST

De haven van vertrek van de seizoenarbeiders is niet altijd Antwerpen. Het kan ook Rotterdam zijn of Cherbourg. Ze vertrekken soms ook vanuit een Engelse haven en reizen via New York naar Zuid-Ontario. De verschillende stoombootmaatschappijen beconcurreren elkaar immers met scherpe prijzen en het is logisch dat emigranten en seizoenarbeiders er het goedkoopste ticket uitpikken. Zo gaat er een groepje mannen uit de regio Aalst-Ninove en een groepje West-Vlamingen op 10 april 1912 in Southhampton aan boord van de nagelnieuwe, onzinkbaar gewaande RMS Titanic als derdeklaspassagiers op weg naar de bietenvelden in Michigan, Ohio en Zuid-Ontario. Ook Raymond De Pauw (in Canada DePauw) en Achiel Boterberg uit Vlierzele en Raymond Huyge uit Hillegem hebben een derdeklasticket op zak voor dit schip. Twee van hen zijn niet aan hun proefstuk toe. Raymond Huyge reisde al een eerste keer naar

Raymond DePauw (°1884) (rechts op de foto) is de oudste van de zeven kinderen van Karel Charles De Pauw en Maria Denaven uit Vlierzele (nu deelgemeente van Sint-Lievens-Houtem) in Oost-Vlaanderen. Hij emigreert op zijn achttiende (in 1902) naar Canada, met de hulp van zijn neef Z. Vanderslyk, eveneens uit Vlierzele. Ze gaan allebei werken in de suikerbietenvelden van Chatham (Ontario), en vinden ook een job in een rubberfabriek in East Jefferson (Detroit), net over de grens in de Verenigde Staten. In 1928 koopt Raymond twee boerderijen in de buurt van Kingsville (Ontario), waar hij onder meer tabak verbouwt.

Raymonda Christiaen (DePauw). Research bijschrift: Joyce Duwyn (Mitchell)

Canada in 1905 en Raymond DePauw emigreerde al in 1902 naar Canada, waar hij samen met een neef in de bieten ging werken, afgewisseld met een job in een rubberfabriek in Detroit. Deze drie mannen komen onderweg in Brussel vrienden tegen waarmee ze hun afscheid zo lang en zo grondig vieren… dat ze de boot missen.

De RMS Titanic botst in de nacht van 14 op 15 april 1912 op een ijsberg en verdwijnt in de golven. Van het groepje Vlaamse bietenwerkers aan boord overleven Jean Scheerlinck, Jules Sap en Theodoor De Mulder de ramp.

OP! VRIENDEN BEETWERKERS!

De Eerste Wereldoorlog, waarin Canada ook verwikkeld is, maakt in 1914 abrupt een einde aan de zwaluwmigratie uit Vlaanderen en uit Zeeuws-Vlaanderen. De suikerfabriek van Wallaceburg rekruteert nu zijn tijdelijke arbeiders net over de grens, bij de vele Vlamingen in en rond de industriestad Detroit en ook in de staten Illinois en Indiana. Ze leggen speciale treinen in om deze mensen in mei naar de 'kleine bieten' te halen en in oktober naar de bietenoogst. Ze hebben geen andere keuze, maar arbeidskrachten uit Detroit inhuren, daar zit een gevaarlijk kantje aan voor de fabrieksbazen. In die stad is het begrip *union* (vakbond) immers al heel goed ingeburgerd. De eerste staking werd er al in 1837 georganiseerd, toen overwerkte timmermannen een tienurenwerkdag eisten en een fatsoenlijk loon. In Detroit weet men al heel goed dat collectief onderhandelen vrijwel altijd meer oplevert dan individueel praten met de bazen. Maar tegelijkertijd leeft er bij veel immigranten ook nog een zekere vrees om in de clinch te gaan met de werkgevers en zo misschien ontslagen te worden of op de zwarte lijst terecht te komen.

Vakbondsmensen in Detroit doen al enkele jaren hun uiterste best om de bietenwerkers in Michigan aan te sporen om zich te verenigen en zo betere werkvoorwaarden af te dwingen en een hoger loon. In de suikerproducerende gebieden van Californië en Colorado liggen de lonen immers een derde hoger.

In 1916 is Frank Cobbaert een van die unionisten. Hij is op dat moment hoofdredacteur van de *Gazette van Detroit*, de wekelijkse Nederlandstalige krant die door zijn voorganger Camille Cools werd opgestart in augustus 1914 in Detroit. Cobbaert publiceert regelmatig columns die gericht zijn aan de vele Vlaamse werkkrachten in de landbouw. Joan Magee vermeldt in haar boek *The Belgians in Ontario* een column uit de *Gazette van Detroit* van 9 februari 1916, waarin Cobbaert schrijft:

> *[...]* Van al de nationaliteiten die de landbouw in Canada op zich namen, zijn de Belgen de meest succesvolle en het is dank zij de Belgen dat de suikerbietindustrie nu grote winsten maakt. Dus waarom zouden we dan niet voor onze rechten strijden? Wij zijn degenen waarnaar de boeren van Canada en de Verenigde Staten op zoek zijn, om hun uien en tabak te kweken, het hooi en de oogst binnen te halen m.a.w. om al hun zwaarste werk te doen *[...]*

In de *Gazette van Detroit* van 31 maart 1916 doet hij zelfs een oproep:

AAN DE BEETWERKERS

Waarde Broeders,

Ten einde de poging aan te wenden om ons lot, dat zoo ellendig en rampzalig mag genoemd worden, wat te verzachten, hebben wij besloten eene groote openbare vergadering, met meeting, te houden, dat wij voor het gemak der hier verblijvende beetwerkers, in tweeen hebben gesplit, de eerste den **Zaterdag den 22 April, bij Rene P. Danneels 107, Adair st.** en de tweede den **Woensdag 26 April bij Alois Martens 1384 Mack ave,** telkens om 8 ure 's avonds.

Hierdoor zullen de beetwerkers langs Adair st. en Jefferson ave, goed in de mogelijkheid zijn de eerste, wijl die van den Belgischen hoek best mogelijk de tweede, zouden kunnen bijwonen.

Als sprekers zullen optreden, om het lot en de noodzakelijkheid der beetwerkers te behandelen. Frank Cobbaert, Gerard Baertsoen en Omer DeClercq.

Op! Vrienden beetwerkers !... Vooruit naar deze vergadering ten einde te zien en te hooren wat er voor u kan gedaan worden.

Namens het voorloopig Comiteit.

FRANK COBBAERT.

De unionisten slagen erin om een organisatie te vormen die toch minstens door een deel van de veldarbeiders wordt gesteund, en waarvan de leden overeenkomen om een hoger loon (vastgesteld door de vakbond) te eisen als ze gerekruteerd worden in de lente van 1916 en 1917.

Als er in 1916 ook in Chatham een suikerfabriek opengaat, wordt het tekort aan arbeidskrachten nog prangender. En als in 1917 de Verenigde Staten ook zelf betrokken raken bij de Grote Oorlog, wordt de situatie voor de bietenoogst helemaal hopeloos en zien de bazen zich genoodzaakt om hun tijdelijke werkkrachten in Mexico te gaan zoeken. Deze mannen, vrouwen en kinderen uit El Paso moeten drie dagen in stevig verzegelde treinen door de Verenigde Staten reizen om totaal versuft en verbouwereerd Wallaceburg te bereiken. Ze krijgen onderdak in speciaal voor hen gebouwde loodsen.

Wallaceburg & District Museum

1926, Wallaceburg. Zulma Cosyns en Marie Roels aan het werk in de suikerbietenvelden van de Wallaceburg Sugar Factory. Op het paard zit de jonge Denise Cosyns.

Wallaceburg & District Museum

De Vlamingen in de suikerbietregio van Zuid-Ontario zijn heel bedreven in het werken met de shorthanded hoe. *Dat is een schoffel met een korte steel, waarmee ze de overtollige jonge bietenplantjes weghakken en het onkruid verwijderen.*

Wallaceburg & District Museum

1929, Wallaceburg. De suikerfabriek van Wallaceburg is ook eigenaar van verscheidene landbouwbedrijven in de streek. Hier poseren Belgische immigranten op de trappen van het woonhuis van een van die Sugar Factory-farms.
Bovenste rij v.l.n.r.: onbekend, Bill Boone, Eugene Cosyns, onbekend.
Tweede rij (zittend) v.l.n.r.: Prosper DeBakker, baby Leda Boone, mevr. Bill Boone, onbekend, Zulma Cosyns. Eerste rij (zittend) v.l.n.r.: Lena De Keukelaere, Maurice De Keukelaere, Marie Roels. Helemaal onderaan v.l.n.r.: Edith Boone en Denise Cosyns-Schepens.

4. Goudgele tabak

Flue-cured tabak in Essex County

Net zoals voor de stad Wallaceburg het jaar 1900 zeer belangrijk is en voor drastische veranderingen zorgt, zo is 1900 ook een mijlpaal voor het veel zuidelijker gelegen Leamington in Essex County. In dit uiterst zuidelijke puntje van de provincie Ontario (en tegelijk ook van heel Canada) richt in dat jaar de machtige American Tobacco Company uit het zuiden van de Verenigde Staten een nieuwe vestiging op. 'American Tobacco Company of Canada' heet het bedrijf omdat 20 procent van de aandelen in Canadese handen is.

Tabak wordt al veel eeuwen geteeld in Zuid-Ontario. Het was ooit de hoofdbezigheid van inheemse stammen als de Neutrals en de Petuns. De eerste kolonisten leerden de plant kennen van hen en ze begonnen ook zelf tabak te verbouwen op de oevers van de Detroitrivier, net zoals de pioniers langs de Ottawarivier in de provincie Quebec dat deden. Nadien kwamen de Loyalisten met onder hen vluchtelingen uit Virginia en uit de andere zuidelijke tabaksstaten en zij brachten zaden van hun tabaksplanten mee. Het ging hoofdzakelijk om *burley*-tabak, die in grote, open schuren wordt opgehangen om te drogen en die veel zachter van smaak is dan de plaatselijke inheemse variëteiten. Tot 1850 is er een behoorlijke tabaksproductie in Ontario, maar nadien verschuift het zwaartepunt van de burleytabak helemaal naar de provincie Quebec. De Canadese overheid beschermt zijn eigen tabaksproductie door de taksen erop lager te houden dan op de tabak ingevoerd uit de Verenigde Staten.

OPMARS VAN DE SIGARET

Ondertussen zijn er grote veranderingen gebeurd in de tabaksindustrie op wereldvlak. De sigaret is aan zijn opmars begonnen ten nadele van snuiftabak, kauwtabak en pijproken. Snelle machines hebben hun intrede gedaan, waardoor de productie en de omzet enorm zijn gestegen, zodat tabak *big business* is geworden. Komt daarbij nog dat men in het zuiden van de Verenigde Staten al een hele tijd weet dat de lichte Virginiatabak zoeter van smaak wordt en een nog lichtere kleur krijgt als hij groeit op de minder vruchtbare, zanderige gronden van Zuid-Virginia en van noordelijk Noord-Carolina. Deze zoetere variëteit blijkt ideaal te zijn voor kauwtabak en voor sigaretten, zeker als de bladeren met hitte worden gedroogd op een manier die men '*flue-cured*' noemt en waardoor ze mooi goudgeel kleuren. Er is een enorme vraag naar deze nieuwe goudgele tabak, dus… nog *bigger business.*

HET KAN OOK IN CANADA

De American Tobacco Company, met zijn commerciële hart in Noord-Carolina, heeft zich in 1901 voorgenomen om op een agressieve manier alle Britse tabaksbedrijven op te kopen, maar dat lukt hun niet echt. In hun eeuwige drang naar groter en meer kopen ze in Canada de Empire Company uit Quebec op en laten hun oog vallen op het zonnigste en warmste plekje van Canada, Leamington, om er een nieuwe vestiging op te starten. Col. William Gregory uit Noord-Carolina zal er de manager zijn en zijn broer Francis komt mee om in Ontario te experimenteren met Virginiatabak en het flue-cured droogsysteem. De Gregory's gaan meteen aan de slag om de Virginiatabak uit te proberen in Leamington op een stuk grond van iets meer dan een hectare en inderdaad, na drogen met hitte levert dit prima geurige, goudgele tabak op. Het kan dus ook in Canada. Nu rest nog de moeilijke taak om de landbouwers te overtuigen om te kiezen voor flue-cured tabak, want iedereen zweert bij burleytabak, die gewoon in de openlucht wordt gedroogd.

Het Canadese ministerie van Landbouw gaat zich vanaf 1905 zelf actief bezighouden met de verbetering van de kwaliteit van de eigen tabak door onder andere een proefstation te installeren in Harrow (Essex County), geruggensteund door specialisten uit Kentucky en uit Virginia. Ze experimenteren er zowel met donkere, luchtgedroogde tabak als met de lichtere, met hitte gedroogde variëteiten en ze doen er ook testen met kunstmest om de kwaliteit van de grond te verbeteren.

VIRGINIATABAK WINT VELD

De komst van de tabaksverwerkende fabriek in Leamington stimuleert de tabaksteelt in de streek enorm. Het gaat eerst nog hoofdzakelijk om de donkere burleytabak, die in de openlucht wordt gedroogd. Maar de met hitte gedroogde Virginiatabak wint veld en geraakt stilaan maar zeker uit de fase van experimenteren.

Het drogen van deze nieuwe tabakssoort is veel complexer. Bij burleytabak wordt tijdens het oogsten in september de hele plant uitgetrokken en op een stok met een scherpe punt of een naald gestoken – vijf planten per stok – en zo te drogen gehangen in open schuren.

Bij flue-cured tabak daarentegen worden aanvankelijk de hele planten in de nok van speciale hoge, houten drooghuizen (*kilns*) opgehangen. Onderaan in zo'n drooghuis lopen metalen buizen, de rookkanalen of *flues*, waardoor hete lucht wordt gejaagd. Die hete lucht komt van een fornuis aan de zijkant van het drooghuis, waarin constant wordt gestookt met hout (later met steenkool en nog later met petroleum). Omdat deze voor Canada nieuwe manier van drogen niet eenvoudig is, komen ervaren stokers (*curers*) uit Virginia en Noord-Carolina erbij helpen.

Later stapt men ervan af de tabaksplanten in hun geheel te drogen in de drooghuizen omdat er te veel energie verloren gaat in het drogen van de (waardeloze) stammen van de planten en omdat de bladeren van een tabaksplant niet allemaal tegelijk even rijp zijn. Men ondervindt dat men veel beter resultaat heeft met allemaal even rijpe bladeren van de stengels te plukken, die aan lange, dunne houten latten op te binden en zo de tabaksbladeren in de kilns te drogen.

Delhi Tobacco Museum & Heritage Centre

Inladen van een tobacco kiln (drooghuis voor tabak).

Ophangen van de houten latten vol tabaksbladeren in de nok van het drooghuis.

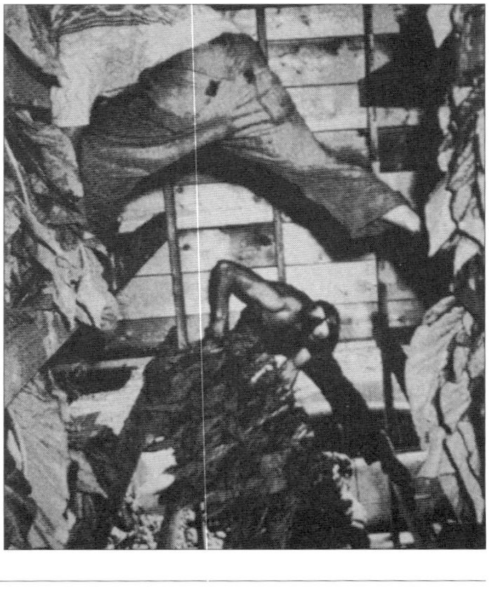

Canadian Tobacco Grower Magazine (www.annexweb.com)

Delhi Tobacco Museum & Heritage Centre

Binnenaanzicht van een kiln met onderaan de metalen buizen (de flues) waardoor hete lucht wordt geleid, waardoor de opgehangen geelgroene, rijpe tabaksbladeren drogen en een mooie goudgelemahonieoranje kleur krijgen.

SCHOORVOETEND

In 1913 huurt Francis Gregory bij tien landbouwers in de buurt van de fabriek een hectare grond bij elk en laat hen er de nieuwe Virginiatabak op verbouwen en met hitte drogen, dit volgens een contract dat ze samen afsluiten. Daarin staat onder andere dat de fabriek zal zorgen voor de speciale drooghuizen die nodig zijn voor het drogen met hitte van die tabak. Het is een succes qua kwaliteit en qua prijs. Schoorvoetend willen anderen het ook weleens proberen en zo komt de productie van de met hitte gedroogde Virginiatabak, ook flue-cured tabak genoemd, heel langzaam op gang in de Leamingtonregio.

Tijdens de Eerste Wereldoorlog maken de Amerikaanse soldaten de sigaret enorm populair, waardoor de sigarettenproductie fel gaat stijgen, wat op zijn beurt dan weer de vraag naar flue-cured tabak geweldig verhoogt. Dit doet veel

Delhi Tobacco Museum & Heritage Centre

De metalen buizen in een drooghuis zijn verbonden met een stookplaats aan de buitenkant van de kiln, waarin dag en nacht hout of kolen worden verbrand om voortdurend de nodige hete lucht in de buizen te produceren. De stoker (curer) kan amper een paar uur per nacht slapen in een hokje vlak bij de drooghuizen. Tabaksbladeren drogen met hitte is een zeer moeilijk en precies werk waarbij temperatuur en vochtigheid voortdurend in het oog moeten worden gehouden. In een eerste fase zorgt de hitte voor een verdere rijping en voor het geler worden van de tabaksbladeren. Daarna volgt het eigenlijke drogen. Het is een werk voor specialisten met een jarenlange ervaring.

groente- en tabaksboeren in de Leamingtonregio besluiten om over te schakelen naar de nieuwe tabakssoort en de tabaksfabriek zelf besluit om voortaan enkel nog sigarettentabak te produceren en geen kauw- en snuiftabak meer.

TOMATEN VOOR HEINZKETCHUP

Het vlakke Leamington met zijn aangename klimaat heeft nog meer troeven. Naast de tabaksteelt floreert er ook de groenteteelt nadat men er in 1895 van grote stukken moerasland vruchtbare grond heeft kunnen maken. De Heinz Company uit de Verenigde Staten bouwt er in 1908 een vestiging voor de productie van tomatenketchup. Deze tuinbouw op grotere schaal, aan de rand van het Eriemeer, werkt als een magneet op potentiële werkkrachten. Vlaamse en Waalse immigranten die naar de prairieprovincies waren getrokken met de lokroep van '*eene vrije haardstede*', maar die niet konden wennen aan het harde klimaat, zakken af naar Zuid-Ontario met zijn veel zachtere winters en ze wagen hun kans in Leamington in de groenteteelt en de tabak. Ook Vlaamse boerenzonen in het nabijgelegen Detroit, die niet kunnen wennen aan het leven in een stad met meer dan een half miljoen inwoners, worden tuinbouwers in Leamington. Zo groeit er vanaf 1910 in de omgeving van dat stadje een kleine Belgische kern. Ook veel Hongaren, Oekraïners en Polen ruilen de immense vlaktes van Manitoba en Saskatchewan voor werk in de grote steden in Ontario of in de tuinbouw rond Leamington.

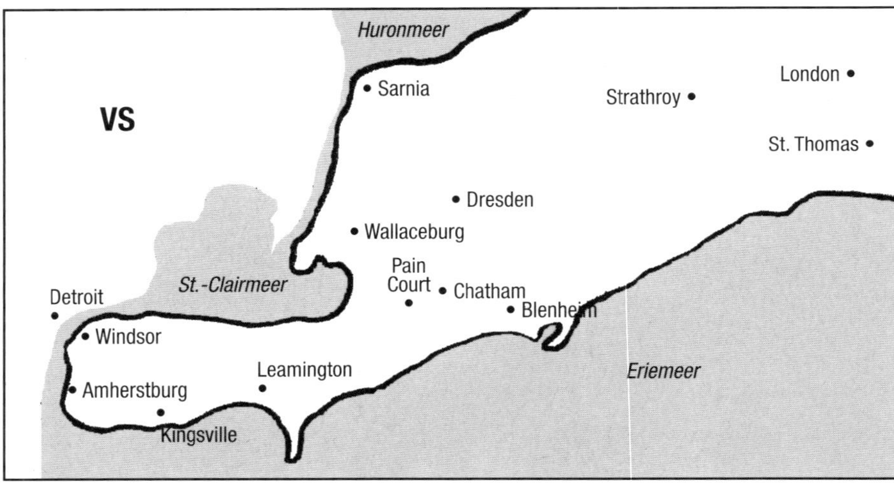

Het deel van Zuid-Ontario waar de Belgische immigranten zich in de jaren twintig vestigden.

5. De grote stap

Voorgoed naar Zuid-Ontario

Raymonda Christiaen (DePauw). Research bijschrift: Joyce Duwyn (Mitchell)

1924. Jean-Baptist De Pauw omringd door andere Belgische emigranten (of seizoenarbeiders) op de boot naar Canada.

Jean-Baptist (°1899), de jongste zoon uit het gezin van Karel Charles De Pauw en Maria Denaven uit Vlierzele, vertrekt op zijn 25ste naar Canada, net zoals zijn oudere broers Raymond en Henri Bernard al deden in 1902 en in 1920. Hij gaat bij hen in Kingsville werken in de tabak. Jean-Baptist had voordien al gewerkt in de Franse suikerbietenvelden en in een fabriek in Wallonië.

Hij keert nog eens terug naar huis in 1926, maar kiest in 1927 definitief voor emigratie naar Canada. Hij wordt er John DePauw en maakt het als tabaksteler in Zuid-Ontario.

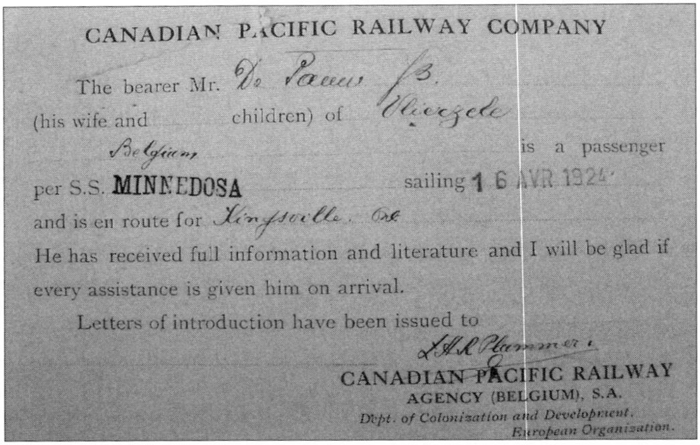

CANADIAN PACIFIC RAILWAY COMPANY

The bearer Mr. De Pauw J.B.
(his wife and children) of Vliezele
Belgium is a passenger
per S.S. MINNEDOSA sailing 16 AVR 1924
and is en route for Kingsville. Ont
He has received full information and literature and I will be glad if every assistance is given him on arrival.

Letters of introduction have been issued to

CANADIAN PACIFIC RAILWAY
AGENCY (BELGIUM), S.A.
Dept. of Colonization and Development.
European Organization.

Raymonda Christiaen (DePauw)

1924. De overtocht van Jean-Baptist De Pauw wordt in België blijkbaar geregeld door een agent van de Canadian Pacific Railway, ook al gaat hij niet naar de westelijke provincies van Canada, maar kiest hij voor werk in de suikerbietenstreek van Zuid-Ontario, waar zijn oudere broers reeds wonen (Kingsville).

Raymonda Christiaen (DePauw)

1927. Jean-Baptist De Pauw voor de tweede keer op weg naar Canada. Zijn familie heeft naast hem een kruisje geplaatst op de foto.

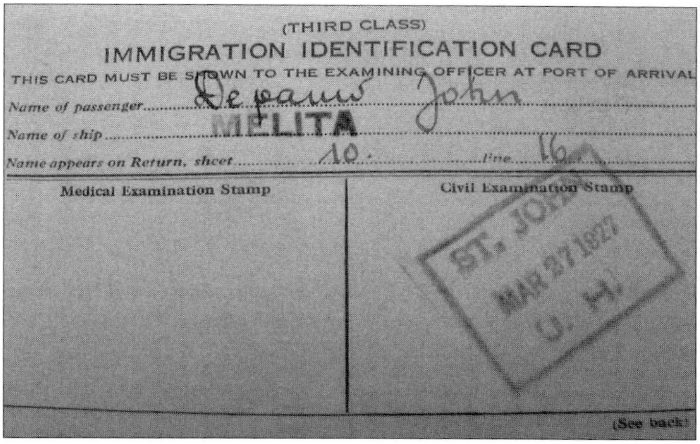
(THIRD CLASS)
IMMIGRATION IDENTIFICATION CARD
THIS CARD MUST BE SHOWN TO THE EXAMINING OFFICER AT PORT OF ARRIVAL
Name of passenger Depauw John
Name of ship MELITA
Name appears on Return, sheet 10. line 16
Medical Examination Stamp
Civil Examination Stamp
ST. JOHN
MAR 27 1927
U. H.
(See back)

Raymonda Christiaen (DePauw)

1927. De immigratiekaart van John DePauw.

Na de Wapenstilstand op 11 november 1918 duurt het tot 1920 eer de emigratie uit de Oude Wereld naar de Nieuwe Wereld weer op gang komt.

De Verenigde Staten zijn veruit de meest favoriete bestemming, maar dat land beleeft roerige tijden en het wordt strenger en kieskeuriger in wie het nog binnen zijn grenzen toelaat. Vanaf 1921 hanteren de Verenigde Staten quota's voor de verschillende nationaliteiten en in 1924 verscherpen ze die quota's nog. En al behoren de Belgen tot de 'gewenste' immigranten (dit in tegenstelling tot de Zuid- en Oost-Europeanen die ofwel als 'inferieur' ofwel als 'te rood' worden aangezien), toch is hun toegelaten aantal per jaar begrensd en zijn er scherpe controles. Dat betekent dus dat de tijd van het onbekommerd oversteken van de grens Canada-Verenigde Staten om van de ene job naar de andere te hoppen, definitief voorbij is.

Canada daarentegen blijft België, net als Nederland, rangschikken bij zijn 'voorkeurslanden' en doet inzake immigratie absoluut niet moeilijk. Na 1922 is er zelfs geen visum meer nodig om als Belg of als Nederlander Canada binnen te komen. De vraag naar goede werkkrachten is er immers groter dan ooit. Naast de suikerfabrieken in Quebec en in Zuid-Ontario heeft nu ook de provincie Alberta zijn suikerraffinaderijen en men vraagt daar met aandrang – men smeekt bijna – om arbeiders met kennis van zaken. De Canadese regering zoekt zeer actief naar kolonisten voor zijn 'verre Westen', maar het begint nu ook de migratie naar Ontario te steunen, want daar is een en ander in beweging.

DE ZWALUWEN TREKKEN WEER

De suikerfabrieken van Wallaceburg en Chatham doen het prima vlak na de Eerste Wereldoorlog. Hun productie stijgt voortdurend, maar daardoor wordt ook hun jaarlijkse behoefte aan seizoenarbeiders tijdens de bietencampagne veel groter. De zwaluwmigratie uit Vlaanderen en Zeeuws-Vlaanderen naar de Wallaceburg-Chathamregio komt dus zo vlug mogelijk weer op gang en dat is vanaf 1920. Anders dan voor de Eerste Wereldoorlog is dat de vertegenwoordigers van de suikerfabrieken nu ook geschikte bietenwerkers rekruteren in Duitsland, Frankrijk en Italië.

Wie jaar na jaar terugkeert naar dezelfde werkgever in de bietenstreek, kan alles regelen met een eenvoudige brief, geschreven in het Nederlands, het Frans of zelfs al in het Engels.

In haar boek *The Belgians in Ontario* publiceert de Canadese Joan Magee twee van deze Engelstalige brieven.

19 January 1921

Dear Sir!

I hereby take the liberty to inform you that I should like to come back in April or May to work the beets for Mr. Jenner.
I am asking this at the same time for M. Van Doorn, and I could come across with six men.
Of course, it is well understood that the Company is taking us across.
Hoping to receive a short reply from you and hoping you are in good health,
I remain, dear sir,

P. Harms and M. Van Doorn

*

Geachte heer,

Hierbij neem ik de vrijheid u te laten weten dat ik graag zou terugkomen in april of mei om in de bieten te werken voor meneer Jenner.
Ik vraag dit tegelijkertijd ook voor M. Van Doorn en ik kan overkomen met zes mannen. Welteverstaan dat de firma zorgt voor onze overtocht.
In de hoop een kort antwoord van u te ontvangen en hopende dat u in goede gezondheid bent, verblijf ik, geachte heer,

P. Harms en M. Van Doorn

In veel gevallen bieden hele families zich aan om samen op het veld te werken. Zoals in deze brief van Edouard Maes uit Moerbeke aan de baas, meneer Mowbray, van de Dominion Sugar Company in Chatham:

Moerbeke, 1 October 1920

Mr. Mowbray,

Allow me to ask you if you cannot use me and my family. I should like to come to Canada to labour or to do other work. My family is composed of twelve persons. The eldest is twenty-four years old, and the youngest twelve, and I am forty-eight and we are all able to work.
I dare to hope, Sir, that you will answer me if you can use us, and I send you my anticipated thanks. There is here also a family of six persons who desire to accompany us and do the same work. The father is thirty-eight years old, the eldest of the children is eighteen, and the youngest twelve.
I present you, Mister Mowbray, my best greetings.

Edouard Maes.

*

Mijnheer Mowbray,

Sta me toe u te vragen of u mij en mijn gezin kunt gebruiken. Ik zou graag naar Canada komen om er te werken. Mijn gezin bestaat uit twaalf personen. De oudste is vierentwintig jaar oud en de jongste twaalf, en ik ben achtenveertig; we zijn allemaal in staat om te werken.
Ik durf hopen, mijnheer, dat u me zult antwoorden als u ons kunt gebruiken, en ik zend u mijn dank op voorhand. Hier is nog een gezin van zes personen, dat graag met ons zou meekomen om hetzelfde werk te doen. De vader is achtendertig jaar oud, de oudste van de kinderen is achttien en de jongste twaalf.
Ik stuur u, mijnheer Mowbray, mijn beste groeten.

Edouard Maes

FLUE-CURED TABAK IN OPMARS

Naast de uitbreiding van de suikerbietindustrie in Zuid-Ontario is er ook het succes van de arbeidsintensieve flue-cured-tabaksindustrie rond Leamington in Essex County, waar ondertussen al een tweede tabaksverwerkend bedrijf is opgestart in Kingsville. De flue-cured tabak lokt zelfs landbouwers uit de suikerbietenstreek naar de oevers van het Eriemeer. Ook Belgische immigranten maken de overstap naar de regio rond Leamington en zij trekken op hun beurt familie en vrienden uit het thuisland aan om hun kans te wagen in het zonnige Essex County. De tabaksfabriek is ondertussen gedeeltelijk in andere handen overgegaan en heet sinds 1908 Imperial Tobacco Company of Canada Limited, maar American Tobacco Company blijft er wel de lakens uitdelen.

In het midden van de jaren twintig wordt Zuid-Ontario de favoriete bestemming van Vlamingen die een nieuw en beter leven willen opbouwen overzee. Bijna allemaal hebben ze al een familielid, een vriend, een dorpsgenoot of een kennis van een kennis wonen in Kent County of in Essex County, bij wie ze terechtkunnen en die hen aan werk zal helpen. De naam van die '*sponsor*' moeten ze vermelden als ze aan boord gaan voor hun trans-Atlantische overtocht. Franstalige Belgen trekken ook naar de suikerbietenstreek in Zuid-Ontario. Zij vestigen zich langsheen de oever van het St.-Clairmeer, niet ver van de dorpen Pain Court en Grande Pointe ten westen van Chatham, waar veel Franstalige Canadezen wonen.

KINDEREN WELKOM

Stilaan kiezen meer en meer seizoenarbeiders ervoor om niet langer als zwaluwen heen en weer te trekken tussen België en Canada, maar om blijvend in Zuid-Ontario te gaan wonen. Veel van hen laten hun gezin overkomen. Gezinnen met veel kinderen worden in Canada met open armen ontvangen. Kinderen zijn de toekomst van het land, toch? Maar emigreren met een groot gezin is niet even eenvoudig als emigreren als een pasgetrouwd stel. Er zijn behoorlijk wat grote, Vlaamse gezinnen die naar Canada verhuizen in stukken en brokken. Zoals het gezin van Camiel Duwijn (in Canada Duwyn) en zijn vrouw Clemence Huyge uit Hillegem (Oost-Vlaanderen) met hun vijf kinderen. Eerst vertrekt Camiel alleen naar Zuid-Ontario in 1924. Hij werkt in de suikerbieten en in de burleytabak in Harrow (Essex County) en hij ziet daar wel een toekomst voor zijn gezin. In 1925 komen zijn vrouw en hun twee oudste zonen Victor (14) en Sylvain (11) over. De negenjarige Albert laten ze in België in een kostschool achter en de twee kleintjes, Marie van vier en Georgette van één worden aan de goede zorgen van tante nonneke (een zuster van Clemence) in het klooster toevertrouwd. Drie jaar later laten ze Albert overkomen. Het gezin krijgt er in Canada in 1929 nog een dochtertje bij: Yvonne. In 1932 reizen ze terug naar België om de meisjes op te halen.

Seizoenarbeider Henri Verspecht (°1881) uit Puurs, die jaarlijks van april tot september naar de hoeve van Petrus Joannes Van Seghbroeck in Wallaceburg trekt en er verblijft in een logementshuis, zou ook graag met zijn kroostrijke gezin definitief in Canada gaan wonen, maar hij stuit op een kordate 'nee!' van zijn vrouw. Ze wil in geen geval de overtocht maken en zoals zij zijn er meer.

VANDENBUSSCHE WORDT VANDEN BUSSCHE

De rekruteringsagenten beschrijven Canada als het land waar fortuinen te rapen vallen voor degenen die willen werken. Al die beloften en die toekomstmogelijkheden klinken als muziek in de oren van veel hopeloze jonge mannen en vrouwen in het naoorlogse België, waar de landbouw en de economie totaal ontwricht zijn. Vooral mensen uit het verwoeste frontgebied in West-Vlaanderen hakken de ontzettend moeilijke knoop door en vertrekken. Zoals de jonge Gerard Vandenbussche (°1902, Geluwe) uit Menen bijvoorbeeld.

Gerard waagt de grote stap in 1926, omdat de toekomst voor hem in Vlaanderen er maar grijs en somber uitziet. De hoeve van zijn ouders zal op een van zijn broers overgaan, hij heeft niet het kapitaal om een eigen bedrijf te beginnen en als beroepsrenner verdient hij een beetje, maar niet genoeg. In 1926 leest hij een advertentie van de Canadian Pacific Railway: 'Canada heeft landbouwkrachten nodig. Als u wilt werken, wacht u een fortuin in Canada. Geen kapitaal nodig om uw eigen landbouwgrond te bezitten.' In de provincies Saskatchewan en Alberta, waar de spoorwegmaatschappij mensen wil om de gronden aan weerszijden van de spoorlijn te ontginnen, zijn de winters erg bar. Gerard krijgt van een Belgische emigratieagent de goede raad om toch maar beter naar Chatham in Zuid-Ontario te trekken, want daar is het klimaat zachter en daar wonen al heel wat Vlamingen. Er is daar werk genoeg in de bieten of eventueel kan hij er ook aan de slag als timmerman. En als het hem in Ontario niet zou aanstaan, dan kan hij zich nog altijd de grens laten oversmokkelen naar de Verenigde Staten.

Twee weken later, op 4 mei 1926, vertrekt Gerard met de Melita vanuit Antwerpen naar Quebec City en vandaar per trein verder naar Chatham. Bij aankomst wordt zijn naam fout opgeschreven zodat hij in Canada voortaan door het leven zal gaan als Gerard Vanden Bussche. Hij vindt werk in de suikerbietenvelden van Blenheim, waar al een klein groepje Belgen en Nederlanders woont. Tussendoor is hij ook bouwvakker en tabaksplukker en tijdens de wintermaanden sorteert en verpakt hij tabak in de pas opgerichte fabriek in Chatham.

RICHARD EN ELISA

Ook Richard Joseph Van Maele (°1899, Torhout) heeft als jongste van acht op een kleine boerderij geen enkel vooruitzicht op een goede job na zijn dienstplicht in 1922 en hij besluit om naar Canada te emigreren. Hij neemt hiervoor contact op met de bevoegde diensten en men wil hem naar het verre Westen van Canada sturen. Mensen die al iets meer weten over dat onmetelijke land, raden hem dat echter af. Ze vertellen hem over de suikerbieten in Zuid-Ontario en spelen hem de naam door van een man bij wie hij terechtkan: Achiel Huyge in Amherstburg (Essex County), ergens in de buurt van Windsor. Richard heeft een vriendinnetje, Elisa Van Besien (°1900) van de Torhoutse hoeve De Poppeplekke, maar hij besluit toch om het maar eerst alleen te proberen. In mei 1925 gaat hij aan boord van het schip Minnedosa en na elf dagen komt hij aan in Quebec City. Daar neemt hij de trein naar Windsor en reist dan verder naar Amherstburg. En daar krijgt hij inderdaad werk als knecht op de hoeve van

Elisa Van Besien (°1900) uit Torhout in 1924, een jaar voordat haar verloofde Richard Van Maele naar Amherstburg (Ontario) in Canada vertrekt en drie jaar voordat zij hem achterna reist.

W&M Van Laeken (Van Maele)

Zomer 1927, Amherstburg. Richard Van Maele en Elisa Van Maele (Van Besien).

W&M Van Laeken (Van Maele)

Peter Huyge, maar het loon is maar povertjes. In Detroit zou hij meer kunnen verdienen. Een oom van Elisa, Achiel Verkeyn, is er aannemer in de bouw en via hem hoopt Richard aan een beter betalende baan te geraken. Er is één probleem: hij heeft geen visum voor de Verenigde Staten. Dan laat hij zich maar in het duister van de nacht over de Detroit-rivier smokkelen in een roeibootje, ergens in de buurt van Windsor. Het is een gevaarlijke onderneming, want de grenscontroles zijn streng, maar het lukt. Hij werkt ongeveer een jaar voor Elisa's oom, spaart zijn geld, keert terug naar Canada eind 1926 en laat dan zijn Elisa overkomen om te trouwen.

Sommige Vlamingen, zoals het gezin van Achille Devlamynck uit Pervijze en de familie Lisabeth uit Zarren, kiezen voor de streek van Pain Court en Grande Pointe ten westen van Chatham, waar bijna uitsluitend Franstalige Canadezen wonen. Er is meer werk daar, er worden bieten, tarwe en een beetje burleytabak verbouwd en ze betalen er een beetje meer. Op school is de eerste taal er Frans; Engels komt er pas op de tweede plaats.

BOEREN VOOR DE HELFT

Omer Hageniers (°1902) uit Stekene komt eerst een paar jaren als 'zwaluw' naar de bietenstreek vanaf 1924. Op 27 april 1927 trouwt hij met Adeline Cruyplandt, eveneens uit Stekene, en het jonge paar emigreert meteen naar Canada, niet om in de bieten te gaan werken, maar om er als *sharegrowers* te gaan wonen en werken op een tabakshoeve in Kingsville. Ze zijn hiermee bij de allereerste Belgen die flue-cured tabak gaan verbouwen. De eigenaar van de hoeve is een zekere Russell Scratch uit Detroit. Bij *sharegrowing* (of *sharecropping*) zorgt de eigenaar van de hoeve voor de gebouwen, het materiaal en de paarden. De sharegrower mag wonen op de hoeve en zal al het werk doen en de eventuele dagloners betalen. Samen stellen ze een contract op waarbij vastgelegd wordt in welke verhouding ze de opbrengst zullen delen en ook de kosten voor zaaigoed, meststoffen en sproeimiddelen. Meestal is dit op fiftyfiftybasis, maar het kan ook anders.

De vader van Omer, Theophiel Hageniers, een sigarenmaker uit Stekene, wil ook graag in de tabak in Canada gaan werken, maar zijn vrouw ziet dat niet zitten. Zij runt een goeddraaiende winkel waar alles-en-nog-wat te koop is en ze is echt niet van plan om dat zomaar op te geven.

Uiteindelijk emigreert Theophiel alleen, in september 1927, en gaat hij werken op de hoeve van zijn zoon en schoondochter in Kingsville. Hij zal pas voorgoed terugkeren naar Stekene in 1938, om plaats te maken op de hoeve voor zijn dochter Suzanne en haar man Cyriel Robyn met hun twee kinderen Roger en Irma.

WROETEN EN WROCHTEN

De werkomstandigheden voor de bietenwerkers zijn slecht en de lonen zijn ondermaats. Het is verre van de hemel op aarde die de emigratieagenten hun hadden voorgehouden. De Belgen en de Nederlanders hebben het gevoel dat er van hen wordt geprofiteerd, dat ze steeds het moeilijkste werk in de slechtste omstandigheden moeten doen. Maar de meesten zijn gekomen met een bootticket dat door de Dominion Sugar Company was geregeld, en zolang ze die som niet volledig hebben terugbetaald, voelen ze zich onvrij en durven ze niet protesteren. De Belgische regering tikt de Canadese leiders hiervoor op de vingers en dreigt er zelfs mee om minder bietenwerkers te sturen, maar de economische toestand in België is zo slecht dat de Belgen blijven komen. Ze zijn al blij dat ze werk hebben en ze willen geld verdienen om met een goede spaarpot naar België terug te keren in betere tijden om er dan een eigen hofstee te kopen. Dat is de droom die ze willen realiseren en dat lijkt nu ineens ook echt mogelijk in dit vrije Canada. Ze willen daarvoor lange dagen wroeten op het veld of in de fabriek en ze willen daarvoor alle mogelijke vuile klussen opknappen. En hard werken… dat kunnen ze! Zowel vrouwen als mannen. Aan een tempo en met een kracht waarvoor de Canadezen feestelijk bedanken. Ook hun kinderen gaan mee naar het veld na schooltijd en op zaterdag. Ze knappen karweitjes op in de bieten, in het graan of in de tabak, terwijl hun Canadese vriendjes mogen spelen en ravotten.

De echo's van de vurige vakbondstoespraken en het opkomende communisme in de woelige industriestad Detroit raken niet meer over de grens. Het duurt nog jaren eer de Vlaamse en de Zeeuwse bietenwerkers over hun slechte werkomstandigheden hardop durven morren en betere voorwaarden gaan eisen.

SNEEUW OP DE DEKENS

De hachelijke behuizing voor de jonge gezinnen is nog zo'n heikel punt. Veel landbouwers in de suikerbietenstreek, die ooit zelf immigranten zijn geweest, zorgen voor zeer eenvoudige behuizing op de hoeve zelf voor de seizoenarbeiders. Voor mannen alleen zijn die gammele barakken, want meer is het niet, net voldoende, maar voor de jonge gezinnen met kinderen zijn die tochtige keten met hooguit twee kamertjes echt niet te doen. Zeker niet tijdens de gure winters.

Margaret Van Laeken (Van Maele) hoorde haar ouders zo vaak vertellen over dat eerste 'huis' vol kieren op de hoeve van meneer White in de buurt van Amherstburg. Richard en Elisa's eerste kindje, Julia, wordt daar geboren in volle wintertijd. Ze moeten hun dochtertje 's nachts tussen hen in leggen in bed, want in de wieg vriest de natte luier vast aan de babybilletjes.

Albert Coulier, die in 1927 als negenjarige naar de bietenstreek rond Wallaceburg verhuist met zijn stiefvader Jules Schelstraete en zijn moeder Marie Coulier, vertelt hierover:

> *'Die eerste jaren woonden we in een barak met twee kamers. Tijdens de wintermaanden moest ik vaak de sneeuw van de dekens schudden vooraleer ik uit bed kon stappen.'*

Gabrielle Devlamynck (Lisabeth) herinnert zich nog het huisje in Pain Court, dat ze een tijd hebben gehuurd vooraleer ze in hun eigen woning konden intrekken:

> *'Het was een ontiegelijk klein "kotje" op een boerderij. Mijn broer en ik sliepen met onze voetjes onder het bed van onze ouders. En het zat er vol vlooien. Mijn moeder heeft het altijd zo jammer gevonden dat ik dit heb onthouden.'*

Steden als Chatham en Wallaceburg stellen nog niet veel voor in de jaren twintig. Er rijden wel al trams en er is al elektriciteit en dat is iets wat in dorpen als Pain Court of Dresden nog helemaal niet voorhanden is. De dorpen in Zuid-Ontario liggen ver uit elkaar en de wegen zijn er vreselijk slecht: geen verharding, diepe putten, modder, plassen... In tegenstelling tot Vlaanderen zijn er in Zuid-Ontario al heel wat mensen die een auto bezitten. Dit is niet verwonderlijk, want in de nabijgelegen Amerikaanse industriestad Detroit rollen sinds 1908 in de Fordfabrieken de Model T-wagens van de band en die worden aan zeer democratische prijzen verkocht. Maar in de bietenstreek is het soms zo erg gesteld met de wegen dat er met dat nieuwe mechanische wonder geen doorkomen aan is en dat men uiteindelijk veel beter af is met zijn oude, vertrouwde '*horse and buggy*' (paard en koets). Florent Devlamynck herinnert zich nog dat de weg ooit zo modderig was dat zelfs hun paard uitgleed en viel.

HEIMWEE

Barslechte behuizing, slijkwegen, gure winters... het is helemaal niet wat de Belgische immigranten hadden gedroomd toen ze hun land verlieten met bestemming Ontario. Maar het allerergste is het heimwee. Dat constant knagende gevoel van gemis, waarmee je moet leren leven. Het is een hemelhoog probleem voor de meeste Vlamingen (en gegarandeerd ook voor de andere etnische groepen zoals Duitsers, Polen, Hongaren...). Vooral jonge moeders met kleine kinderen lijden er erg onder. Ze missen de veiligheid en de warmte van het ouderlijke nest, de hechte familiebanden en het dorpsleven onder de kerktoren. Ze schrijven lange brieven naar huis en er wordt reikhalzend uitgekeken naar elk antwoord van het thuisfront. Het is altijd oud nieuws, want de brieven zijn minstens drie weken onderweg. Ze leven in een toestand van constant dromen van en intens verlangen naar de dag van het weerzien met de familie.

Elisa Van Besien, de echtgenote van Richard Van Maele, heeft het de eerste jaren in Zuid-Ontario heel moeilijk. Ze is de tweede oudste van een gezin van twaalf en ze mist haar broers en zusters enorm. Ze moet leren leven zonder haar familie, in dat grote onbekende land, tussen vreemden en zonder een woord Engels te verstaan. Dat valt haar enorm zwaar. Later vertelt ze nog vaak aan haar kinderen dat indien er een weg was geweest door de oceaan, ze te voet naar huis was gekomen. Na een tijd krijgt ze wel een goed contact met de eigenares van de hoeve, die haar vaak uitnodigt en haar introduceert in de Canadese gewoonten en gebruiken.

Haar man houdt wel meteen van Canada met zijn weidse landschappen. Je hoeft er geen deuren te sluiten, er is vrijheid voor iedereen, er zijn geen bekrompen wetten en wat hij nog het beste van alles vindt: er is geen klassenverschil. Iedereen is gelijk. En wat hij ook fantastisch vindt, is dat hij kan gaan jagen telkens als hij er zin in heeft, iets wat in België enkel is weggelegd voor de rijke grondbezitters. Maar ook hij mist zijn familie erg.

Hier en daar is er toch iemand die voorgoed de deur achter zich heeft dichtgeslagen in Vlaanderen. Zoals de moeder van Florent Devlamynck. Er wordt daar te veel gedronken, vindt ze, en alcohol brengt alleen maar problemen en misère met zich mee. Ze wil nooit meer terug en dit tot grote spijt van Florents vader, die wel heimwee heeft en die zo graag eens terug naar België zou reizen. Elke voorzichtige poging van hem wordt meteen gekelderd met een kordaat 'wij hebben daar niets te zoeken!'.

Heimwee of niet, toch kiezen de meeste Belgen ervoor om de Canadese nationaliteit aan te nemen vanaf het moment dat ze daartoe de kans krijgen, gewoon omdat het veel meer voordelen biedt. Maar ze blijven als Vlaamse Canadezen trouw aan hun eigen taal en tradities. En bijna iedereen heeft wel een spaarpotje dat nooit wordt opengebroken omdat het enkel bedoeld is om terug naar België te gaan, want één ding staat vast: ze blijven hier niet voorgoed.

OP ZONDAG

Op zondag is de behoefte om bij andere Vlamingen te zijn en eens in de eigen taal te kunnen praten heel sterk. Wie nog geen auto of geen paard met koets bezit, is bereid om hiervoor ettelijke kilometers te voet af te leggen. Wie wel een wagen heeft, rijdt rond en valt onaangekondigd binnen bij Vlamingen die hij kent of die hij graag wil leren kennen. Iedereen is daarop voorzien en heeft op zondag extra brood en gebak in huis. Gabrielle Devlamynck (Lisabeth) herinnert zich nog dat haar moeder soms een half brood en een halve *zoetekoek* (peperkoek) moest verstoppen om maandagochtend zelf nog wat te eten te hebben.

De Vlaamse jeugd zoekt elkaar ook 's zondags op en daar komen huwelijken van. De trotse ouders van de bruid nodigen voor het trouwfeest bij hen thuis alle Vlamingen uit die ze kennen. Kippen worden geslacht, de groentetuin wordt geplunderd en de dag voordien geurt het huis naar bouillon en gebak... Kortom, ze maken er met de beperkte middelen die ze hebben, een bruiloft van in de goeie Vlaamse traditie, met een overvloed aan spijs en drank en heel veel vrolijkheid en gezelligheid. Daar staan de Canadese buren met ogen als schoteltjes naar te kijken.

PLEZIER VOOR HET GOEDE DOEL

Het georganiseerde sociale leven van de Vlamingen in de suikerbietenstreek komt maar traag op gang. Het duurt tot 1922 eer Vlamingen en Zeeuwen, met een zetje vanuit Detroit, de Belgian-Dutch Mutual Society (Belgisch-Nederlandse Onderlinge Vereniging) oprichten. In Detroit zijn er heel wat Vlaamse verenigingen zoals toneelkringen en boogschuttersgilden, die al veel jaren goed draaien. De bedoeling van de nieuw opgerichte vereniging is onderlinge steun en contact op gang te brengen door sociale evenementen te organiseren. Met de toegangsgelden kan dan een potje vergaard worden waarmee landgenoten die in diepe sociale problemen zitten, onmiddellijk kunnen worden geholpen. Of korter gezegd: dansen en kaarten voor het goede doel. Achiel Van Damme (geboren in Oekene en in 1905 naar Canada geëmigreerd) functioneert als secretaris van de nieuwe vereniging. De kaartavonden en de bals hebben al vlug zoveel succes dat zelfs heel wat niet-Belgen graag lid willen worden.

Als een van de Vlaamse toneelbonden uit Detroit een klucht of een oorlogsdrama komt opvoeren in Wallaceburg, dan is dat telkens een hoogtijdag voor al de Vlamingen daar. De organisator van die toneelavonden is Frank Cobbaert uit Detroit. Hij onderhoudt goede banden met Wallaceburg omdat hij de correspondent is voor die stad voor de *Gazette van Detroit*. Op die manier houden de grote Vlaamse gemeenschap in Detroit en het kleine groepje Vlamingen in Wallaceburg contact met elkaar, ook al leven ze stilaan maar zeker in twee totaal verschillende werelden. Wallaceburg heeft een paar fabrieken, maar is hoofdzakelijk ruraal. Detroit telt al bijna een miljoen inwoners en de industrie groeit er ontzettend snel sinds General Motors en Ford Motor Company er auto's bouwen aan de lopende band. De Canadese grensstad Windsor, met zijn eigen Fordfabrieken, geniet mee van deze opwaartse spiraal.

Andere topdagen voor de Belgen rond Wallaceburg en Chatham zijn de zomerse wielerwedstrijden. De liefde voor *de koers* is iets wat ze vanuit België hebben meegebracht. Jonge mannen kopen zich een fiets, trainen wat en nemen deel aan de bescheiden lokale wielerwedstrijden, naast Canadese renners en de favorieten uit Detroit. De plaatselijke correspondent van de *Gazette van Detroit* zorgt ervoor dat verslagen en eindresultaten uitgebreid in de krant komen.

In Leamington komt het georganiseerde sociale leven van de Belgen op gang met de stichting van de Belgische Vriendenkring in 1925. Oprichter, woordvoerder en bezieler is de schilder-behanger Remi Moerman, die zelf een begenadigd zanger en acteur is. Hij organiseert zangavonden, bals en toneelopvoeringen en hij is ook de plaatselijke correspondent voor de *Gazette van Detroit.*

EEN PASTOOR DIE JE TAAL SPREEKT

In het midden van de jaren twintig wonen er naar schatting een vijf- à zevenduizend Nederlandstalige katholieken in Zuid-Ontario. Er zijn wel een paar katholieke kerken, maar geen enkele parochiepriester spreekt Nederlands. Op aandringen van de Canadese bisschoppen wordt dit gemis uiteindelijk in 1927 verholpen met de komst van kapucijnenpaters uit België naar een missiepost in het kleine Blenheim (Kent County).

Pater Ladislaus Segers uit Zondereigen en pater Willibrord Pennincx uit Mortsel zijn de eerste priesters die aankomen in deze nieuwe parochie met enkel een armzalig, vervallen kerkje. Vanuit Blenheim gaan de paters regelmatig preken in de andere Vlaamse en Nederlandse kernen in Wallaceburg, Leamington en Tillsonburg. Pater Ladislaus ontpopt zich tot een gedreven, sociaal bewogen en fel Vlaamsgezinde geestelijke, die onder het zorgvuldig geheim gehouden pseudoniem Vossenberg regelmatig columns schrijft in de *Gazette van Detroit.* Hij steunt zijn mensen niet alleen spiritueel, maar hij helpt hen ook met praktische dingen. Zo vermeldt hij bijvoorbeeld in de krant hoe ze het best naar de veelbelovende, nieuwe tabaksstreek rond Delhi en Langton in Norfolk County kunnen reizen. Iets wat veel Vlaamse immigranten ook daadwerkelijk doen. De plaats van de Vlamingen die vertrekken naar Norfolk County, wordt bijna meteen ingenomen door Slavische immigranten, vooral Tsjechen en Slowaken. Dat zorgt voor een behoorlijk taalprobleem, waar pater Ladislaus een oplossing voor vindt. Hij reist in het najaar van 1931 naar Praag en Moravië (nu Slowakije) en keert de volgende lente vlot Tsjechisch en Slowaaks sprekend terug naar zijn parochianen in Blenheim.

6. De gouden zandbak

Het perfecte zand van Norfolk County

1919. In een bureau van de Dominion Experimental Farms in de Canadese hoofdstad Ottawa vist de bodemanalist Henry Freeman een verfrommelde brief uit de prullenmand van zijn baas. Het is een brief van een consortium van fruitbedrijven, dat uitgestrekte boomgaarden exploiteert in de buurt van Lynedoch in het desolate Norfolk County in Zuid-Ontario. Ze vragen om een bodemanalist te sturen naar een stuk land dat grenst aan hun terreinen. Voor Henry is het duidelijk dat zijn baas dat onderzoek van die zandgrond niet ziet zitten. Maar hijzelf, telg uit de Amerikaanse tabaksstaat Zuid-Carolina, heeft wel interesse. Hij reist in het weekend naar Lynedoch om er op eigen houtje bodemanalyses te doen. De resultaten wijzen op ideale grond voor… tabak. De volgende jaren experimenteert hij in Lynedoch met burleytabak. In 1922 waagt hij het met Virginiatabak. De planten groeien er prima, maar hagel vernietigt zijn hele oogst. Dat is tegenslag, maar hij denkt nog niet aan opgeven. Integendeel. Hij haalt er een ervaren tabaksteler bij, Bill Pelton, een Amerikaan die in Essex County woont en die hij kent via het proefstation in Harrow (Essex). Beide mannen proberen het nodige geld bij elkaar te krijgen om een hoeve met zestig hectare grond te kopen in Lynedoch en dat lukt hun. In het najaar van 1923 halen ze met succes hun eerste Virginiatabak binnen en ze drogen de bladeren met hete lucht in vier drooghuizen die speciaal hiervoor werden gebouwd. Ze kunnen die tabak aan een zeer goede prijs verkopen en dat is het begin van hun succesverhaal en tegelijk ook dat van heel Norfolk, Oxford, Elgin en Brant County.

GROTE WINSTEN IN HET VOORUITZICHT

Francis Gregory, de broer van de manager van de Imperial Tobacco Company-vestiging in Leamington, hoort van dit project en hij is er als de kippen bij om zieltogende boerderijen en grote stukken zogezegd waardeloze zandgrond in Norfolk County op te kopen. In korte tijd transformeert hij ze tot flue-cured tabakshoeves compleet met serre, schuur, drooghuizen en woning. Intussen gaat de vraag naar die lichte, goudgele, met hitte gedroogde tabak steeds maar de hoogte in door de alsmaar stijgende sigarettenproductie. Het wordt stilaan duidelijk: met flue-cured tabak is veel geld te verdienen. Het vooruitzicht van grote winsten trekt investeerders aan uit heel Ontario en uit de Verenigde Staten. De verlaten zandvlakten, waar men net begonnen was met herbebossing, worden ineens het beloofde land. Het aantal bedrijven dat in de komende jaren wordt opgestart in dit nieuwe tabaksland, is groot. Makelaars in onroerend goed, banken en verkopers van werktuigen doen gouden zaken.

De vele kapitaalkrachtige eigenaars of vennootschappen gaan zelf niet op de tabaksvelden werken. Voor hen zijn die hoeves gewoon geldbeleggingen die moeten renderen. Voor de uitbating ervan zoeken ze ervaren, werklustige land-

Delhi Tobacco Museum & Heritage Centre

Zandvlakte in de buurt van Delhi (Ontario).

bouwers die hun bedrijven goed (zo winstgevend mogelijk dus) kunnen leiden. Sharegrowing is hier het aangewezen systeem. De eigenaars zorgen voor een woning, schuur, drooghuizen, werktuigen en een paard, en het gezin dat er komt wonen, doet al het werk en huurt hiervoor dagloners in als dat nodig is.

ZUIDERLINGEN EN BELGEN

Ervaren tabakstelers, die haal je bij de bron, en dat is voor flue-cured tabak in de zuidelijke staten van de Verenigde Staten, meer bepaald in Noord-Carolina, waar het flue-cured procedé vandaan komt. Deze zuiderlingen (*Southerners*) zijn de eerste sharegrowers in Norfolk County. En ze komen graag, want de oppervlakte van een doorsneetabakshoeve in Zuid-Ontario is veel groter dan die van de kleine bedrijfjes bij hen. Er komen ook seizoenarbeiders vanuit Noord- en Zuid-Carolina, Virginia, Kentucky en Georgia om tabak te plukken tijdens de oogstperiode. De tabakspluk in Zuid-Ontario begint immers pas als bij hen de oogst net binnen is. De zuiderlingen lijken de ideale sharegrowers, maar er is één groot probleem: ze vinden de Canadese winters veel te koud en dat houdt velen tegen om blijvend in Norfolk County te gaan wonen.

Er zijn dringend goede arbeidskrachten nodig die zich blijvend willen vestigen in de nieuwe tabaksstreek. Francis Gregory tracht Belgische immigranten in de regio rond Leamington te overhalen om naar de tabaksboerderijen in Norfolk County te verhuizen. Belgen hebben immers de reputatie vakkundige, harde werkers te zijn. Ze hebben ondertussen in Essex County en ook in Kent County al behoorlijk wat geleerd over hoe je tabak moet verbouwen en vooral: ze weten als geen ander hoe je de grond in korte tijd zo vruchtbaar mogelijk kan maken.

De schaarse Canadese bewoners van het armoedige Norfolk County zijn niet happig op die zware arbeid in de tabaksvelden en ze willen het liefst van al hun eenvoudige, rustige leventje houden zoals het is. Ze zien die 'wroeters' eigenlijk niet graag komen.

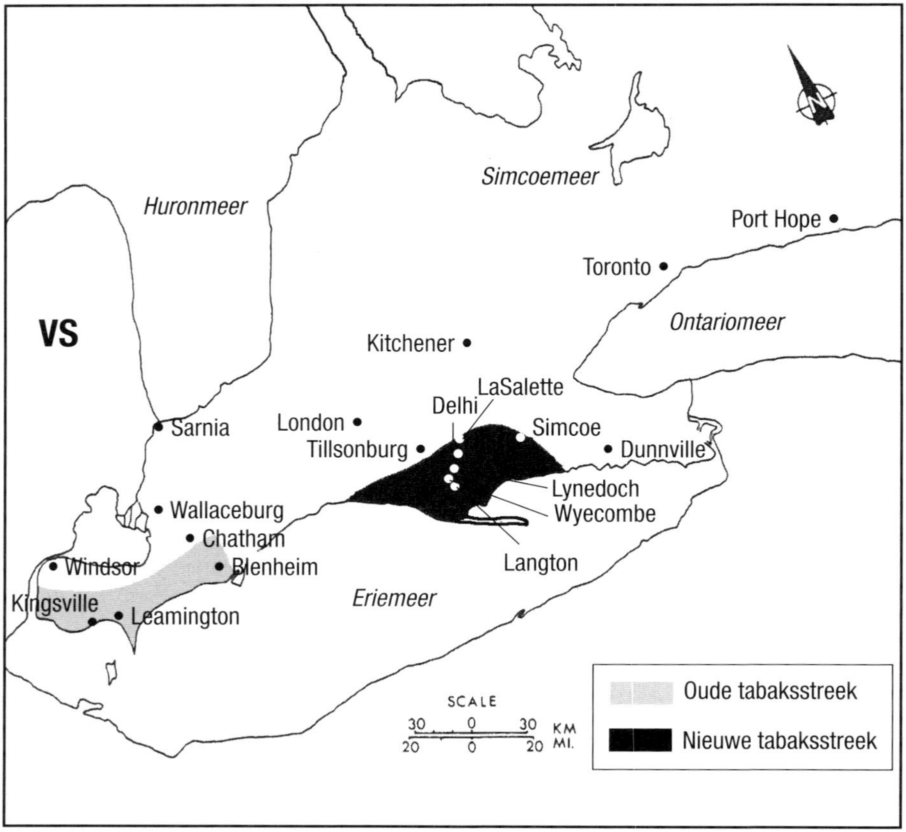

Oude en nieuwe tabaksstreek.

DE PIONIERS

Constant Vuylsteke en zijn gezin zijn de eersten die op de vraag van mijnheer Gregory ingaan en zich op 10 december 1926 vestigen aan de 14th Concession in Walsingham, aan de westkant van het dorp Wyecombe. Enkele andere families volgen dit voorbeeld in de lente van 1927.

Uittreksel uit *Diary of a Priest* (*Dagboek van een priester*) (1969) van monseigneur J.H. O'Neil, D.P. (pp. 16-17):

In the spring of 1927, the following Belgian families moved into the parish: Leon Demarais, Alfonse Loncke, Leon D'Hulst, Jules VanLouwe, Joe Vandeweghe, Alfonse De Voogd, Henri Verkest, Ernie Van Walleghem, Louis Kesteloot, Jules Bergman, Achiel DeGroote, Odiel Denys, Victor Missen, August Vuylsteke, Alfonse Demarais, Cyril Deroo, Joseph Vandeweighe *[= Joe Vandeweghe?]*, Joseph Devos, Alfonse Devos, Joe Van Rietvelde, Victor Buffel, Camiel Decaster, Van Landaham *[Van Landeghem?]*, August Van Goethem and his two sons, Henri and Carl.

Palmira Murphy (Vanden Bussche)

1928, Lynedoch. Pioniers in de nieuwe tabaksstreek. V.l.n.r.: Gerard Vanden Bussche, Henry Catry, Achiel De Blick en Arsène Lietar.

In de nazomer van 1927 komen nog meer Belgische immigranten naar Norfolk County, onder wie Gerard Vanden Bussche en zijn vriend Arsène Lietaer, beiden afkomstig uit Menen. Zij hebben pas dan voor het eerst geruchten gehoord over de verbazende tabaksoogsten van Francis Gregory en zijn team in de streek van Tillsonburg. Ze doen eerst nog de tabaksoogst in Leamington en trekken dan meteen naar dat nieuwe land van belofte. Bij aankomst in Delhi kunnen ze al dezelfde dag aan de slag op een van de vijftien tabakshoeves om er gedroogde flue-cured tabak te sorteren en te verpakken en dat een hele winter lang. Het volgende seizoen tekenen ze samen al een contract als sharegrowers.

In 1928 en 1929 wagen meer Belgische immigranten de overstap en er arriveren zelfs al nieuwkomers rechtstreeks uit België. Frans De Vos en Maria Spriet uit Egem bijvoorbeeld, samen met Maria's broer Leo (in Canada Leon) Spriet en zijn vrouw Renilde De Vos (nicht van Frans). De twee koppels trouwen tegelijk in Egem op 18 april 1928 en vertrekken de volgende dag al naar Canada met als eindbestemming het dorpje Courtland in Norfolk County, waar Frans' broer Arthur sharegrower is op een tabakshoeve. Arthur De Vos en zijn vrouw Madeleine Rigole waren net voordien verhuisd vanuit de oude naar de nieuwe tabaksstreek, samen met Madeleines ouders (Victor Rigole en Pharailde De Meulenaere).

Ook Nederlandse en Duitse immigranten verhuizen uit Essex en Kent County naar dit nieuwe eldorado, waar volgens de geruchtenmolen bergen geld te verdienen zijn. De zaken gaan er inderdaad goed, want in 1930 produceert deze nieuwe tabaksstreek al meer flue-cured tabak dan de Leamingtonregio. Vanaf dan wordt de met hitte gedroogde tabak ook geïntroduceerd in Joliette, in de provincie Quebec, maar die productie zal er altijd veel kleinschaliger blijven dan in Zuid-Ontario. Quebec blijft wel de provincie van de zware pijptabak en de sigaren.

De eerste tabakshoeves liggen in Delhi en langs de as Lynedoch-Wyecombe-Langton, langs de weg die de 14th Concession wordt genoemd, maar vrij vlug komen er ook kernen in Windham Centre en in LaSalette. Op Delhi na zijn het allemaal onooglijk kleine dorpen en gehuchten met hooguit één winkel, gelegen tussen het industriestadje Tillsonburg in het westen en het administratieve centrum van Norfolk County, de stad Simcoe, in het oosten. De Canadezen die er wonen, zijn van Engelse of Schotse afkomst. Het zijn allemaal protestanten, maar van verschillende stromingen. Het wordt de katholieke nieuwkomers vanaf de preekstoel in Tillsonburg en in LaSalette sterk afgeraden om in de buurt van de protestantse kerken te komen.

Bij die pioniers in de nieuwe tabaksstreek horen namen als Rigole, Spriet, Baecke, Lannoo, Van Maele, Van Londersele, Cosyns, Demaree, Paridaen, Beirnaert, Lierman, Van Steenlandt, Couvreur, Van Den Berghe, Decoonsel, Dewilde, Demeester, Decoene, Sinnesael, Duwyn, Vandendriessche, Vanderhoeven, Tant, Heirman, Driessen, Vandergunst, Depaepe, Riviere en Lesage.

DESOLATE ZANDSTREEK

De verstandhouding tussen de Vlamingen onderling is heel goed en iedereen probeert er het beste van te maken. Ze zitten immers allemaal in hetzelfde schuitje. Ze hebben allemaal de vruchtbare grond van Essex County of Kent County geruild voor deze desolate zandstreek met zijn zomerse mulle zandwegen die in de lente en de herfst veel te modderig zijn en in de winter totaal onbegaanbaar worden, en waar men zijn eigendommen afzet met grillige

Delhi Tobacco Museum & Heritage Centre

Irrigatie van de tabaksvelden is noodzakelijk in het zanderige Norfolk County.

1930, Wyecombe. Zittend: Achiel Lannoo en zoon Marcel. Staand v.l.n.r.: Maurice Verhoeve, Achiel De Schepper en onbekend.

Marcel Lannoo

Marcel Lannoo

Zondagnamiddag op de tabakshoeve tijdens de oogstperiode. De curer (stoker) die uit het zuiden van de Verenigde Staten komt, is een heer en laat zich dik betalen voor zijn vakkennis. V.l.n.r.: Stefanie Lannoo (Vancompernolle), zoontje Marcel, Achiel Lannoo, de curer, onbekend, Achiel De Schepper, echtpaar dat ook op de hoeve woonde en werkte (namen onbekend).

boomwortels. Deze tabakspioniers hebben het gevoel dat ze van de beschaafde wereld naar de wildernis zijn verhuisd en sommigen zien in hun verbeelding al wilde indianenstammen opduiken.

Toen de eerste groepen Loyalisten hier op het eind van de achttiende eeuw aankwamen, was het gebied een dicht bos vol majestueuze, kaarsrechte rode en witte dennen. Maar in minder dan een eeuw tijd waren alle bomen verdwenen: gekapt, gezaagd, verkocht en vertimmerd. Enkele kolonistenfamilies waren door deze houthandel steenrijk geworden, maar de streek verkommerde zienderogen. De zanderige bodem kwam bloot te liggen en de wispelturige wind kreeg vrij spel in deze immense zandbak. Hij blies willekeurig diepe putten en zette dan een eind verderop het zand weer neer op hoge hopen. Het fijne zand stoof in het rond en bedekte soms delen van de wegen en van de velden. Herbebossen was de boodschap en daar was men net mee begonnen toen Henry Freeman er in 1923 zijn legendarische tabaksoogst realiseerde.

NET ZOALS THUIS

De Belgen installeren zich allemaal zo goed en zo kwaad als het kan in de eenvoudige hoeves zonder elektriciteit en zonder stromend water en ze proberen er hun leven in te richten zoals ze dat thuis in België gewoon waren, hard werkend en zeer spaarzaam. Ze leggen een groentetuin aan, ze planten hun eigen aardappelen, ze houden kippen, een paar varkens en een koe en de mannen schieten op tijd en stond een konijntje. Aardappelen, wortelen en appelen worden bewaard in een diepe, onderstutte holte in de grond en het vlees wordt in glazen potten gesteriliseerd. Ze bakken zelf hun brood en ook 'zoetekoek en lukken', en ze zoeken bessen en noten in het bos. Zodra ze het zich kunnen veroorloven, kopen ze een naaimachine om al hun kleren zelf te maken.

Het is een hard leven. Het ene jaar maken ze winst, het andere jaar niet door het mislukken van de oogst wegens vroege vorst, droogte of hagel. Geld lenen bij de banken kan niet, want de Canadese banken lenen geen geld aan 'vreemden'. Ze vertrouwen hen niet. Dus moeten alle tabakspioniers steeds een spaarpotje voorhanden hebben waarop ze kunnen terugvallen in slechtere jaren.

Sharegrowers verhuizen vaak en dat maakt het er niet gemakkelijker op. Maar ze zijn altijd op zoek naar een beter contract, een betere hoeve, een gunstigere ligging en zodra de kindjes wat ouder zijn, is het ook belangrijk dat er een school is op loopafstand.

Marcel Lannoo was zes toen hij in 1928 met zijn ouders vanuit Essex naar een hoeve in Wyecombe (Norfolk County) verhuisde. Hij herinnert zich nog het rode bakstenen schooltje waar hij naartoe ging langs een slechte weg vol putten:

'In dat schooltje was maar één leslokaal, waar alle kinderen van de eerste tot de achtste klas samen zaten, een beetje opgedeeld per leeftijd. Er waren nog enkele Vlamingen in de klas: Dorothea Van Steenlandt en de gezusters Couvreur uit Kortemark. Elke morgen begonnen we onze schooldag met het zingen van God Save the King *en er hing een Britse vlag in de klas.'*

TIJD VOOR ONTSPANNING

De Belgen werken hard door de week en ze maken lange dagen, maar op zaterdagavond en op zondag is het tijd voor ontspanning. Wie in de Langtonregio woont en al in het bezit is van een (tweedehandse) auto, rijdt op zaterdag in de vroege avond naar Tillsonburg om eerst wat inkopen te doen en dan een paar uurtjes te gaan dansen. In een zaaltje ergens boven in het stadhuis draait er dan een orgel of komt een Belg op zijn accordeon alle populaire deuntjes spelen... enkel en alleen voor de Belgen, want de puriteinse Canadezen doen zoiets niet. Ondertussen worden de kinderen in de cinema gezet. Het is de tijd van de stomme films met onder meer Charlie Chaplin en van de allereerste sprekende films.

Op zondag rijden ze 's morgens naar de mis in de katholieke kerk van Tillsonburg, per auto of met paard en koets, daarna wordt er thuis stevig en lekker gegeten en nadien zoeken ze elkaars gezelschap op. Ze komen dan eens bij de ene samen, dan weer bij de andere, gewoon om wat te kletsen, een kaartje te leggen en samen een biertje te drinken. Het is het enige wat ze kunnen doen, want er valt in die protestantse dorpen en gehuchten op zondag niets, maar dan ook niets, te beleven. In heel Canada geldt trouwens de *Lord's Day Act* (de wet van 'de dag van de Heer'), die alle publieke zaken verplicht te sluiten op zondag om zo de zondag heilig te houden.

Alcohol is er ook niet te koop, maar alle Belgen brouwen hun bier zelf. Ze moeten er wel eerst een speciale vergunning voor aanvragen. In elk huis staat er een grote kuip gerstenat te gisten, ergens in een verloren hoek, met een doek erover. Als het eigen brouwsel gereed is om te drinken, dan trekken ze het ook zelf op flessen.

Het enige vertier dat er heel af en toe op zondagavond is voor de Belgen, is een toneelopvoering. Het gewone amateurtoneel zoals men dat in alle Vlaamse parochiezalen opvoert. Bij de Belgische tabakspioniers in Langton zijn er genoeg die gebeten zijn door de toneelmicrobe. Achiel De Schepper, Maurice Vancompernolle, Madeleine Van Londersele zijn enkele van die amateuracteurs die gedreven repeteren en zeer gesmaakte voorstellingen geven in een zaaltje in Tillsonburg.

Cafés zijn er niet. Officieel toch niet, maar er zijn wel privéhuizen waar ille-

Marcel Lannoo

1930, Wyecombe. Madeleine Van Londersele met haar vijf maanden oude dochtertje. Korte tijd later zal dit kindje overlijden.

gaal drank wordt geschonken en daar trekken zowel de Canadezen als de nieuwkomers naartoe voor hun whisky of hun biertje. Als de politie hen betrapt, en dat gebeurt weleens, dan wachten zowel uitbater als gebruikers een fikse boete.

In het iets grotere Delhi komt de organisatie van het sociale leven vlug op gang. Dit dorp met een duizendtal inwoners wordt stilaan het sociale en culturele centrum van de Belgen in de nieuwe tabaksstreek. Op zaterdagavond kan er worden gedanst in een zaaltje boven de Bank van Montreal en er worden kaartwedstrijden en zangavonden georganiseerd. Soms is er een plaatselijke correspondent van de *Gazette van Detroit* in de buurt om alles in geuren en kleuren te verslaan.

Gazette van Detroit, mei 1929

DELHI

Ons Volk uit het Oosten

Laatst Zaterdagavond was de Belgische danszaal te klein. Waarom? Omdat jong en oud hen daar juist gelijk thuis bevindt en na zes dagen hard gewerkt te hebben daar eenige uurkes kan vermaken. Zaterdag avond hebben de zangers en zangeressen ook getoond dat ze ook nog van het vak zijn, en het volk luisterde aandachtig. Georges Geschier behaalde 1en prijs met een lied dat hij zelf opgedicht heeft. Het was over Canada, hoe de Belgen hooren spreken in het oude land van fortuin te maken in Canada. Edmond Carlier behaalde 2^e prijs met het lied van de werkstaking van Wetteren. Gabriel De Wilde behaalde 3^e prijs met het lied van den velo. Mrs. Rachel behaalde 4^e prijs met het lied van Mijn Machien is te droog, Laura Naessens behaalde 5^e prijs met een lied van over den oorlog. Er waren zes zangers, van den laatste heb ik vergeten zijn naam op te nemen.

Daarna begon Rene Bousaert weder aan zijn orgel te trekken dat niemand kon laten van dansen.

Art. Noppe

Ook de Vlaamse Beweging krijgt in de krant de nodige aandacht. De strijd van de Vlamingen in Vlaanderen voor het behoud van hun eigen taal en cultuur kent namelijk weerklank bij de Vlamingen in Zuid-Ontario. In Chatham wordt Vlaanderen's Kerels opgericht en Adolf Spillemaeckers (Detroit) en koorleider Gabriel Lecluyse (Windsor) reizen overal rond om bij de Vlaamse immigranten vlammende toespraken te geven over dit onderwerp.

Gazette van Detroit, 28 april 1929

DELHI

Oproep

Eenige goede Vlamingen hebben de handen uit de mouwen getrokken om hier een vergadering te geven voor Vlamingen en Hollanders. Niettegenstaande ons volk hier zoo afgescheiden van elkander leven willen wij toch niet dat de liefde wegsterft in de harten van onze broeders voor ons moederland en onze taal; daarom doen wij een oproep tot geheel de Vlaamsche bevolking, Hollanders inbegrepen, zoo talrijk mogelijk deze vergadering bij te wonen, die zal plaats hebben in de Town Hall op Zaterdag avond 4 Mei, begin om 7 uur, om aan de liefhebbers van dansen nog de gelegenheid te geven na de vergadering een aangenaam toertje te gaan draaien.

Ons doel is door middel van een vergadering een bond te stichten om ons volk als broeders te vereenigen en het zal hun ook verheugen eens naar de rede van onzen onvermoeibaren voorman en talentvollen redenaar, Ad. Spillemaeckers *[...]*, gekend onder den naam van Pee Vlaming, te komen luisteren.

Ook twee sprekers uit Chatham zullen opkomen: Victor Lanckriet en Achiel Vantieghem. Het is niet voor geld of uit roemzucht, maar uit loutere liefde, dat wij onze vrije uren opofferen om de sluimerende krachten van ons volk te ontwikkelen en de natuurlijke wetenschappen aan eigen volk dienstbaar te maken.

Daarom twijfelen wij niet aan de medewerking van ons volk. Laat ons dus broederlijk samen werken tot 't welslagen van deze poging.

Alberic Delaere – R.R.1, Delhi

VEEL HANDEN TEGELIJK NODIG

Is er op de tabakshoeve meer werk dan één gezin aankan, dan huurt de sharegrower een of meerdere werkkrachten in. Dat is heel eenvoudig, want er lopen voortdurend immigranten uit Hongarije, Oekraïne en Polen langs de straten, die allemaal op zoek zijn naar werk. Hij geeft hun kost en inwoning en betaalt hun een loon dat ze op voorhand hebben afgesproken. Zo huurt Achiel Lannoo lange tijd een grote, sterke Hongaar in, een boom van een vent. De kleine Marcel leert van hem enkele woordjes Hongaars die hij later nooit meer zal vergeten: *három krumpli* (drie aardappelen).

Tijdens de oogst zijn er voor het plukken en het opbinden van de tabaksbladeren veel handen tegelijk nodig. De Canadese buren komen dan een handje toesteken, maar ook dat is niet voldoende. In die periode komen er veel seizoenarbeiders van alle nationaliteiten naar de tabaksstreek afgezakt in de hoop er tijdelijk werk te vinden en ze vinden dat ook.

Het drogen met hitte van de tabaksbladeren in de drooghuizen is nog steeds specialistenwerk, waarvoor de tabaksboeren zuiderlingen inhuren.

PANIEK

De eerste jaren krijgen de tabakstelers zeer goede prijzen voor hun flue-cured tabak. Niet verwonderlijk dus dat er elk jaar veel nieuwe bedrijven bijkomen en dat het aantal hectares waarop tabak wordt verbouwd, elk jaar aanzienlijk stijgt. In 1931 is de hoeveelheid geproduceerde flue-cured tabak zo hoog dat de prijs ineens zakt van 32 cent naar 16 cent en in 1932 duikt die prijs zelfs nog dieper. Paniek alom! Er moet dringend iets gebeuren… maar wat?

De tabakstelers organiseren zich en beslissen dat iedereen die in 1933 tabak heeft geproduceerd, in 1934 slechts driekwart zal planten van wat hij het vorige jaar heeft verbouwd. Hiervoor ondertekenen ze op vrijwillige basis een overeenkomst. De tabaksverwerkende firma's van hun kant beloven dat ze voor hun aankopen de voorkeur zullen geven aan de hoeves met gelimiteerde productie. En zo valt alles weer in de plooi.

In de herfst van 1934 wordt de Ontario Flue-Cured Tobacco Marketing Board opgericht, met hoofdzetel in Simcoe. Hierin zetelen zowel vertegenwoordigers van de eigenaars van de tabakshoeves als afgevaardigden van de tabaksverwerkende fabrieken. Zij leggen jaarlijks samen de prijs van de flue-cured tabak vast, zodat er niemand meer voor onprettige verrassingen komt te staan. Een van de stichtende bestuursleden is Francis Gregory, die ondertussen ontslag heeft genomen bij Imperial Tobacco Company (maar wel nog heel veel aandelen ervan bezit), om zich volledig te wijden aan zijn vele tabakshoeves, die door sharegrowers worden gerund, en aan zijn florerende meststoffenzaak. In 1936 wordt deze bestuursraad de Flue-Cured Tobacco Marketing Association of Ontario, die voortaan functioneert onder de brede mantel van Canada's *Companies Act*.

Omdat er steeds nieuwe sigarettenfabrieken bijkomen en de vraag naar flue-cured tabak blijft stijgen, mogen er nog altijd nieuwe tabakshoeves worden opgestart en dat komt goed uit, want ook de aangrenzende county's Oxford en Elgin blijken over de geschikte zandgrond voor tabaksteelt te beschikken en hier en daar wagen zich naast de Belgen, de Nederlanders en de Duitsers ook al Hongaren aan sharegrowing.

BLIJVEN WAAR JE BENT

Niet iedereen verhuist holderdebolder naar de nieuwe tabaksstreek. In Leamington en Kingsville draaien de flue-cured tabaksbedrijven nog steeds op volle toeren, zodat ook daar sharegrowers en landarbeiders broodnodig blijven. Het grote verschil tussen de 'oude' en de 'nieuwe' tabaksstreek is dat rond Delhi de nieuwe bedrijven enkel en alleen tabak verbouwen op grote oppervlaktes, terwijl in de oude tabaksstreek de bedrijven kleiner blijven en tabak er steeds wordt gecombineerd met groenteteelt (voornamelijk tomaten, augurken en uien). Velen kijken nog de kat uit de boom en zullen pas later, of misschien nooit, de definitieve overstap naar de nieuwe tabaksstreek maken. Belgische tabakstelers die blijvend voor het zonnige Essex County kiezen, zijn onder andere Omer Hageniers, Raymond DePauw en Edward Boterberg.

Ook in de Chatham- en Wallaceburgregio blijven de landbouwers suikerbieten telen, soms in combinatie met graan of groenten en meestal samen met een kleine hoeveelheid burleytabak. Veel Vlamingen en Zeeuwen die hard gewerkt en gespaard hebben, bezitten er nu hun eigen hoeve.

Naarmate de jaren twintig vorderen, verslechtert echter de bietsuikerindustrie. De prijzen voor de bieten gaan omlaag, de lonen dalen en de werkomstandigheden van de landarbeiders worden er absoluut niet beter op. In haar boek *The Belgians in Ontario* publiceert Joan Magee een brief van Maurice Everaert uit Wallaceburg aan Adolf Spillemaeckers, waarin de eerste het werk in de bieten '*work for a horse*' (paardenwerk) noemt en waarin hij verbitterd vaststelt dat de Vlamingen blijven wat ze altijd geweest zijn: '*volunteer slave workers*' (vrijwillige slavenarbeiders)…

In 1930 komt er definitief een einde aan de zwaluwmigratie van bietenwerkers uit Vlaanderen en Zeeuws-Vlaanderen naar Zuid-Ontario.

7. De dirty thirties

Na de krach

29 oktober 1929: de grote beurskrach in New York. De economische hoogconjunctuur van de jaren twintig stuikt als een kaartenhuisje in elkaar. Banken gaan failliet, fabrieken sluiten hun deuren of produceren op een veel lager pitje. In de Verenigde Staten en nadien ook in heel de wereld staan massa's werknemers letterlijk en figuurlijk op straat.

De stad Detroit, die ondertussen anderhalf miljoen inwoners telt en dé stad van de automobielindustrie is geworden, krijgt ontzettend zware klappen: 75.000 werklozen in 1930, oplopend tot ongeveer 200.000 in 1931. Daarmee is Detroit de hardst getroffen stad van de Verenigde Staten. De communistische kandidaat voor het burgemeesterschap organiseert er een grimmige hongermars, waarbij tijdens een treffen met de politie zelfs doden vallen. De autostad sleept in zijn diepe val ook de aangrenzende Canadese stad Windsor mee, waar eveneens alles draait rond de automobielindustrie. Ook Hamilton, het staalcentrum van Zuid-Ontario, deelt mee in de klappen. In de steden van Ontario lopen werkloze mannen in bosjes langs de straten, op zoek naar wat op dat moment onvindbaar is: werk. Ze kloppen aan bij onbekenden, voor een kom soep of een stuk brood. Sommigen springen op de trein en reizen clandestien mee naar een volgende stad, waar ze misschien meer geluk hebben in hun hopeloze zoektocht.

De prijzen van het graan en andere landbouwproducten duikelen naar beneden, wat in de provincies Manitoba, Saskatchewan en Alberta, met zijn grootschalige landbouw, voor regelrechte drama's zorgt. Een hardnekkige droogte in 1932 en 1933 met daar bovenop nog een sprinkhanenplaag maakt het in die provincies allemaal nog erger. Veel landbouwers, onder wie ook heel wat Belgische Canadezen, gaan failliet. Ze keren berooid terug naar hun thuisland of ze trekken naar een van de Belgische kernen in Zuid-Ontario, waar ze door meevoelende landgenoten zo goed mogelijk worden opgevangen.

Ook de bietenkwekers in de Chatham-Wallaceburgregio maken moeilijke tijden door.

TERUG NAAR HUIS OF NIET?

'De goeie jaren zijn voorbij,' zeggen de Belgen in Ontario tegen elkaar. Niemand weet wat er gaat komen. Het is allemaal zo onzeker en zo onheilspellend in 1930 en '31. Daarom vinden sommige Belgen het veiliger om met het tot dan toe verdiende geld terug te keren naar Vlaanderen. Onder hen het gezin Couvreur en het gezin Lannoo uit Wyecombe en Raymond Huyge en zijn vrouw uit Kingsville. De Lisabeths uit Pain Court vertrekken om emotionele redenen. Hun zoontje is verongelukt op weg van school naar huis en ze denken dat het verdriet beter te verwerken zal zijn in België.

In 1930 is het plotseling gedaan met de komst van nieuwe immigranten in Canada, niet alleen door de slechte economische toestand, maar ook door het aan de macht komen van een conservatieve regering in Ottawa, die vastbesloten is komaf te maken met de liberale immigratiepolitiek van hun voorgangers.

Voor de blijvers valt het al bij al nog mee de volgende jaren in het landelijke Zuid-Ontario. De land- en tuinbouw worden er minder hard getroffen dan in de andere Canadese provincies en de tabaksindustrie blijft het goed doen. Er zijn zelfs al Belgen die erin slagen om een eigendom te verwerven in de oude of de nieuwe tabaksstreek. Camiel Duwyn en zijn vrouw Clemence Huyge hebben dat geluk. Zij kopen hun eerste tabakshoeve in oktober 1930 in de buurt van LaSalette. En Gerard Vanden Bussche en zijn vrouw Fientje Adam (afkomstig uit Zeeuws-Vlaanderen) kopen in het najaar van 1930 een veeteeltbedrijf meer noordwaarts, in Norwich, en bouwen die om tot tabakshoeve.

Maar in deze roerige, moeilijke jaren zijn er ook Belgische immigranten voor wie het de verkeerde kant opgaat. En in zulke gevallen treedt het Canadese gerecht wel heel kordaat op, zoals blijkt uit dit bericht in *The Simcoe Reformer*.

The Simcoe Reformer, 26 oktober 1933

ZES MAANDEN VOOR JONGE BELG

Bestempeld als een rasechte zwerver, kreeg de 31-jarige Belg Philip G. maandag in de politierechtbank de maximale straf van zes maanden gevangenschap. Na beëindiging van de straf zal de politierechter zijn deportatie aanbevelen. G. werd gearresteerd wegens klachten van ordeverstoring in Delhi op zaterdagavond. Een weekend opsluiting deed hem blijkbaar weinig goed, want zijn houding tegenover de politierechter was op zijn zachtst gezegd uitdagend. Hij vertelde magistraat Gunton dat hij al negen jaren in Canada verblijft en dat hij de laatste jaren geen werk meer vond.
Provinciaal politieagent Taggart verklaarde voor de rechter dat de beschuldigde beweerde dat hij de intentie had te stelen indien hij honger zou hebben.

OVERSPOELD DOOR WERKZOEKERS

Heel wat fabrieksarbeiders uit Detroit, Windsor of Hamilton die in Canada of in de Verenigde Staten ooit begonnen zijn als dagloners in de landbouw of die nog op het veld hebben gewerkt in hun land van herkomst (België, Nederland, Polen, Hongarije, Duitsland, Oekraïne...), zakken nu af naar het platteland. Zij overspoelen de tabaksstreek en in hun zoektocht naar werk nemen ze hun hele gezin mee. Elk mogelijk plekje om te wonen in de tabaksstreek, hoe klein en armetierig het ook is, wordt verhuurd aan deze dolende gezinnen. Van de Belgische en Hongaarse werkzoekers gaan er heel wat aan de slag in de tabak als dagloners of zelfs als sharegrowers, in de plaats van degenen die vertrokken zijn.

De kleine landelijke schooltjes zien in vijf jaar tijd hun aantal leerlingen verdubbelen. Meester Ford en juffrouw Rebuk van de dorpsschool in Windham Centre gaven in de late jaren twintig les aan twee klasjes van een twintigtal leerlingen. Vijf jaar later zitten er in hun twee klassen samen meer dan negentig kinderen, van wie de helft geen woord Engels spreekt bij aankomst. Het zijn Belgen, Nederlanders, Hongaren, Roemenen, Duitsers, Polen en nog een handvol Midden-Europeanen. In die Babelse klasjes worden negen verschillende talen gesproken.

BELGISCHE HANDELAARS

Niet elke Belgische immigrant in de oude of de nieuwe tabaksstreek zoekt zijn heil in de landbouw. Victor Cosyn (°1896) uit Hillegem, die met groenten, fruit en vis leurde toen hij nog in België woonde, opent een winkel in Leamington. Net als het gezin Becelaere, die daarbij nog een tweede winkel in Chatham opent en ook verhuizingen doet. De stad Tillsonburg krijgt in het begin van de jaren dertig zijn Belgische bakkerij (Leon Vlaeminck), zijn Belgische slagerijen (Snyders en Beselaere) en Belgische kruidenier (Arnaert). In Langton opent Jerome Baecke een kruidenierswinkel. In Delhi zijn het Marcel Beselaere en later ook Albert Van Loo die de Belgen van goed vlees voorzien en Joe Verheye begint er in 1935 zijn 'Belgische garage'.

Aloïs DeSerrano en zijn vrouw Emma De Vos, beiden afkomstig uit Beveren-Roeselare, verhuizen in 1932 met hun kroostrijke gezin vanuit Leamington naar LaSalette in de nieuwe tabaksstreek en bouwen er een winkel annex woonhuis. Emma doet de winkel en Aloïs rijdt met zijn wagen langs de vele boerderijen om bestellingen op te nemen en nadien de bestelde waren aan huis af te leveren. Ze ver-

1925, Leamington. Aloïs en Emma DeSerrano (De Vos), allebei afkomstig uit Beveren-Roeselare, met hun tweede kindje, Violet.

Violet Lea (DeSerrano)

kopen kruidenierswaren, werkkledij, sigaren uit Quebec, Molsonhop om zelf bier te brouwen en alle mogelijke andere dingen die de mensen nodig hebben. Buiten staat er een benzinepomp. Violet, de op één na oudste van hun elf kinderen, vertelt hierover:

> *'Wij moesten als kinderen helpen met het overscheppen van bruine suiker uit grote balen in kleine zakjes en oh... wat hadden we daar een hekel aan. Maar er waren ook veel fijne dingen. Elke vrijdagavond zonder uitzondering geurde het in huis naar koekebrood* [witbrood met melk en eieren in verwerkt] *en rozijnenbrood* [een koekebrood met rozijntjes in]. *En midden in onze woonkamer stond een grote piano. En we kregen ijsschaatsen. Als het vroor, gingen we schaatsen bij de familie Rosehart. Zij maakten een ijsring in hun tuin en we schaatsten er op muziek. Daar kon ik zo van genieten.'*

Aloïs en Emma bouwen zes jaar later een grotere winkel in Delhi. Het grote gezin heeft naast commercieel talent ook muzikaal en artistiek talent in de

Violet Lea (DeSerrano)

LaSalette. Aloïs DeSerrano, zijn oudste zoon René Marcel en zijn vrouw Emma voor hun winkel.

genen. De oudste zoon wordt kunstenaar en maakt bijvoorbeeld prachtige altaartaferelen voor de katholieke kerk van LaSalette. Violet volgt pianolessen, maar haalt geen diploma. Toch wordt ze later, in elke plaats waar ze gaat wonen, organiste in de katholieke kerk.

ROOMS-KATHOLIEKE KERKEN

De Canadezen die al in de nieuwe tabaksstreek woonden voor de flue-cured tabak er zijn intrede deed, zijn voor het overgrote deel van Engelse of Schotse origine en dus protestants. Er zijn in heel de streek maar twee rooms-katholieke kerkjes: St. Mary's in de stad Tillsonburg en Our Lady of LaSalette in het onooglijk kleine dorp LaSalette. Die laatste kerk werd ooit gebouwd door een groep Ieren die in de regio was neergestreken voor de aanleg van de spoorweg, en geleidelijk aan werd ze ook de parochiekerk voor de katholieke Duitse pioniers. De oorspronkelijke naam van die kerk was St. Anthony's, maar toen in 1846 de verschijningen van Onze-Lieve-Vrouw in het Franse dorp La Salette ophef maakten, werd de kerk daarnaar genoemd. Toen er in het gehucht een postkantoor werd geopend en de plaats een naam moest krijgen, lag het voor de hand dat dit LaSalette werd.

De eerste winkel van het gezin DeSerrano ligt vlakbij die kerk en zijn achterliggende begraafplaats. Er is een beeld dat Violet nooit zal vergeten:

> *'We konden van in ons huis het kerkhof zien. Ik herinner me nog dat toen in hartje winter een van mijn broertjes was gestorven aan pneumonie, we vanuit de woonkamer toekeken hoe hij werd begraven. Alleen mijn vader en zijn broer trotseerden de kou en de sneeuw en bleven bij het kistje tot op het kerkhof.'*

De Vlamingen gaan massaal naar de zondagsmis, ook al moeten ze daarvoor een heel eind rijden. Vooral in de beginjaren, als vele Belgen nog geen Engels verstaan, geeft de vertrouwde Latijnse mis hun een soort thuisgevoel. Dit is tenminste iets dat net hetzelfde is als in eigen land.

PATER BLONDEEL EN PASTOOR UYEN

Na 1930 wordt het katholieke kerkje in Tillsonburg te klein voor al die katholieken uit de grote omtrek. Het bisdom London (Ontario) stuurt een Vlaamse missionaris uit het kapucijnenklooster van Blenheim (Kent County) naar die parochie om er de Engelstalige pastoor O'Neil te helpen. De nieuwkomer, pater Blondeel, houdt zich vooral bezig met de regio Langton, waar in 1933 een driehonderdtal katholieke families woont: Hongaren, Nederlanders, maar vooral heel veel Vlamingen. Hij geeft er catechismusles in een ruimte boven de winkel van Jerome Baecke, net zoals pastoor O'Neil dat voordien ook al deed in Baeckes winkel en in de voorplaats van het ruime huis van de familie Loncke in Wyecombe.

Margaret Van Laeken (Van Maele).
Research bijschrift: Margaret Van Laeken (Van Maele).

1939, Langton. Eerste communie in de Sacred Heart Church.
Eerste rij v.l.n.r.: Robert Plets, Omer Vandeneede, Robert Nobels, Ivey Vuylsteke, Helen Jalondy, onbekend. Tweede rij v.l.n.r. : onbekend, Philip Clary, Roger Spriet, onbekend, Margaret Van Maele, Yvonne Slagmulder. Derde rij v.l.n.r.: Donald Loncke, onbekend, Roger Van Slembroeck, Viviane Van Daele, onbekend, Mary Schelstraete. Vierde rij v.l.n.r.: onbekend, Mariette Wulleman, Angèle Verplancke, onbekend, Mary Demaiter.

Pater Blondeel voelt dat er nood is aan een eigen kerk in Langton, niet alleen om de zondagsmis bij te wonen, maar vooral als ontmoetingsplaats en als sociaal centrum voor al die gezinnen die hun familie zo hard missen. Ook een eigen school, in de benedenverdieping onder de kerk bijvoorbeeld, zou zeer welkom zijn. Er worden plannen getekend en grond aangekocht, maar bouwen kost geld en dat is er weinig of niet in die donkere jaren dertig. Pater Blondeel denkt te weten waar hij het geld kan vinden. Hij leent een som om naar België te reizen en gaat er praten met de jonge baron Louis Empain, jongste zoon van de in 1929 overleden, steenrijke industrieel en zakenman baron Eduard Empain. Die jonge edelman is voorzitter van de Belgo-Canada-vereniging en krijgt weleens het label 'kapitalist met een hart' opgeplakt. Pater Blondeels reis is niet vruchteloos. Hij krijgt van de baron een zeer grote donatie los, die zal worden gespreid over vijf jaar. De werken in Langton kunnen starten. Alle katholieken in de omtrek dragen financieel hun steentje bij, waarbij winkelier Baecke toch wel de zwaarste steen van allemaal levert, en het stoere mansvolk werkt met eigen handen mee aan de bouw van de eenvoudige kerk. Hun Sacred Heart Church (Heilig Hartkerk) mét onderin een schoollokaal is klaar in augustus 1936. Pater Blondeel wordt de eerste pastoor van deze nieuwe parochie. Later komt er nog een nieuwe school, een parochiezaal en een klooster. Pater Blondeel geeft ook een Nederlandstalig parochieblad uit, net zoals in Vlaanderen. Kerk en zaal worden in de hele Langtonregio het sociale centrum en de ontmoetingsplaats van alle Belgische immigranten, groot en klein.

Er worden ook plannen gemaakt voor een nieuwe kerk in Delhi en die komt er al in 1935: de St. John Brebeuf and Companions-kerk, genoemd naar een groep Franse jezuïeten die in de zeventiende eeuw in Canada de marteldood stierven. De katholieke gemeenschap in Delhi, die bestaat uit Belgen, Nederlanders, Hongaren, Polen en sommige Duitsers, financiert grotendeels de bouw. De Nederlander John Uyen is hun eerste pastoor en hij krijgt meteen de passende bijnaam '*the tobacco priest*' (de tabakspriester). John Uyen ontpopt zich tot een breeddenkende en sociaalvoelende herder voor al zijn schapen, katholiek of niet. Hij ontfermt zich over de vele nieuwkomers en helpt hen bij het invullen van officiële papieren en andere administratieve beslommeringen. De mensen hebben zoveel vertrouwen in hem dat ze hem zelfs voor geldzaken om raad vragen.

DE LAATSTE STROHALM

Elk jaar vanaf eind juli komen veel seizoenarbeiders naar de tabaksstreek om er te helpen bij het plukken en het drogen van de tabaksbladeren. Het zijn vaak dezelfde groepen mannen die jaarlijks terugkeren. Ze kennen het werk door en door en hun hulp is hard nodig, want alle tabak moet binnen zijn voor de eerste nachtvorst er aankomt en dat is vaak bij de eerste nieuwe maan in september. Die seizoenarbeiders krijgen kost en inwoning op de hoeve en ze ontvangen een op voorhand afgesproken loon. Ze vormen een allegaartje van nationaliteiten en talen: er zijn veel tabaksplukkers uit het zuiden van de Verenigde Staten (in eigen land is hun loon niet veel meer dan een aalmoes in deze recessiejaren), maar ook Europese immigranten uit minstens tien verschillende landen en Franstalige Canadezen uit de provincie Quebec.

Door de grote werkloosheid na de beurskrach van 1929 loopt dat aantal kandidaat-seizoenarbeiders helemaal uit de hand omdat de goeddraaiende tabakshoeves de laatste strohalm zijn waar al die werklozen van heinde en ver zich aan vastklampen. Met duizenden komen ze nu naar Delhi afgezakt en dat is veel meer dan er echt nodig is; het dorp zelf telt amper 2500 inwoners.

Vanaf eind juli hangen hele groepen zomaar rond in de straten op alle uren van de dag, ze zitten te eten op de stoepen, ze slapen op de gazons, in het park, in oude gebouwen en in goederenwagons in het station. Sommigen van hen betaalden een fikse som voor het vervoer per vrachtwagen van Montreal naar Delhi met de twijfelachtige belofte dat ze daar werk zouden vinden.

Die hele toestand stelt de inwoners van Delhi voor een dilemma. Enerzijds zijn ze die horden werkzoekers liever kwijt dan rijk en voelen ze toch wel een zekere argwaan tegenover heel die bende, die nauwelijks Engels spreekt en waarvan er sommigen al eens op de vuist gaan of kleine diefstallen plegen, anderzijds kunnen ze niet zonder die tijdelijke werkkrachten.

De pas gevormde vakbond van de Canadese tabakswerkers (United Tobacco

Workers' Union of Canada) deelt pamfletten rond, waarin ze iedereen aanmaant om minstens vier Canadese dollar per uur te eisen. Negen tabakswerkers gaan ook daadwerkelijk in staking voor een hoger loon op de hoeve van Jan Van De Wege in Langton. De Nederlander is absoluut niet onder de indruk. Hij neemt meteen zijn auto en rijdt naar het park van Delhi om er negen nieuwe arbeiders in te huren. Na wat schermutselingen pakt de politie de negen stakers op en zet ze uit het dorp. De nieuwe vakbond kan op niet veel steun rekenen. Het aanbod van werkwilligen is immers te groot en men is bang van de politie, die een nultolerantiebeleid hanteert voor vakbondsleden.

Het absolute dieptepunt voor Delhi is augustus 1939, als de oogst van de tabaksbladeren behoorlijk is vertraagd door een periode van hardnekkige droogte en enkele duizenden werkzoekenden met hun gezinnen doelloos en verhongerd rondhangen in Delhi. De overheid raadt de bevolking af om deze mensen voedsel toe te stoppen. Pastoor Uyen negeert die 'goede raad' en hij begint met het uitdelen van gratis maaltijden, hierin gesteund door veel parochianen, die zich hun eigen barre jaren nog levendig herinneren. Een beetje onder het motto '*It's hard for a hungry citizen to be a good citizen*' (het is moeilijk voor een hongerige burger om een goede burger te zijn), geven ook zij af en toe eten aan de grootste sukkelaars.

ZUINIGE, HARDWERKENDE EN ZEER GEWENSTE BURGERS

Hoe donker en moeilijk de jaren dertig voor sommigen ook zijn, het leven gaat door en de Belgen die in Zuid-Ontario zijn gebleven, raken meer en meer ingeburgerd in de Engelstalige Canadese gemeenschap en ruilen hun Belgische nationaliteit voor het Canadese staatsburgerschap.

In de krant *The Norfolk Observer* van 23 oktober 1934 verschijnt een artikel over een toespraak van Edmond Verhaeghe voor de Simcoe Rotary Club, waarin hij vertelt over zijn nieuwe vrijheid. Als hij het heeft over de bevolking van België, maakt hij in het vuur van zijn betoog wel een zeer ruime schatting.

The Norfolk Observer, 23 oktober 1934
Meneer Verhaeghe is reeds in Canada sinds 1919 en hij spreekt zeer vloeiend Engels. Hij zegt dat hij fier is om Canadees te zijn, net zoals veel andere Belgen die genaturaliseerd zijn. Zij kregen de gelegenheid hier een nieuw leven op te bouwen dat in eigen land niet mogelijk was. Hij vertelde over de hoge bevolkingsdichtheid in België: elf miljoen Belgen die leven op een oppervlakte kleiner dan de helft van Prins Edwardeiland.
Sommigen van de Belgische emigranten in Canada verbouwden reeds tabak in eigen land, anderen niet. Velen voelden zich aangetrokken tot Canada toen ze hoorden dat de met hitte gedroogde tabak verkocht werd aan dertig cent per pond in België. Ze zijn wel teleurgesteld door de lage prijzen die hier de laatste jaren werden betaald, maar toch zijn ze blij met de kans die ze kregen om hier de kost te verdienen en niettegenstaande zo nu en dan sommigen terugkeren naar België, blijven ze er niet langer dan een jaar.
'We zijn zeer blij met de behandeling die we hier krijgen,' verklaarde de spreker. 'We hebben hier een nieuwe vrijheid gevonden die niet mogelijk was in eigen land of in een ander Europees land. Ons hart is in Canada en ik ben zeker dat de volgende generatie Belgische Canadezen beslist een aanwinst zal zijn voor uw land.'

Meneer Verhaeghe werd ingeleid door het Rotary Clublid B.M. Peeren, die de Belgen karakteriseerde als zuinige, hardwerkende en zeer gewenste burgers. De laatste volkstelling wees op 1282 Belgen in Norfolk County.

8. Den Belschen Herstelder

Belgisch nieuws in de plaatselijke krant

De redactie van de wekelijkse krant *The Simcoe Reformer* vindt de 1282 Belgen in Norfolk County voldoende om voor hen een bescheiden hoekje in hun blad te reserveren. Vanaf midden 1933 verschijnt er op de regionale pagina voor Delhi en omstreken nieuws in het Nederlands, onder de titel: 'Den Belschen Herstelder'. Op de frontpagina meldt de krant: 'BELGISCH NIEUWS - Ziet Blad 6'.

Dat Belgisch nieuws beslaat al gauw de helft van de pagina.

De drijvende kracht en duivel-doet-al achter deze berichtgeving is de piepjonge Robert D'Hondt (°1915) uit Nixon (in de buurt van Delhi). Hij is de zoon van Camiel Richard en Augusta D'Hondt, die in 1927 vanuit het zuiden van Oost-Vlaanderen emigreerden naar Canada en die in Delhi een cinemazaal uitbaten.

Op 17 april 1934 verschijnt voor het eerst *The Norfolk Observer*. Het is een weekblad dat zichzelf omschrijft als een 'huis- en hoevenieuwsblad voor het volk van Norfolk County'. Al wie geabonneerd is op *The Simcoe Reformer*, ontvangt automatisch ook *The Norfolk Observer*. Het 'Belgisch Nieuws' verhuist naar dit nieuwe weekblad.

Robert D'Hondt doopt zijn volledige Nederlandstalige pagina 'Den Norfolk Opmerker' en meldt zijn lezers:

> Van nu af hebben de drukkers van 'The Simcoe Reformer' my de toelating gegeven van een gansch blad te genieten in 'Den Norfolk Observer'. Het Belgisch nieuws dat vroeger in 'The Simcoe Reformer' gedrukt was zal gansch overgaan tot 'Den Norfolk Observer'.

Het Belgische nieuws van Robert D'Hondt is een mengeling van plaatselijk en internationaal nieuws, allerlei aankondigingen, een vervolgverhaal, populair wetenschappelijke stukjes, reclame, grapjes, praktische mededelingen, berichten uit de bokswereld, het wel en wee van de wielergoden en natuurlijk veel artikels over de tabak.

EEN GREEP UIT DE PLAATSELIJKE BERICHTEN

'Den Belschen Herstelder', 12 oktober 1933
Mevrouw Angela Hemrieck die den zomer gepasseerd heeft met Mynheer en Madam Jerome Baecke van Langton is verleden week zondag weder gekeerd naar haar woonplaats in Detroit.

'Den Belschen Herstelder', 9 november 1933

OPGEBRAND

Cyriel Renneboog (bygenaamd Smet) heeft zyn allerbeste car moeten zien opbranden. Dezen auto is met grooten tegenslag verbrand. Al de Belgen nemen deel in zyn droefheid. Dit geval heeft verleden week Woensdag plaatsgehad.

VERPLAATST NAAR TILLSONBURG

Mynheer Albert Van Loo, die aanvaard was in de Beselaere Beenhouwery, is verplaatst naar Tillsonburg waar hy aldaar de beenhouwery zal onderhouden van mynheer Marcel Beselaere.

'Den Belschen Herstelder', 2 november 1933

VROEGERE VERKOOPER GESTRAFT

Een kort tydje geleden hebben de provinciale politie officieren een groote hoeveelheid goederen onder een hoop strooi op een boerdery tegen Delhi gevonden. Den inhoud bevatte rond een duizend dollars waarde. Later hebben ze Rene Mortier aangehouden, een Belg die vroeger een winkel had in Delhi. Mortier is bevonden geweest met zyn goederen van zyn woonplaats weg te halen met een gedacht van zyn crediteurs te bedriegen. Als hy voor Magistraat Gunton voorkwam in Simcoe, bekende hy dat hy plichtig was en werd gestraft voor 100$ en kosten.

'Den Norfolk Opmerker', 22 juli 1934
Na een lange ziekte is Edward VanAcker gestorven verleden week Maandag, twee mylen van Simcoe. Hy was een uitlander van België, die naar dit land gekomen is sedert 8 jaar, waar hy hier beginnen werken is op het veld.
De overblyvende familie zyn: zyn vrouw, vyf zonen en vier dochters: Fidelis, Edmond, Albert, Frank, Joseph, Margaret, Mary, Marie en Elizabeth; twee broers, August van Norwich en Louis van Moline (Illinois), en een zuster Mrs. Mathilde Michelet van Detroit.
De begraving was geleid op Woensdag morgen naar St.Mary's kerk in Simcoe, waar een requiem hoogmis gezongen was door den Eerwaarde Vader Nagle met de hulp van de Eerwaarde Vader Van Vynckt. De begraving had plaats op het Kerkhof van St. Mary.
Wij deelen mede in de droefheid van de familie.

'Den Norfolk Opmerker', 16 oktober 1934
Naar het schynt zou de heer Camiel Dumarest veel verbeterd zijn sedert de laatste acht dagen. Een genezing verwachten wij alsook een spoedige thuiskomst.

ALBERT DUWYN

Mynheer Albert Duwyn die naar de middelbare school van Delhi gaat heeft hem waarlyk doen gelden als wanneer hy al de Canadeesche jongens geklopt heeft in verschillige loopkoersen.
Albert was de eenigsten Belgischen jongen die op deze wedstryden tegenwoordig was. In al de wedstryden heeft hy den eersten behaald. Al de andere scholieren stonden verstomd te zien als Albert in alle koersen een gemakkelyke overwinning behaalde.

'Den Norfolk Opmerker', 29 december 1934
Den ooievaar heeft bij mijnheer en mevrouw Michel Manhout geweest en heeft hun een schoon en gezond kindje mee gebracht. Proficiat en veel geluk in de toekomst.

'Den Norfolk Opmerker', 24 juni 1935

AIME D'HONDT

Die een uitmuntenden Belgischen student is, is den winnaar van den Eersten Prys voor uitmuntendheid op zyn onbepaalde punten die hy behaalde in zyn studies. Aime heeft nu twee Eerste Prijzen op zyn drie jarigen tyd van verblyf in het Assumption College, Sandwich, Ontario, op zyn naam gebracht. Hy is nu tegenwoordig op verlof by zyn ouders en broeder tegen Delhi.

AANKONDIGINGEN VAN 'VERMAKELIJKE' AVONDEN

'Den Norfolk Opmerker', 3 juli 1934

KERMISMAKING

Woensdagavond, den 11ste Juli, om kwart voor acht (7.45 uren), zyn alle Belgen en Hollanders uitgenoodigd in 'the hall' van LaSalette.
Father Van Vynckt zal een korte welkomrede geven. Daarna zal er gekaart worden en verscheidene goede pryzen zullen de winnaars kunnen naar huis mede nemen. De vrouwen zyn ook uitgenoodigd en wy zullen eens zien of er geen potje koffie af kan. Het is maar een begin maar het zal rap verbeteren voor ons volk van LaSalette en Delhi.
Er zullen ook bolbanen *[banen om op te bollen]* aangelegd zijn zoodat ons mannevolk hun hart eens goed zullen kunnen ophalen.
Al wie kan zingen, roepen en goede Vlaamsche leute maken is absoluut welkom!
Tot den 11sten Juli.

Het Komiteit

'Den Norfolk Opmerker', 22 december 1934

TRIMARD

Een luisterlyke toneelavond zal gegeven worden door Kunst en Vreugd van Delhi, in de Grotto hall van Delhi op den 26 December (tweeden Kerstdag).
De opvoering van dit stuk is Trimard. Het is een drama in drie bedrijven en het speelt in de jaren 1880 tot 1910 in Vlaanderen.
Degenen die er in deelnemen zijn als volgende:
Vader Braem wordt gespeeld door Honore De Cock;
Moeder Braem zal gespeeld worden door Marie De Cock;
Remi, de zoon, wordt gespeeld door Jerome Houtekier;
Paula Kaes speelt de rol van Lena, die de dochter is;
Lea Beyaert, als het lief van Remi, speelt de rol van Marie
Pol Daene, vriend van Remi, wordt gespeeld door Omer Kaes;
Leon Saelen, zal twee rollen spelen; de eene zal zijn als een gebuur van Braem; en de andere zal bestaan uit een Vlaamschen boer in Frankrijk.
Trieneke, vrouw van een Vlaamsch huisgezin in Frankrijk, zal gespeeld worden door Marie Vanelslander.
Miel Ploegbaas zal gespeeld worden door Rene Deserranno;
Heereboer in Vlaanderen door Henry Catry
En Pastoor Denis door Robert D'Hondt.

Een heel schoon kluchtspel met zang, Kobus en Wannes, zal opgevoerd worden door de heeren Henry Catry en Jerome Houtekier.
Piano begeleiding door Mej. Howey, piano meesteres van Delhi.
Wij verwachten U allen. Komt eens zien en ge zyt verzekerd van een aangenamen avond door te brengen. Tot den 26 December.

Het bestuur

RECLAMEBLOKJES

De Belgische Garage

Aan de Belgen van Delhi en omliggende.
Als uwen auto niet goed werkt laat een
man van ondervinding het werk doen.

Joe Verheye
Telefoon 69 – Delhi

Reist Met De
FRENCH LINE
Groote en Prachtige Schepen
Verzekeren U
Tevredenheid en Beste Dienstverleening
Wekelyksche Afvaarten

Menige landgenoten reizen mee. Vraag
inlichtingen en wendt U tot

Constant Verschoore
Agent Der French Line
Hy zal U de beste voldoening verschaffen.
LaSalette, Ont.

CAPITOL CINEMA
DELHI

Alle avonden open

TWEE PROGRAMMEN
7pm en 9pm

Matinees Woensdag en
Zaterdag om 2.30 uren

VRAAG HET AAN ROBERT

Robert D'Hondt begint in januari 1934 met de rubriek 'Wat Wilt U Weten?', waarin hij alle Belgen en Nederlanders uitnodigt om hem vragen toe te sturen die hij dan zo goed mogelijk zal beantwoorden. De hoogte van de bergen, de diepte van de zeeën en het aantal inwoners van alle mogelijke landen zijn geliefkoosde onderwerpen, net als weetjes over schepen en vliegtuigen en feiten uit de Eerste Wereldoorlog. Maar er zijn ook vragen van meer direct nut.

Vraag: Wilt gij mij het adres niet opzenden van de MGM Studio van Hollywood? A. VDB
Antwoord: De MGM Studio voor filmsterren is niet in Hollywood. Het goede adres van de MGM is: Metro Goldwyn Mayer's, Culver City.

Vraag: Ik zeg dat Italië de meeste aardbevingen heeft. Myne maat zegt dat Japan de meeste aardbevingen heeft. Wien heeft er nu gelyk? Antwoord my Italië of Japan. Jules R.

Antwoord: Ehwel Jules, uwe vriend heeft den diksten. Japan heeft meer aardbevingen gehad dan Italië.

Vraag: Laat mij a.u.b. weten hoe oud ik moet zyn voor in Ontario een ouderdomspensioen te kunnen trekken.
Antwoord: Ge moet ten minste de ouderdom bereikt hebben van 70 jaar.

Vraag: Is het waar dat de Belschen Kongo 35 keeren langer is dan België zelf? VDV
Antwoord: Neen, wien heeft er u dat verteld? Den Belgischen Kongo is ten minste 80 maal langer dan België.

Vraag: Wat is het diepte rekord voor onderzee-ers? Langton
Antwoord: Ik heb dat over eenige weken al gemeld.

Na een tijdje sterft deze rubriek een stille dood wegens geen vragen meer.

DREIGEND BUITENLANDS NIEUWS

De populairwetenschappelijke stukjes gaan over zeer uiteenlopende onderwerpen, zoals 'Hoe de duif haar weg vindt', 'Indianen geen afstervend ras' of 'Voor en tegen het gebruik van tabak', 'De uitvinding van de grammofoonplaat', maar de razendsnelle evolutie in de wereld van auto's en vliegtuigen vormt hier de hoofdmoot.

Het grootste deel van 'Den Belschen Herstelder' en 'Den Norfolk Opmerker' bestaat uit ernstige stukken over de wereldpolitiek.

Het nieuws uit Canada klinkt hoopvol vanaf eind 1934:

> De boeren in de provincie-en van Manitoba, Saskatchewan en Alberta zullen de besten Kerstdag kunnen vieren die ze voor lange jaren nog niet gevierd hebben. *[...]* Het is er sinds onlangs veel verbeterd. Het volk heeft meer geld voor te besteden aan kleeren en andere noodigheden. *[...]*
> Het heeft niet allenlyk in het westen van Canada slecht geweest voor de menschen, maar wy hebben alhier ook de slechte tyden gevoeld. Nu zyn wy er al uit. En we moeten bekennen dat alles weer naar den goeden kant zal komen, gelyk het vroegere jaren geweest heeft.

Maar de koppen van de artikels over Europa klinken steeds onheilspellender: 'In een anderen oorlog', 'Oorlogswolken', 'Duitslands Gedachten', 'Britse ongerustheid', 'Verwacht oorlog in 1935', 'De Spraak van Vrede en Oorlog', 'Hoe Duitsland zich wapent', 'Frankrijk wil meer soldaten', 'Het Joodse Vraagstuk'...

In 'Den Norfolk Opmerker' van 22 juli 1935 kondigt Robert D'Hondt plotseling zijn vertrek aan:

> Het Vlaamsche blad zal, volgens my verklaard werd, in het toekomende niet meer verschynen daar ik grotere beloovingen te verwachten ben en de gelegenheid vindt van een hoogere plaats te bekleeden in België. Myn gelukwenschen aan al myn vrienden en nogmaals dank aan myn abonneerders van den Simcoe Reformer en Norfolk Observer.
>
> Robert D'Hondt

Sindsdien is er nooit meer een Nederlandstalige pagina in de plaatselijke krant verschenen.

9. Sport en spel

Duivensport, boogschieten, bollen en wielrennen

Albert Coulier

Albert Schelstraete (later Coulier) uit LaSalette kijkt enorm op naar de Belgische wielrenner Jean Aerts, die in 1935 de wereldtitel op de weg won bij de professionals. Om die bewondering te tonen doet hij zijn haar in een middenstreep, net als zijn grote idool.

De vele Vlamingen die emigreren naar Zuid-Ontario laten dan wel hun huis, thuis en familie achter, maar niet hun hobby's.

DUIVENSPORT

Heel wat fervente Oost- en West-Vlaamse duivenmelkers kunnen niet definitief scheiden van hun prijsbeestjes en nemen op zijn minst een paar kweekkoppels mee naar hun nieuwe thuis overzee. De emigranten uit Zeeuws-Vlaanderen, die ook enthousiaste duivenliefhebbers zijn, doen net hetzelfde. Eens in Canada worden duivenhokken getimmerd en doen de meegebrachte duiven wat van hen wordt verwacht: kweken. In het midden van de jaren dertig kunnen de Belgen en de Nederlanders in de flue-cured-tabaksstreek alweer met de duiven spelen. Er komt een duivenclub in Langton, één in Delhi, één in Simcoe en één in Tillsonburg.

De drukte en de gezelligheid van het typische, Belgische duivenlokaal moeten ze daar echter missen. In het puriteinse Canada, met zijn strenge alcoholwet, zijn cafés zoals in België onbestaande. Het inkorven van hun 'wittepennen' en hun 'blauwe geschelpten' gebeurt bij een bestuurslid van de duivenbond thuis, in de schuur of in de garage. Het bijbehorende pintje wordt er clandestien geschonken.

Er wordt nog niet veel geld ingezet op de duiven – niemand heeft immers geld – en de prijzenpot is ook niet spectaculair. Maar het plezier en de spanning van 'misschien komen mijn duiven eerst vandaag?' is er weer op zondagmorgen en daar is het hun voornamelijk om te doen. Het is trouwens al een hele opgave voor de clubs om het vervoer van de ingekorfde duiven naar een losplaats als Tilbury, Saint Thomas of Windsor te bekostigen.

BOLLEN, BOOGSCHIETEN EN KAARTEN

Bolspelen zijn al een paar eeuwen een populaire volkssport in West-Vlaanderen en in sommige delen van Oost-Vlaanderen. Er bestaan veel varianten: *vloerbollen, krulbollen, rondebollen, plattebollen*… Het komt er steeds op neer dat er met een houten bol, al dan niet langs één of twee zijden afgeplat, naar een doel (of roos) wordt gerold op een vlakke of een licht trogvormige baan. Het zijn vooral de afgeplatte, houten schijven die bij het plattebollen worden gebruikt, die meegenomen worden over de oceaan.

Belgian bowling, ook wel 'rollebollen' of 'bollen' genoemd, wordt vrij vlug het favoriete tijdverdrijf van de Vlaamse Canadezen in de oude en de nieuwe tabaksstreek op zondagmiddag. In LaSalette wordt in 1934 speciaal voor dit spel een trogvormige bolbaan aangelegd en er wordt een boldersclub opgericht.

Boogschieten is ook zo'n typische volkssport uit Vlaanderen, die met de emigranten meereist naar de Nieuwe Wereld. In de Amerikaanse stad Detroit bestaat er al lang een Vlaamse boogschuttersclub, maar in Zuid-Ontario blijft het bij privé-initiatieven van enkele handige doe-het-zelvers, die in hun eigen tuin een staande wip bouwen om 's zondags gewoon onder vrienden wat 'vogels' te schieten.

Bij gelijk welke Vlaamse ontspanningsavond die in de oude en de nieuwe tabaksstreek wordt georganiseerd, hoort een kaartwedstrijd. De uitslagen hiervan halen de plaatselijke krant en de *Gazette van Detroit*.

'Den Norfolk Opmerker', 8 april 1935
Gelijk men gemeld heeft uit de 14de concessie in Langton hebben ons Vlamingen daar een vaste ploeg kaartenspelers.
Ze speelden als volgt: De titelhouders: Achiel De Clerck en Coeckhout *[Cocquyt?]*.
De tegenstrevers: Richard Van Maele en Joe Elroet *[Algoet?]*
De kampioenen zaten drie partijen achter en op het einde van het spel hebben ze gewonnen door 300 te kaarten met 3 zotten. De tegenstrevers hebben al gedaan wat in hun macht was om toch eenmaal de overhand te kunnen hebben, maar de kampioenen waren te sterk, alle pogingen waren nutteloos.

Gazette van Detroit, april 1929

DELHI

Ons volk uit het Oosten

De Belgische danszaal was bijna te klein Zaterdag laatst. De dansers waren talrijk opgekomen en ook de kaartliefhebbers waren goed vertegenwoordigd. Er waren 60 mannen die deel namen aan de prijskaarting en er waren 4 prijzen. Georges Ghesquiere en Maurice Vanmarcke haalden 1sten prijs, Van Durme en Henry Demeester 2de prijs. Joe Kin en Maurice Verduyn 3de prijs en Camiel VanHoedt *[VanHoudt?]* en Spitaels den 4de prijs. Er heerschte de grootste orde onder de kaarting en Camiel VanHoedt *[VanHoudt?]* was leider.

Art. Noppe

WIELRENNEN

In de jaren twintig en dertig is wielrennen enorm populair, zowel in Europa als in Amerika. In Europa ligt de nadruk op de Ronde van Frankrijk, de Ronde van Vlaanderen en andere grote wielerwedstrijden op de weg. Sylveer Maes is dé naam in België en op het eind van de jaren dertig duiken ook kampioenen als Briek Schotte en Marcel Kint op. De zesdaagsen op de wielerbanen lokken massa's volk. In het Gentse Kuipke en het Antwerpse Sportpaleis loopt het storm om Jef (Poeske) Scherens te zien sprinten. De Belgen in Ontario blijven op de hoogte van de prestaties van de wielergoden in Europa en in Amerika via de *Gazette van Detroit* en 'Den Norfolk Opmerker'.

In de Verenigde Staten beschikken veel steden al over een velodroom op het eind van de negentiende eeuw en de wedstrijden op die wielerbanen, waaronder zesdaagsen, zijn er dan al heel populair. In 1899 wordt in Madison Square Garden in New York voor het eerst een zesdaagse gereden met tweepersoonsploegen waarin beide renners elkaar regelmatig aflossen en dat wordt vanaf

Albert Coulier

1940, Delhi. Jonge Belgisch-Canadese wielrenners. V.l.n.r.: Vic Nuytens, Albert Schelstraete (later Coulier) en Maurice Pothier.

dan dé populaire vorm van zesdaagse rijden: de madison. Bekende Europese renners, ook Belgen, zoals Debaets, steken regelmatig de oceaan over om daar tegen grote bedragen in die zesdaagsen aan te treden. De Belgische renners zijn graag geziene gasten in de velodrooms van de Canadese steden Montreal en Toronto.

Het is dus geen wonder dat sportieve, jonge Vlaamse Canadezen zich een fiets aanschaffen en ook gaan koersen. In de jaren twintig worden er in Windsor en in de suikerbietenstreek al wielerwedstrijden georganiseerd. De drijvende kracht achter die wedstrijden zijn natuurlijk de Belgen. Bij de deelnemers zijn er naast Belgische Canadezen ook heel wat renners uit de Verenigde Staten. Detroit is immers dichtbij.

In Leamington wordt in de zomer van 1927 de eerste wielerwedstrijd op een sintelbaan *[baan verhard met uitgebrande stukjes steenkool]* georganiseerd door Gerard Vanden Bussche, die zelf beroepsrenner is geweest in België. Pas rond 1935 komt er een velodroom in Wallaceburg.

In de nieuwe flue-cured-tabaksstreek duurt het tot in het midden van de jaren dertig eer er mondjesmaat en zeer amateuristisch enkele koersen worden ingericht in Delhi en in Langton. Elke sportieve jonge Belg die over een fiets beschikt, smeert dan de kuiten in en laat zien wat hij kan. De plaatselijke handelaars zorgen voor de prijzenpot.

EERSTE LES IN VELODROOMBOUWEN

Voor jong aanstormend wielertalent met ambitie is dat frustrerend. Albert Schelstraete (°1918) uit LaSalette, zoon van Marie Coulier en stiefzoon van Jules Schelstraete uit Langemark, is zo'n veelbelovende jonge renner. Albert zal op latere leeftijd overigens opnieuw de achternaam van zijn moeder, Coulier, aannemen. Sinds hij in 1934 als vijftienjarige met zijn moeder en stiefvader in België is geweest en er in een jeugdwedstrijd heeft meegereden op een pas gekochte fiets, is hij van het wielrennen gebeten. Eens terug in Canada traint hij op de erbarmelijk slechte wegen van Norfolk County, in de sporen van de vrachtwagens. Als hij gaat deelnemen aan een wedstrijd op de nieuwe wielerbaan van Wallaceburg, dan moet hij daar eerst zelf per fiets naartoe rijden. Vanuit LaSalette is dat bijna tweehonderd kilometer, wat zeven uur fietsen betekent. Hij vertrekt hiervoor in het holst van de nacht. En na de wedstrijd en een nachtje slapen bij Vlaamse kennissen moet hij nog eens zeven uur op de fiets om terug naar huis te rijden. En toch wint Albert er in 1936 verscheidene wedstrijden. Hij is een echte. Een taaie. Een doorzetter met een ijzersterke wil om er te komen.

Zijn stiefvader laat hem begin 1937 naar België vertrekken om er als liefhebber te gaan koersen. Albert rijdt er een veertigtal wedstrijden, waarvan hij er vier wint. Hij komt op een shortlist te staan om beroepsrenner te worden, maar een zwaar ongeval komt roet in het eten gooien. Albert weet vele weken niet of hij nog wel ooit zal kunnen fietsen, maar mede dankzij de prima verzorging bij zijn tante in Asper komt hij er weer helemaal bovenop en keert hij in 1939 terug naar Canada.

Ondertussen droomt zijn stiefvader van een velodroom in eigen streek, waar Albert voor eigen volk zou kunnen triomferen. Henry Catry, een tabaksteler en fervente wielerliefhebber uit Delhi, deelt Jules' innige wens en samen stappen ze naar de ondernemende Gerard Vanden Bussche om die droom waar te maken. De drie tabaksboeren met een hart voor de wielersport brengen het nodige geld samen om grond aan te kopen in de Brantfordstraat in Delhi. Ze zorgen voor de nodige materialen, ze kunnen voor een poosje over dertig bekwame werkmannen beschikken en ze halen mijnheer Marshall erbij, die in Toronto al verscheidene wielerbanen heeft aangelegd, meestal rond sportpleinen. Het moet allemaal in korte tijd gebeuren.

Albert herinnert het zich nog levendig:

'Mijn moeder kreeg 's avonds om half tien een telefoontje van meneer Marshall, die in een hotel in Delhi verbleef. Hij zei: "Ik wil Albert zien."
Mijn moeder antwoordde: "Goed. Hij moet morgen om zeven uur op het werk zijn, hij zal om zes uur langskomen."'
"Nee," drong meneer Marshall aan. "Ik wil Albert nú zien."

Eer ik bij hem was in Delhi, was het al bijna middernacht.
"Meneer Marshall, wat is het probleem?" vroeg ik.
"Wel," zei hij. "Ik ben gewoon van met werklui wielerbanen te bouwen, zoals hier, maar ik heb nog nooit een wielerbaan ontworpen. Dat deed Pat Mooley uit New York City altijd. We hebben hier nu de vlakke stukken gelegd aan 10 graden en de hoeken aan 45 graden, maar ik weet niet hoe ik van 10 graden naar 45 graden moet overgaan. Albert, jij bent net terug uit België en je hebt op zulke wielerbanen gereden, jij moet daar toch iets meer vanaf weten..."
Wat wist ik in 's hemelsnaam van wielerbanen bouwen af? Ik had erop gereden en dat was het. Maar 's morgens zouden daar dertig werklui klaar staan om die stukken aan te leggen. Dus begonnen we te cijferen en tegen zes uur 's morgens hadden we een oplossing klaar. En het draaide nog goed uit ook. Dat was mijn eerste les in velodroombouwen.'

Zondag 18 mei 1939 is de grote dag voor wielerminnend Delhi en omstreken. De pas opgerichte Wielerbond van Norfolk (Norfolk Cycling Club), met aan het hoofd mijnheer Marshall, organiseert een openingsshow in de splinternieuwe open, houten velodroom. Vanaf nu is het wielrennen in Zuid-Ontario niet enkel meer geconcentreerd in Windsor en Wallaceburg, maar telt Delhi ook mee. De talrijke wielerliefhebbers uit de nieuwe flue-cured-tabaksstreek hebben nu een wielerbaan vlak bij huis.

Op het programma van de openingsdag staan zowel wedstrijden voor individuele renners als een ploegenrit

Albert Coulier

1939, Delhi. Albert Schelstraete (Coulier) op de velodroom van Delhi.

en er treden zowel renners aan uit eigen streek als bekende namen uit Montreal en Toronto. Het loopt storm voor dit evenement.

EEN ZESDAAGSE IN DELHI

Ter gelegenheid van de Belgische nationale feestdag worden de wielerliefhebbers in de regio rond Delhi in 1939 pas helemaal verwend. Er wordt een heuse, echte zesdaagse georganiseerd in hun velodroom. De allereerste zesdaagse in heel Zuid-Ontario! En bovendien wordt er verlichting geplaatst zodat er ook 's avonds kan worden gekoerst.

Er nemen acht teams deel aan die allereerste zesdaagse van Delhi (24 tot 29 juli 1939):

Rene Cyr en Albert Schelstraete (Montreal en Delhi)
Sam Crowley en Butch Miller (Mimico en Toronto)
Hurlbert en Busch (Californië en Buffalo)
Perron en Cland (Montreal)
Art Leadbeater en Baker (Toronto en Brantford)
Hughes en Crowder (Tonswands en Buffalo)
Kaye en Wilde (Toronto)
Salvador en Benj Polidoro (Quebec)

Het team Cyr en Schelstraete wint. Albert triomfeert voor eigen volk. Er volgen nog veel wedstrijden tijdens die zomer van '39 en ook in de volgende seizoenen en telkens kunnen die wielerevenementen rekenen op een massale belangstelling. Naast topvedette Albert Schelstraete, die op dat moment bij de beste drie van Canada hoort, nemen nog andere Belgisch-Canadese renners af en toe deel: Van Landeghem uit Wallaceburg, Mortier uit Chatham, Van Impe, De Conninck, Vanbelleghem, Popelier, Beausaert en de juniorkampioen Regal De Potter uit de flue-cured-tabaksstreek.

Albert Schelstraete krijgt een profcontract aangeboden in de Verenigde Staten. Hij rijdt zesdaagsen in Buffalo, in New York, in Chicago en in veel andere grote Amerikaanse steden. In het Canadese Montreal is zijn ploegmaat Gerard Debaets, een Belg die vaak in de Verenigde Staten, en vooral in New York komt rijden (en winnen!) en er uiteindelijk ook blijft wonen.

Na 1942 wordt het heel moeilijk voor de organisatoren om nog zesdaagsen in te richten. Wereldoorlog II eist vele jonge renners op en er is niet meer voldoende benzine verkrijgbaar om de verre verplaatsingen te doen. Ook Delhi beleeft zijn laatste zesdaagse op de open velodroom in 1943 en de regen is hierbij nog een extra spelbreker.

JUNIOR JOE DEMAEYER

Een andere opmerkelijke Belgisch-Canadese wielrenner uit Zuid-Ontario is Joe DeMaeyer (°1923). Vijf jaar jonger dan Albert en een heel ander type renner. Hij is de zoon van een Belgische wielrenner uit Beveren-Waas, Leon DeMaeyer, die zijn fiets aan de haak hing om samen met zijn vrouw Valerie Pieters naar Canada te trekken om er in de suikerbieten te gaan werken. Joe is in Chatham geboren. Hij krijgt al een fietsje van zijn ouders als hij pas drie is. Niet te verwonderen dat hij op zijn veertiende al zijn eerste wielerwedstrijd rijdt en nadien heel goed presteert bij de junioren. Het gezin DeMaeyer verhuist naar de

Erna DeMaeyer (Vanhaverbeke)

Joe DeMaeyer (links) en Regal De Potter (rechts).

nieuwe tabaksstreek en net als Joe als jonge renner naam begint te maken, steekt ook hier de Tweede Wereldoorlog stokken in de wielen. Joe gaat in dienst bij de Canadese luchtmacht.

10. Donkere wolken over Europa

De Tweede Wereldoorlog leeft ook in Canada

Tijdens de tweede helft van de donkere jaren dertig kruipt Zuid-Ontario langzaamaan weer uit het diepe dal en veel Vlaamse immigranten zien eindelijk de kans om hun lang gekoesterde droom waar te maken: door hard te werken en zeer spaarzaam te leven hebben ze een mooie som geld vergaard en hiermee willen ze nu terugkeren naar België om er een eigen hoeve te kopen. Dat waren altijd al de plannen, daar klampten ze zich aan vast en trokken ze zich aan op. De recessie is al roet in het eten komen gooien en een deel van hen is al teruggekeerd naar huis zonder die vette spaarpot. Maar nu is er eindelijk hoop. De eigen hoeve in eigen land komt binnen bereik en ze kunnen al praktische regelingen beginnen te treffen.

Zo bijvoorbeeld reist Richard Van Maele in 1936 naar België om zijn zieke moeder te bezoeken en om tegelijkertijd uit te kijken naar een kleine boerderij of een stuk grond en al een voorschot te betalen. Richard en Elisa zijn vast van plan om in 1939 terug te keren. Vooral Elisa kijkt er zo naar uit. Ze heeft nog steeds ontzettend veel heimwee en eindelijk zal ze haar familie kunnen terugzien.

Maar dan wordt plots de politieke toestand in Europa heel grimmig. In 1939, als ze al volop bezig zijn hun reis naar België te regelen, komt er een brief van de zuster van Richard, zuster Scholastika, een onderwijzeres. Ze schrijft dat er 'donkere wolken hangen over Europa', waarmee ze bedoelt dat er een grote angst is dat het oorlog gaat worden. Het gezin Van Maele stelt teleurgesteld zijn plannen uit en ze beslissen dat als het gevaar in Europa langer dan een jaar gaat duren, ze het zekere boven het onzekere zullen kiezen en een tabakshoeve in de buurt van Langton zullen kopen. Ze willen bovenal hun eigen baas zijn.

INPAKKEN EN WEGWEZEN

De dreiging van een nakende oorlog verplicht ook in België sommige Belgisch-Canadese gezinnen, die terugkeerden tijdens de recessiejaren en die al de Canadese nationaliteit hadden, om drastische beslissingen te nemen.

Zoals het gezin van Isidoor Hemeryck en Irma Decorte uit Gits. Zij waren in 1920, net als veel andere Belgen, naar de Canadese prairieprovincie Manitoba getrokken om er een boerderij op te starten. Dat ging veel jaren goed en ze namen gretig de Canadese nationaliteit aan. Maar toen kwamen '*the dirty thirties*' eraan, de recessiejaren, met daarbovenop nog enkele rampzalige oogsten door extreme droogte en een heuse sprinkhanenplaag. Berooid en ontgoocheld keerden ze met hun twee dochters terug naar hun geboortedorp Gits in 1935 en ze begonnen daar een bescheiden handel in veevoeders en hielden daarbij een café open in het weekend. De meisjes gaan naar school in Gits…

The Simcoe Reformer Collection – Bob Whitehead

1 juli 1940, Simcoe. Een eenheid vrijwilligers vertrekt vanuit Simcoe op training om nadien naar het front in Europa te worden gestuurd.

tot die verwarrende dagen van begin september 1939, als Duitsland Polen binnenvalt en twee dagen later Frankrijk en het Verenigd Koninkrijk de oorlog verklaren aan Duitsland.

Het gezin Hemeryck vindt dat ze, als Canadezen, maar best zo rap mogelijk weg kunnen zijn uit Europa en op drie dagen tijd regelen ze alles: huis verkopen, inboedel van de hand doen en wegwezen. De overhaaste reis gaat per trein en per boot naar Londen en verder door naar Southampton. Daar nemen ze de boot naar New York, de President Roosevelt. Het is het laatste passagiersschip dat de haven van Southampton verlaat richting de Verenigde Staten. Eindpunt van hun reis is niet Manitoba, maar wel Zuid-Ontario, omdat de toestand daar beter is.

HET IS OORLOG

Op 10 september 1939 verklaart Canada de oorlog aan Duitsland. De Canadese eerste minister belooft de bevolking plechtig dat er enkel vrijwilligers naar de oorlog zullen worden gestuurd. In september 1939 lijven zich al 58.000 jonge mannen in en hun aantal stijgt voortdurend. Ook veel jonge vrouwen bieden zich aan om een actieve rol te spelen in het Canadese leger.

In Norfolk County wonen op dat moment immigranten van elf verschillende nationaliteiten: de Belgische, Nederlandse, Hongaarse, Tsjecho-Slowaakse, Poolse, Roemeense, Oostenrijkse, Duitse, Italiaanse, Joegoslavische en Litouwse. Sommigen behoren nu plotseling tot 'de vijand' en dat zorgt voor spanningen. Af en toe raken heethoofden in hoogoplopende ruzies verwikkeld, maar de politie treedt steeds kordaat op.

Europeanen die tijdens de Eerste Wereldoorlog aan den lijve hebben ondervonden hoe erg oorlog is, getuigen openlijk hierover. Het verhaal van de Belg Albert Bogaert, die als vijftienjarige verplicht werd voor de Duitsers te werken, en van zijn vrouw Flossie, wier ouders toen in Lichtervelde een café uitbaatten, is in het lang en het breed te lezen in *The Simcoe Reformer*.

In mei 1940 vallen Duitse troepen Frankrijk binnen en bezorgen de Franse en Britse legers een verpletterende nederlaag. Ook Nederland en België worden tot overgave gedwongen. *The Simcoe Reformer* bloklettert op 16 mei 1940 op zijn voorpagina:

BELGISCHE RESERVISTEN IN DEZE REGIO WORDEN OPGEROEPEN VOOR DE OORLOG

Veel tabaksboeren uit Norfolk County zullen worden getroffen door de roep van de vaderlandse driekleur.

Cyril Demeyere, een bekende Belgische tabaksboer uit Tillsonburg, bevestigde dinsdag dat hij een officiële brief had ontvangen waarin staat dat de Belgen in dit district, die op de reservelijsten stonden van het Belgisch Leger of die in het leger waren toen ze België verlieten om te emigreren naar Canada, zullen worden opgeroepen in de komende dagen.

Het loopt uiteindelijk allemaal zo'n vaart niet. De reservisten worden te oud bevonden en mogen thuisblijven. Cyril Demeyere is een veteraan van de Eerste Wereldoorlog, geboren in 1894. Hij is al 46.

Op 8 oktober 1940 beslist de Belgische minister van Financiën in Londen (VK) om het voorstel te ondersteunen van Georges Theunis, ambassadeur in buitengewone missie in New York, om in Canada een vrijwilligerslegioen op te richten waarin de vele Belgen in Noord-Amerika zich kunnen engageren. En op 17 oktober stuurt hij een bericht naar de Belgische minister in Canada, waarin hij hem de beslissing meldt van de uitbreiding van de dienstplicht in het Britse Rijk voor mannen van 19 tot en met 25 jaar. De diplomatieke posten buiten het Britse Rijk ontvangen instructies in verband met vrijwilligers onder de 35 jaar, die zich zouden aanmelden. Bij een mobilisatieorder van 25 januari 1941 roept de Belgische minister in Canada de Belgen op in dienst te treden.

Bijna al de zonen van de geïmmigreerde Belgen in Zuid-Ontario hebben al de Canadese nationaliteit. De oproep geldt dus vooral voor de jonge mannen die net in Canada zijn gearriveerd en de enkelingen die nooit de behoefte voelden om Canadees te worden. Zoals bijvoorbeeld Florent Devlamynck (°1920), die in 1941 wordt opgeroepen voor het leger door de Belgische regering.

'Ik moest hiervoor eerst naar London [Ontario] *voor het geneeskundig onderzoek, daar waar ook de Canadese soldaten werden onderzocht, en tot mijn vaders grote vreugde werd ik afgekeurd. Ik was te fijn en te mager om soldaat te worden, vonden ze. Kun je je de blijdschap van mijn ouders voorstellen? Ik, hun enige zoon, hun enig kind, moest niet naar de oorlog en kon verder blijven werken op de tabakshoeve!'*

Sommigen negeren gewoon dit bevel tot mobilisatie, waardoor ze bij de Belgische Staat de bezwarende stempel van 'deserteur' krijgen.

DE BELGISCHE DIVISIE IN CANADA

In het Canadese Cornwall (Ontario) wordt de Belgische Divisie opgericht. Het is een groot woord voor een handvol mannen dat logeert in een barak niet groter dan een schuur. In februari 1941 is deze 'divisie' welgeteld... 28 man sterk. De opleiding is zeer elementair. Wat wil je met amper vijf geweren en een beperkt aantal patronen! Het enige wat ze (kunnen) doen, is marcheren. Engelse dril. En om dit wat minder monotoon te maken, zamelen ze geld in om muziekinstrumenten te kopen en marcheren ze voortaan op de tonen van hun eigen fanfare.

Op 8 april 1941 verhuist het gezelschap naar het kamp van Joliette in Quebec. Daar voegt een groep Belgische vrijwilligers uit Zuid-Amerika zich bij hen en telt de Belgische Divisie toch al tweehonderd hoofden. Het is een zeer kleurrijke groep waarin zowel Engels, Nederlands, Frans, Spaans als Portugees wordt gesproken en waarvan de officieren zelf nauwelijks enige militaire opleiding hebben gekregen.

Op 12 juni 1941 gaan die tweehonderd Belgen in Halifax aan boord van een van de twintig schepen van een konvooi dat vijftienduizend Canadese soldaten via IJsland naar Schotland zal brengen. In Schotland aangekomen vervoegen ze het Belgisch Leger in Groot-Brittannië. Hun groep, hoe verscheiden ze in leeftijd en herkomst ook zijn, wordt gelukkig niet gesplitst. Ze vormen een deel van het Tweede Bataljon Fuseliers onder leiding van majoor Grisar. Op hun mouw dragen ze als kenteken een esdoornblad en iedereen noemt hen 'de Canadezen'. Later krijgen ze een parachutistenopleiding en worden ze verder opgeleid om een rol te spelen in de bevrijding van bezet Europa.

ALLE HELPENDE HANDEN ZIJN WELKOM

Ondertussen zijn het moeilijke tijden voor degenen die in Zuid-Ontario de tabakshoeves draaiende moeten houden. Door de oorlog slinkt het aantal seizoenarbeiders dat zich aanbiedt voor de tabaksoogst, enorm. Veel jonge mannen zijn nu als vrijwilliger in het leger en in de fabrieken waar wapens en ander

The Simcoe Reformer Collection – Bob Whitehead

Augustus 1941, Simcoe. Norfolks eigen legereenheid, de 42ste L.A.A. Battery, poseert voor het legerdepot in Robinson Street. Vrijwilligers uit Norfolk County kunnen zich hier inschrijven.

oorlogstuig wordt gemaakt, is er ineens werk genoeg. De chaotische toestanden van 1939 zijn voorgoed voorbij. Nu is de hulp van de Franstalige mannen en vrouwen uit de provincie Quebec meer dan welkom, ook al draagt de bevolking hun nog steeds geen warm hart toe en blijft de taal een serieuze hinderpaal.

In 1942 wordt in Canada, ondanks de plechtige beloften van de eerste minister in 1939 en ondanks de honderdduizenden vrijwilligers die al over zee zijn, toch de algemene dienstplicht ingevoerd. Nu moeten heel wat zonen van Belgische immigranten onder de wapens. Dat is een ramp voor de tabaksboeren, die hun jongens nodig hebben op hun bedrijf en hen liever niet zien vertrekken naar die verre oorlog. Een tabakshoeve wordt door de regering niet beschouwd als argument tot vrijstelling van dienstplicht. Een melkveebedrijf daarentegen wel. Dus wat doen sommige Belgische Canadezen? Ze kopen een vijftal koeien en runnen voortaan een melkvee-tabaksbedrijf en zo kan zoonlief van de oorlog wegblijven. Als hij dat tenminste wil, want de lokroep van het avontuur is voor sommigen sterker dan de liefde voor het boerenleven.

De schepen met aan boord duizenden en duizenden Canadese soldaten vertrekken vanuit de haven van Halifax (Nova Scotia) naar verschillende plaatsen in Schotland. Al die soldaten zullen in Groot-Brittannië opgeleid worden om een rol te spelen in de bevrijding van Europa.

Voor de tabaksoogst van 1942 wordt het nu nog moeilijker. Mannen hebben een speciale vergunning nodig om in de flue-cured tabak te mogen gaan werken. Vrouwen springen bij waar ze kunnen. Studenten en scholieren worden ingezet 's avonds en in de weekends. Vrijwilligers uit de steden worden aangevoerd. Het leger stuurt soldaten. Alle helpende handen zijn welkom om toch maar de tabak binnen te krijgen voor de eerste nachtvorst.

In de suikerbietenstreek rond Chatham kampt men ook met een tekort aan arbeidskrachten. Daar lossen ze het probleem deels op door minder bieten te planten. Maar met de flue-cured tabak kan dat niet, want de vraag naar sigaretten voor de soldaten is heel groot.

Naarmate de oorlog vordert en het strijdgewoel steeds meer jonge mensen opeist, wordt het tekort aan arbeidskrachten in de flue-cured-tabaksstreek zo mogelijk nog nijpender. Daarom komt de regering met een plan op de proppen voor Delhi en omgeving in de lente van 1945. Er verblijven dan al ongeveer veertigduizend Duitse krijgsgevangenen in Canada, verdeeld over vele kampen. Deze gevangenen werden uit Groot-Brittannië weggehaald omdat het land amper genoeg voedsel heeft om zijn eigen bevolking te voeden en wegens 'je weet maar nooit als Duitsland Engeland zou binnenvallen'. Veel van die jonge, sterke Duitse mannen zouden best wel kunnen worden ondergebracht in een kamp in de flue-cured-tabaksstreek om daar te werken op de hoeves, redeneert de regering. Maar de bevolking van Delhi en omstreken denkt daar anders over. De tegenstand voor dit plan is zo ontzettend groot dat het uiteindelijk wordt afgeblazen.

STEUN VOOR HET VADERLAND

De vele Europese immigranten in Zuid-Ontario maken zich voortdurend zorgen over het lot van hun familie, vrienden en kennissen overzee. Wat maken ze mee? Misschien hebben ze honger? Leven ze nog wel? Wie zelf de Eerste Wereldoorlog heeft meegemaakt, weet maar al te goed hoe gruwelijk oorlog kan zijn. Brieven komen niet meer door. Alle contact is verbroken. Via de kortegolfradio kunnen ze iets opvangen van het oorlogsnieuws uit Engeland en dan zijn er ook nog de berichten in de krant. Margaret Van Laeken (Van Maele) vertelt:

> *'Op een dag zagen mijn ouders in* The London Paper *een foto van de brandende kerk van Torhout. Ze herkenden de kerk meteen. "Nu zijn ze daar zeker allemaal dood," dachten ze. Daar was geen twijfel aan. 1940-1945 waren voor mijn ouders de ergste jaren hier in Canada.'*

Er worden door alle etnische groepen met veel geestdrift en ijver inzamelacties georganiseerd voor hun land van herkomst. Velen steunen daarbij ook nog eens financieel het Rode Kruis en alle vrouwen breien dapper wollen sokken, warme sjaals, vingerloze handschoenen en andere warme dingen die de soldaten heel hard nodig hebben. Producten zoals koffie, thee en suiker gaan op de bon in Canada, omdat anders de bevoorrading van de troepen in het gedrang zou komen.

De Belgische immigranten in de flue-cured-tabaksstreek organiseren vanaf 1943 toneelopvoeringen en muzikale avonden om geld in te zamelen. Repetities en vergaderingen van deze voor de gelegenheid opgerichte toneelbond gaan door in de kelderruimte van de katholieke kerk. Gerard Vanden Bussche is een van de acteurs en bezielers. Hun opvoeringen kennen veel succes en het gezelschap gaat optreden tot in Chatham en Wallaceburg.

In februari 1944 organiseren de Belgen in Delhi een groots avondvullend programma met variété en ook met een ernstige noot. De gastspreker die avond is professor Van Cleemput van de universiteit van Toronto. Hij komt vertellen over zijn ervaringen als krijgsgevangene tijdens de Eerste Wereldoorlog. Hij praat eerst in het Nederlands, dan in het Frans en om te besluiten in het Engels. De toegang is gratis, maar alle donaties gaan integraal naar steunacties voor het vaderland, dat kreunt onder het juk van de Duitse bezetter. De geslaagde avond wordt afgesloten met het zingen van *De Vlaamse Leeuw* en de *Brabançonne*, gevolgd door het Canadese volkslied *O Canada*. Er wordt zeer gul gegeven die avond.

EUROPA BEVRIJD

In Engeland trainen de vele Canadese soldaten heel gemotiveerd, samen met de Britten, de Amerikanen en in veel kleinere aantallen de Polen, de Belgen, de Nederlanders, de Fransen en de Tjecho-Slowaken. Ze wachten geduldig op het sein voor de bevrijding van het door nazi-Duitsland bezette Europa. In de vroege ochtend van 6 juni 1944 is het eindelijk zover. Operatie Overlord, beter gekend als de landing in Normandië, gaat van start. Die eerste dag zijn er 135.000 soldaten bij betrokken. De 14.000 Canadezen nemen de kuststrook met de codenaam Juno voor hun rekening. Gedurende de volgende tien weken steken in totaal bijna drie miljoen strijdkrachten het Kanaal over. De veldslagen in Normandië duren tot eind augustus 1944 en kosten ontzettend veel mensenlevens.

Op 12 september krijgen de Canadezen de zware taak om samen met Britten en Polen de Scheldemonding vanaf Antwerpen te zuiveren van nazi-Duitsers. Dit wordt een grimmige, verbeten, aartsmoeilijke operatie, die vijf weken

The Simcoe Reformer Collection – Bob Whitehead

8 mei 1945, Simcoe. Feestvreugde op V-E Day.

duurt en die ook weer veel mensenlevens eist. Na de winter, vanaf eind maart 1945, spelen de Canadezen ook nog een grote rol in de bevrijding van het uitgehongerde oostelijke, noordelijke en westelijke deel van Nederland.

Op 8 mei 1945 loeit de sirene drie keer kort en een keer lang in alle Canadese dorpen en steden. Dit is het afgesproken sein voor *V-E Day, Victory in Europe* (Overwinning in Europa). De Duitsers hebben zich onvoorwaardelijk overgegeven. In alle Canadese steden en dorpen lopen inwoners zingend en dansend door de straten. Het is een dag van feestvieren, hoewel de oorlog nog niet helemaal voorbij is. Japan zal zich pas overgeven in augustus 1945. Het is een tijd van intense vreugde, maar voor velen ook van groot verdriet. Margaret Van Laeken (Van Maele) vertelt over die tijd vlak na de bevrijding:

> *'De eerste brief uit België kwam aan via het Rode Kruis. Het was er één met een zwart randje. "Dat is slecht nieuws," zei mijn moeder meteen en ja, in de brief stond dat haar moeder overleden was in 1942.'*

Meer dan een miljoen Canadese mannen en vrouwen hebben hun land gediend tijdens de Tweede Wereldoorlog. Ongeveer 43.600 van hen zijn gesneuveld en 54.000 komen gewond uit de strijd. De repatriëring van de vele duizenden soldaten kan beginnen. In hun kielzog volgen de ongeveer 48.000 oorlogsbruiden die eeuwige trouw hebben gezworen aan een Canadese soldaat die de man van hun leven bleek te zijn. Het zijn vooral jongedames uit Engeland, maar er zijn ook bruiden uit Nederland, Italië en België. De 22.000 kinderen die ze meebrengen, zijn het tastbare bewijs van die vele jonge, onstuimige liefdes.

Ook de Belgische gemeenschap in de nieuwe tabaksstreek mag een paar oorlogsbruidjes verwelkomen. Zo mag in Langton een Britse jongedame zich voortaan mevrouw Vermeersch noemen.

The Simcoe Reformer Collection – Bob Whitehead

8 mei 1945, Simcoe. Lachende gezichten en dansende mensen.

EEN LAATSTE EERBETOON

Het rouwen om de talrijke gesneuvelde soldaten neemt een belangrijke plaats in tijdens die eerste naoorlogse maanden.

The Delhi News-Record, 17 mei 1945

SPECIALE HERDENKINGSDIENST EERT SOLDATEN IN LANGTON

In de katholieke Heilig Hartkerk in Langton werd zondagmorgen tijdens een herdenkingsmis eer betoond aan de mannen uit dit district die hun leven hebben gegeven tijdens de oorlog.

De namen van de gesneuvelde soldaten aan wie eer werd betoond, zijn William Bennett, Thomas Clary, Edmond VanAcker, Del VanAcker, Hector Vertente en Raymond Vermeersch. Aan deze eredienst namen soldaten deel van het 25ste Basisopleidingscentrum in Simcoe en verscheidene officiers van de 25nd (Norfolk) Field Brigade.

De erehaag vooraan in de kerk werd gevormd door soldaten van het opleidingscentrum. Er hingen twee vlaggen vooraan in de kerk: de Britse Union Jack aan één zijde en de Belgische vlag aan de andere zijde.

Pastoor Van Vynckt hield een beklijvende toespraak. Tijdens de mis weerklonk de Last Post en werden de vlaggen even neergelaten. Nadien gingen de soldaten naar het kerkhof, waar een laatste eerbetoon werd betuigd.

De herdachte soldaten zijn de volgende Belgisch-Canadezen:

Fidelis VanAcker (zoon van wijlen Edward VanAcker en Philomena De Witte uit Simcoe en vader van Patricia) was *lance corporal* bij het North Shore Regiment R.C.I.C. en sneuvelde op 27 december 1944 op 35-jarige leeftijd tijdens gevechten in België. Hij ligt begraven op het Canadese oorlogskerkhof in Bergen-op-Zoom (Nederland).

Edmond Eduard VanAcker (zoon van wijlen Edward VanAcker en Philomena De Witte uit Simcoe) diende bij het Royal Canadian Corps of Signals en sneuvelde op 15 juli 1944 op 28-jarige leeftijd in Normandië. Hij trouwde drie maanden eerder in Engeland met Mattie Dornan. Hij ligt begraven op het Canadese oorlogskerkhof in Beny-sur-Mer, vlakbij 'Juno beach'. Op dit kerkhof liggen de Canadese soldaten begraven die het leven lieten tijdens en kort na de landing in Normandië op 6 juni 1944.

Hector Vertente (zoon van Alfons en Leontien Vertente uit Delhi) diende bij de Royal Canadian Corps of Signals en stierf op 25 december 1944 op 21-jarige leeftijd, in de nadagen van de bittere Slag om de Scheldemonding. Hij ligt begraven op het Canadese oorlogskerkhof van Bergen-op-Zoom (Nederland).

Raymond Joseph Anthony Vermeersch is niet echt een telg uit de flue-cured-tabaksstreek, maar heeft er wel familie. Daarom wordt ook aan hem gedacht in die herdenkingsmis. Hij is de 22-jarige zoon van Edmond en Mary Vermeersch uit Langenburg in Saskatchewan. Raymond diende bij het Lake Superior Regiment (motor) R.C.I.C. en sneuvelde op 21 oktober 1944 tijdens de Slag om de Scheldemonding. Hij ligt net als Hector Vertente en Fidelis VanAcker begraven op het Canadese oorlogskerkhof van Bergen-op-Zoom in Nederland.

Tijdens de allerlaatste fase van de oorlog, op 10 april 1945, is ook Marcel Lesage uit Delhi gesneuveld op 23-jarige leeftijd (zoon van Charles en Leona Lesage en echtgenoot van Bernice Fidelia Lesage). Hij ligt begraven op het Canadese oorlogskerkhof in Holten (Nederland).

De hele Belgische gemeenschap in de flue-cured-tabaksstreek leeft mee met de beproefde families die een zoon verloren, en ze zijn helemaal van de kaart door wat het gezin VanAcker, afkomstig uit Beveren-Waas, te verwerken krijgt. Moeder Philomena verloor al op relatief jonge leeftijd haar man in 1934 en nu zijn ook nog twee van haar jongens gesneuveld. Een derde zoon, Albert, die ook in dienst ging als vrijwilliger bij het Canadese leger, keert heelhuids terug naar huis, maar hij blijft zwaar getraumatiseerd door wat hij heeft meegemaakt.

In Ontario zijn buiten de tabaksstreek nog verscheidene Belgische immigrantengezinnen getroffen door de dood van een zoon-soldaat. Zo treuren Alex en Emma Vervaeke uit Hamilton om hun zoon Hector, die sneuvelde in de Slag om de Schelde en begraven ligt in België op het Canadese kerkhof in Adegem.

Hun namen staan vermeld in het Gedenkboek van de Tweede Wereldoorlog. Dit is een van de zeven kunstig versierde *Books of Remembrance* die bewaard worden in de vredestoren van de indrukwekkende parlementsgebouwen in Ottawa. De zeven boeken liggen er tentoongesteld in de serene, zacht verlichte en met beeldhouwwerk versierde Memorial Chamber. In die zeven boeken staan al de namen van de Canadezen die gesneuveld zijn in gewapende conflicten waarin Canada betrokken is geweest na de oprichting van de bondsstaat in 1867.

11. De nieuwe Belgen

Een nieuwe migratiegolf na de oorlog

De Tweede Wereldoorlog is voorbij. De ravage en de ontreddering zijn enorm. In Europa zit de economie aan de grond, er is weinig werk en veel armoede. Veel mensen zijn hun huis en thuis kwijt en moeten helemaal opnieuw beginnen. Anderen slaan op de vlucht voor de nieuwe heersers. Geen wonder dat veel Polen, Nederlanders, Belgen, Letten, Litouwers, Tsjechen, Slowaken, Oostenrijkers, Scandinaven en Italianen een nieuw leven willen beginnen overzee. Hele groepen uit Zuidoost-Azië, dat ook zwaar werd getroffen door de Tweede Wereldoorlog, willen net hetzelfde. Maar ook veel inwoners uit Britse kolonies of vroegere Britse kolonies over de hele wereld dromen net dezelfde droom.

In België staan zowel Walen als Vlamingen klaar om te emigreren naar oorden met meer toekomstmogelijkheden. Veel van die Franstalige Belgen komen vooral uit de grote industriële centra en zullen een nieuwe overzeese job zoeken in de industrie. Bij de Vlamingen zijn het vooral inwoners van West-Vlaanderen die weg willen. Tijdens de Eerste Wereldoorlog zijn daar heel wat steden en dorpen totaal vernield, ze moesten helemaal opnieuw beginnen en toen alles weer goed en wel was heropgebouwd, begon de Tweede Wereldoorlog en nu ligt weer een groot deel in puin. Als het dan in 1950 ook nog begint te rommelen in Korea, zit de vrees voor een Derde Wereldoorlog er goed in. Heeft heropbouwen en nog eens opnieuw starten wel zin? vragen ze zich daar hardop af. Stel dat al die oorlogsmisère weer van voren af aan begint. Het is meer dan genoeg geweest! Ook in andere delen van West-Vlaanderen, in Oost-Vlaanderen, in de provincie Antwerpen (vooral in de Noorder-Kempen) en in mindere mate in Brabant kiezen Vlamingen om de meest uiteenlopende redenen voor emigratie naar andere werelddelen.

HONDERD EN EEN REDENEN

Velen willen graag vertrekken omdat ze denken dat de economie in ons land nooit meer goed zal komen en ze zijn jong en ze willen iets maken van hun leven. Anderen hebben tijdens de troebele oorlogsjaren de verkeerde kant gekozen of dingen gedaan die niet door de beugel kunnen en ze maken zich nu liever uit de voeten. Er zijn ook de jeugdige avonturiers en er zijn degenen die al eens in het verre buitenland hebben gewoond en die nu terug willen om praktische of om emotionele redenen. Zo kan de moeder van Gabrielle Devlamynck (Lisabeth) niet wennen aan het idee dat het graf van haar zoontje daar ver weg in Canada staat te verkommeren tussen hoog opgeschoten onkruid en ze wil er opnieuw dichtbij wonen.

In tegenstelling tot de vooroorlogse jaren, kiezen nu veel meer Belgen voor Canada dan voor de Verenigde Staten. De Belgen staan er immers nog steeds op het beperkte lijstje van ‘voorkeurlanden’. Enkel de Britten worden er nog meer met open armen ontvangen.

Maar het blijft vooralsnog wachten om te mogen vertrekken. Om de zaken wat sneller te doen gaan voor de emigratie naar Canada reist de Belgische minister baron Paul Kronacher naar Ottawa, maar daar houdt men

1948. Gustaaf en Bertha Lisabeth op het dek van de New Amsterdam voor de tweede keer op weg naar Canada. Als ze in 1948 besluiten om terug te keren naar Canada, is er een ellenlange wachtlijst voor tweedeklastickets voor de overtocht. Het is ofwel nog langer dan een jaar wachten, ofwel eersteklastickets kopen. Ze kiezen voor het laatste.

F&G Devlamynck (Lisabeth)

het been stijf: er komt geen emigratie van Europeanen naar Canada vooraleer alle Canadese strijdkrachten teruggekeerd zijn van hun overzeese opdracht. Ook de 48.000 oorlogsbruiden en hun kinderen hebben absolute voorrang. Het duurt tot begin 1947 eer er op de passagiersschepen vanuit Europa naar Canada voldoende plaats is om die vele, gretige emigranten over te brengen.

ZO SNEL MOGELIJK EN ZOVEEL MOGELIJK

Ondertussen staat de industrie in Canada te popelen om nieuwe werkkrachten te verwelkomen, want het land beleeft een economische boom. Maar premier Mackenzie King is er niet echt gerust in. Hij blijft in het begin zelfs weigerachtig omdat hij vreest dat die grote toevloed van economische en politieke vluchtelingen de sociale stabiliteit van zijn land in het gedrang zal brengen. Er komen discriminerende immigratiewetten om zwarten, Arabieren, Aziaten en joden te ontmoedigen of zelfs te verhinderen om Canada binnen te komen. Hiermee wil hij 'het fundamentele karakter' (d.w.z. blank, christelijk en Noord-Europees) van de Canadese samenleving bewaren en hiermee vertolkt hij de gevoelens van een deel van de bevolking, dat zich bedreigd voelt door een toevloed van gekleurde nieuwkomers en die de concentratie van Aziatische Canadezen in de provincie British Columbia en de groep Afro-Canadezen in de provincie Nova Scotia al ruim voldoende vinden. Later zullen die discriminerende immigratiewetten versoepelen zodat de Canadese bevolkingsmozaïek veel kleurrijker wordt dan premier Mackenzie King had bedoeld.

In tegenstelling tot de vooroorlogse jaren heeft Canada nu in de eerste plaats een massa werkkrachten nodig voor zijn industrie. Maar ook het uitgestrekte platteland smeekt om goede arbeidskrachten voor de landbouw. De suikerbietenindustrie in de provincies Alberta en Ontario schreeuwt het hardst en zwaait met contracten en werkgarantie van minstens zes maanden. En het liefst van al ontvangen ze Belgen en Nederlanders, want van hen weten ze dat het harde werkers zijn. In Zuid-Ontario dringen zowel privépersonen als organisaties er bij de regering van Ottawa op aan om alstublieft zo snel mogelijk en zoveel mogelijk werklustige mannen en vrouwen naar hun velden te laten komen.

KANSEN GRIJPEN

Zodra alle soldaten en hun eventuele oorlogsbruiden thuis zijn, kan de emigratie naar Canada van start gaan. Om de nodige documenten te krijgen volstaat het om in goede gezondheid te zijn, een bewijs van goed gedrag en zeden te bezitten, geen oproerkraaier te zijn en – absoluut noodzakelijk – iemand te kennen in Canada die één jaar waarborg voor je tekent, de zogenaamde 'sponsor' (peter).

In Zuid-Ontario in de flue-cured-tabaksstreek zijn er kandidaten genoeg, van verschillende nationaliteiten, die wat graag sponsor willen zijn voor familie, vrienden, dorpsgenoten of kennissen van kennissen. Er is immers werk genoeg daar.

Op 6 mei 1947 arriveren de allereerste naoorlogse Belgische immigranten in de flue-cured-tabaksstreek. Het is een gezin uit het Oost-Vlaamse Herzele: Albert Goossens (°1914) en zijn vrouw Elodie Huyge (°1912) met hun zevenjarige zoon Etienne. Ze worden in tabaksland met veel vreugdetranen begroet door Elodies zuster Marie en schoonbroer Edmond Vanderspiegel. De twee zussen hebben elkaar in tien jaar niet meer gezien. Het jonge gezin heeft de Atlantische overtocht naar New York gemaakt op een Zweeds schip, de Gripsholm. Vanuit New York ging het dan verder per trein tot in Simcoe.

Elodie vertelt bij haar aankomst fier en vastberaden aan de reporter van *The Delhi News-Record*:

> *'We zijn naar Canada gekomen om Canadezen te worden, om op het veld te werken en om de vele kansen te grijpen waarvan onze familieleden hier al jaren kunnen genieten.'*

Met dezelfde boot zijn nog enkele Belgen meegekomen: de 77-jarige mevrouw Dauw, die naar familie in Straffordville gaat, de 78-jarige moeder van Evelyn Demeyer uit Glen Meyer en de 80-jarige moeder van Edward Lauwerier uit Simcoe. Kranten melden ook de aankomst van de ouders van Remi Deserranno aan in Delhi en de familie Dobbelaere, die bij een zekere Desiré in Courtland intrekt.

In juni 1947 arriveren de eerste Belgen in de Wallaceburgregio. Ze worden verwelkomd in het station van Chatham door Henry Verschoore en ook dit is voorpaginanieuws in de lokale kranten.

Rita Roe (Fevery) maakt in december 1953 als achtjarig meisje de grote overtocht samen met haar moeder Marie Fevery (De Vlaeminck). Een massa indrukken van die reis staan nog steeds in haar geheugen geprent:

'Onze grote metalen koffers. De lange gangen in het schip. De enorm grote eetzaal. Ik die haring wilde bij het ontbijt. Mijn moeder die vreselijk zeeziek was. De vrijwilligers van het Rode Kruis die ons sandwiches met kaas en ham gaven bij aankomst. De treinreis naar Toronto. Heel veel drukte. Er liep iets mis met de slaapplaatsen. Het monotone landschap dat voorbijschoof: sneeuw en bomen... altijd maar sneeuw en bomen. En mijn moeder die steeds maar herhaalde: "Wat voor een land is dit? Wat heb ik toch maar gedaan!"'

MEER DAN ZEEZIEK

Voor de meeste immigranten is de bootreis vrij vlot verlopen, buiten de ellendige zeeziekte waarvan bijna iedereen last heeft. Voor Brigitta Colman, de nicht van Peter De Potter uit Delhi, wordt het echter een bewogen Atlantische overtocht. Op achthonderd mijl voor de kust van Halifax krijgt deze jonge vrouw plots een levensgevaarlijke bloeding. De Canadese Zeemacht wordt gewaarschuwd en die stuurt een torpedojager met enkele dokters en een operatiekamer aan boord tot bij het schip, maar het is een maat voor niets, want de zee is te woelig om Brigitta te kunnen overladen. Brigitta bereikt New York levend en wordt er meteen naar een hospitaal overgebracht en er geopereerd. Haar man Regulus Florent Colman en hun zoontje Roger verblijven ondertussen in een hotel in die immense, overdonderende grootstad, waar ze van de taal geen woord verstaan. Peter De Potter en zijn vrouw reizen zo snel mogelijk naar New York om het jonge gezin bij te staan in die toch wel hachelijke situatie.

HET LANGVERWACHTE WEERZIEN

Er wordt ook druk in de andere richting gereisd. Veel Belgische Canadezen willen immers met eigen ogen zien hoe het met hun familie en vrienden gesteld is in het door oorlog geteisterde vaderland.

Voor Elisa Van Maele (Van Besien) is er na 21 jaar eindelijk het langverwachte moment gekomen dat ze haar familie zal terugzien. Ze reist in 1947 samen met haar oudste dochter Julia voor het eerst terug naar huis, naar de Poppeplekkehoeve in Torhout, om er drie maanden 'thuis' te zijn. Al die jaren heeft ze aan haar kinderen verteld over dat grote gezin waarvan zij de tweede oudste was en in haar hoofd was alles en iedereen hetzelfde gebleven.

Het weerzien is zo intens en zo emotioneel dat dochter Julia er beduusd bij staat en al spijt krijgt dat ze is meegekomen, want iedereen staat te snikken en te snotteren en te huilen van geluk en daar lijkt geen einde aan te komen. Het weerzien is een ontzettend blij moment en een schok tegelijk, want Elisa's beeld van vroeger klopt niet meer. Haar vader is een oude man geworden, haar moeder is er niet meer, dat babybroertje van toen is nu een flinke kerel van twintig en ze herkent haar broers en zussen niet eens meer.

In 1953 reist ze nog een keer naar Torhout, ditmaal in het gezelschap van Richard en hun kinderen Margaret en Andrew. Ze komen het stuk land verkopen dat Richard in 1936 had aangekocht. Margaret is negentien dan. Ze ziet voor het eerst haar

Margaret Van Maele ziet haar grootouders voor de allereerste keer in 1953, als ze negentien is. Hier poseert ze met haar peetje Charles Van Besien uit Torhout.

W&M Van Laeken (Van Maele)

'peetje' (grootvader) en ze beleeft de tijd van haar leven met al die Belgische neven en nichten, en een gehuurde wagen waarmee zij al kan en mag rijden.

Enkele Belgische immigranten kunnen zich al een vliegtuigticket veroorloven, zoals bijvoorbeeld Gerard Vanden Bussche uit Delhi. Zijn reis naar België en naar zijn schoonfamilie in Nederland is dan ook voorpaginanieuws.

> *The Delhi News-Record*, 19 december 1946
> Mr. Vanden Bussche, een bekende en prominente tabaksboer, verliet Delhi op 8 oktober 1946. Hij vloog van London (Ontario) naar New York. Na een vertraging van twee dagen steeg hij op in New York met de Pan American Clipper. De vliegtijd van Amerika naar Brussel was 14 uren. Het gigantische vliegtuig maakte een tussenlanding in het Ierse Shannon en het Engelse Bradford. In die laatste stad was een bustour door het mooie platteland georganiseerd.
> De broers en zusters van Mr. Vanden Bussche waren druk bezig met trachten de draad van het gewone leven weer op te nemen. Ze hadden de oorlog goed overleefd en aangezien ze landbouwers zijn, hadden ze voor een groot deel van hun voedsel zelf kunnen zorgen.
> Mr. Vanden Bussche kwam vorige vrijdag weer thuis van zijn reis door België en Nederland. Hij verklaarde: 'Het zou geen verrassing zijn als het aantal Belgen en Nederlanders in onze tabaksstreek verdubbelt in de komende jaren. Wij hebben hier goede werkkrachten nodig en in België en Nederland staan veel jonge, ambitieuze mensen klaar om in Canada hun leven uit te bouwen, ongehinderd door de problemen van een onzeker Europa.'

DE GROOTSTE EMIGRATIEGOLF VAN BELGEN NAAR CANADA

Pas vanaf de lente van 1948 komt de grootste emigratiegolf van Belgen naar Canada echt op gang. De Belgen vormen slechts een klein deel van de massa's emigranten uit West-, Noord- en Midden-Europa naar dit onmetelijke land van belofte. De meeste Franstalige Belgen kiezen hoofdzakelijk voor de provincie Quebec. De Belgische emigranten naar Zuid-Ontario zijn bijna uitsluitend Vlamingen. De prairies en het verre westen van Canada trekken zowel Vlamingen als Walen aan. Sommigen die daar naartoe worden gestuurd, houden het vaak na een jaar (sommigen al na een paar maanden) voor bekeken en verhuizen naar het zachtere klimaat en de beter betaalde jobs in de oude of de nieuwe tabaksstreek.

Deze derde en grootste emigratiegolf naar Canada duurt tot 1960. Piekjaren zijn 1951 met 2638 en 1957 met 2786 personen. Ietsje meer dan de helft van hen zijn Franstaligen. Na 1960 verbetert de economische situatie in eigen land zodanig dat emigreren om een hogere levensstandaard te bereiken niet meer noodzakelijk is en bovendien wijzigt Canada zijn federale immigratiepolitiek drastisch in 1962.

OP EEN KLUITJE BIJEEN

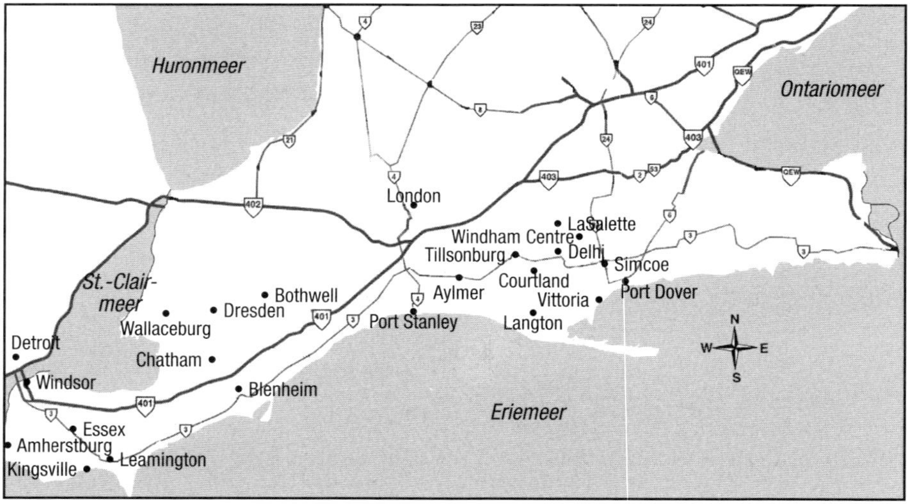

De naoorlogse nieuwkomers nestelen zich in de buurt van degene die zijn handtekening heeft gezet voor hen, hun sponsor, en dat is een familielid of een vriend of een kennis van een vriend, die hun werk bezorgt en een plek om te wonen voor hen heeft voorzien. Op die manier komt het overgrote deel van de 'nieuwe Belgen' in de flue-cured-tabaksstreek in Norfolk County terecht, in de buurt van de dorpen Delhi, Langton, Windham Centre en LaSalette, waar reeds een grote groep Vlaamse immigranten woont. Weliswaar leven ze daar tussen andere etnische groepen zoals Duitsers, Nederlanders, Hongaren, Polen, Oekraïners en Lithouwers, die op hun beurt ook landgenoten aantrekken. Meer westelijk, in Elgin County, groeit ook stilaan een Vlaamse kern ten zuiden van het dorp Aylmer. De grond blijkt er immers ook perfect te zijn voor de teelt van flue-cured tabak en daar gebeurt dat meestal in combinatie met het verbouwen van aardappelen. Bovendien heeft Imperial Leaf Tobacco Company of Canada Limited er in 1945 een tabaksverwerkende fabriek opgericht. Ook verderop in Union en Port Stanley zijn tabakshoeves. Belgen die zich in deze streek hebben gevestigd, zijn onder meer de familie Crevets, Taelman en Strobbe.

Eigenlijk kan je zeggen dat hier enkele duizenden Vlamingen op een kluitje bijeen wonen, als je het door een Canadese bril bekijkt. Immigranten afkomstig uit hetzelfde dorp in België wonen opnieuw in hetzelfde dorp, maar nu aan de andere kant van de Atlantische oceaan en de roddels, de dorpsgeheimen, de vetes en de vriendschappen zijn met hen meegereisd. Alle misstappen of heldendaden die tijdens de troebele oorlogsjaren zijn gebeurd, blijven hier in het collectieve geheugen hangen op een meer verbeten en verstarde manier dan in het moederland zelf. En vroegere liefdesaffaires, al of niet met een buitenechtelijk kind als gevolg, zijn door iedereen tot in de details gekend.

OOK KANSEN BUITEN DE TABAKSSTREEK

In 1948 kunnen heel wat jonge gezinnen terecht in het project Klondyke Gardens van Gerard Vanden Bussche, in de buurt van Grand Bend aan het Huronmeer. Dit is een groot moerassig gebied dat door Gerard werd aangekocht in 1946 en dat hij met succes heeft geïrrigeerd. In 1948 zijn er vele ijverige handen nodig om de grond te ontginnen en er met groenteteelt te beginnen. Nadien krijgen al die jonge gezinnen de kans om een stuk grond te kopen aan kostprijs en er blijvend te wonen.

In de oude tabaksstreek rond Blenheim en Leamington, waar nu de groenteteelt floreert, spelen de Nederlandstalige missionarissen van het klooster in Blenheim actief een rol in het zoeken naar gepaste hoeves voor de pas aangekomen Belgen en Nederlanders.

De suikerfabriek van Chatham probeert een graantje mee te pikken van de stroom nieuwkomers die in de flue-cured tabaksstreek neerstrijken en opent in Delhi een tewerkstellingsbureau, in de hoop daar de broodnodige werkkrachten voor hun velden in Kent County te kunnen strikken. Een aantal Vlaamse immigranten die niet meteen een job vindt, gaat in op dit aanbod en begint hun 'nieuwe leven' met een seizoen in de bieten te werken in de Chathamregio.

In het begin van de jaren vijftig emigreren ook ontzettend veel Nederlanders naar Zuid-Ontario, vooral veel Friezen, maar ook veel Noord-Brabanders van net over de grens (en Antwerpse Kempenaars van net onder die grens). 'Het was precies een epidemie,' vertelt Rinus de Gouw, afkomstig uit het grensdorp Achtmaal (Zundert). 'Je hoorde steeds maar vertellen "dat gezin is vertrokken" en "die ook". Tja, waarom zouden wij het dan ook niet doen, denk je dan.' Rinus' vrouw, Lucia Kustermans, heeft negen zusters en broers, van wie er vijf naar Canada zijn uitgeweken.

Velen van die Nederlanders beginnen algemene landbouw- of veeteeltbedrijven in de vruchtbare vlaktes langsheen het Huronmeer. Ook op de betere gronden rondom de nieuwe tabaksstreek starten ze landbouw- en veeteeltbedrijven op en enkelen wagen ook hun kans in de flue-cured tabak.

HARD WENNEN

Voor alle Vlaamse immigranten in de flue-cured-tabaksstreek is het die eerste jaren heel hard wennen aan de gewoonten en gebruiken van het overwegend protestantse Ontario.

Er zijn helemaal geen cafés bijvoorbeeld. Alleen in een hotel kan je een biertje of iets sterkers gaan drinken, als de instelling hiervoor tenminste de nodige vergunningen heeft gekregen van de strenge Liquor License Board of Ontario. En de uren dat er alcohol mag worden geschonken, zijn ook strikt gereglementeerd. Bier en andere alcoholische dranken voor privégebruik zijn veel moeilijker te verkrijgen dan in het bourgondische België. Sommige delen van Ontario zijn zelfs helemaal 'droog'.

De eerste winter is voor de meesten ook een overrompelende ervaring. Het begint al vroeg in november te sneeuwen – niet zo'n beetje, maar een dik pak – en die sneeuw blijft liggen tot eind maart.

Het verschil met het zo vertrouwde thuisland laat zich ook voelen in veel kleine, alledaagse dingen. Zo mist Irma Andries (Vermeulen) het luiden van de klokken, hunkert Rosina Robyn (Merckx) naar de lekkere Belgische chocolade en vindt Gaston Geysens dat meten met duimen, voeten, yards en mijlen maar een klungelig gedoe. Later wordt gelukkig ons metrieke stelsel in Canada ingevoerd zodat er met beide meetsystemen kan worden gewerkt.

Het is voor niemand gemakkelijk om te wennen aan het totaal nieuwe leven in Canada. De meesten slaan er zich goed door, maar wie door het lot daarbovenop nog extra tegenslagen te verwerken krijgt, beleeft harde tijden. Zoals het gezin van Adiel en Maria Spriet afkomstig uit Egem. Adiel is een van de jongere broers van Leon Spriet en Maria De Vos (Spriet), die al in 1928 naar de flue-cured-tabaksstreek emigreerden. Zijn gezin, met vijf kinderen, verhuist naar Canada in 1954. Ze wonen nog maar enkele maanden in Langton of hun vijfjarige zoontje Antoon overlijdt. Alsof dit nog niet genoeg is, komt enkele maanden later het bericht uit België dat Maria's moeder overleden is. En geld om heel even naar huis terug te keren in die moeilijke dagen is er niet. De zwangere Maria heeft maanden aan een stuk gehuild.

ENGELS LEREN

De taal is een niet te onderschatten struikelblok voor velen. Sommige Belgen zijn zeer vlug in het oppikken van Engelse woorden, bij anderen gaat het wat langzamer. Niet iedereen heeft dezelfde talenknobbel. Overal in het land worden avondlessen 'Engels en Canadees burgerschap' georganiseerd voor de volwassen nieuwkomers. In Delhi (Ontario) bijvoorbeeld kennen die lessen zowel voor beginners als voor gevorderden zeer veel bijval, maar toch grijpt niet iedereen die kans, want er moet op de eerste plaats gewerkt worden. Eigenlijk leren de volwassenen nog het meeste Engels van hun schoolgaande kinderen. Ouders zien blij verrast hoe verbazend snel het jonge grut Engels leert in die overvolle lagereschoolklasjes.

Bill Terry, de hoofdbibliothecaris van de heemkundige kring van Norfolk County, is geboren en getogen in Langton (Norfolk County) en hij herinnert zich nog die klasjes van toen:

> *'Elke maandag waren er weer nieuwe leerlingen. Ze bleven maar komen. De klassen raakten overvol. Maar het was fijn. De nieuwkomers waren Belgen, Nederlanders, Polen, Tsjechen... We voelden ons heel nauw verbonden met hen door de oorlog. Waren het Duitsers geweest, hola, dat zou iets anders zijn geweest! Ik weet nog goed hoe enthousiast de Belgen waren om alles zo snel mogelijk te leren. Hun gretigheid om vooruit te komen was enorm.'*

Rita Roe (Fevery) uit Delhi is een van die vele kinderen van toen. Ze is acht als ze in december 1953 met haar moeder, Marie De Vlaeminck, vanuit Eeklo naar de flue-cured-tabaksstreek komt, waar haar vader, Arthur Fevery, zich al eerder heeft gevestigd. Als Rita er aankomt, kent ze maar één woordje Engels, dat ze op de boot heeft opgepikt, en dat is '*okay*!'. Maar daar komt snel verandering in.

Rita vertelt:

> *'In de school had ik het geluk dat er in mijn klas een meisje zat dat zowel vloeiend Nederlands als correct Engels sprak en zij hielp me zo'n beetje met alles. Marie Van Praet heette ze. En de schooljuffrouw nam me na de lesuren apart om me Engelse les te geven. Op grote kartons had ze allerlei plaatjes geplakt met daaronder telkens het woord in het Engels en dat ging vlot. Ik was toen de enige nieuwkomer in de klas, maar nadien zijn er nog andere gekomen en die*

kregen ook allemaal aparte naschoolse lessen van haar. Ik zie het vandaag zo niet meer gebeuren.'

Engelse woorden leren is één, ze ook nog goed uitspreken is nog wat anders. Voor veel Vlaamse kinderen loopt dat pad niet over rozen. Yolande Bowyer (Hemeryck) uit Simcoe herinnert zich dat ze in het begin werd uitgelachen omdat ze de 'th' niet fatsoenlijk kon uitspreken en volgens haar waren er heel wat West-Vlamingen die ook in het Engels hardnekkig de 'g' en de 'h' bleven verwisselen.

BALANCEREN TUSSEN TWEE CULTUREN

Gelukkig zijn er ook veel voordelen aan het wonen in Canada. Zo hangt er bijvoorbeeld niet die bekrompen dorpsgeest van de kleine Vlaamse gemeenten, waar enkele notabelen en de pastoor het voor het zeggen hebben. Iedereen is gelijk en probeert er het beste van te maken. En in Canada kan je bovendien al een wagen kopen – misschien maar een tweedehandse, maar kom – na één goede tabaksoogst. Dat is in België op die moment ondenkbaar. In Vlaamse dorpen rijdt enkel nog maar de dokter, de notaris en een handvol rijken met een eigen auto rond. En het allergrootste pluspunt van Canada is dat je er na een paar jaar hard werken en met de nodige portie geluk je eigen boerderij kan kopen, iets wat gewoon onvoorstelbaar is in België.

Het blijft voor de meeste Belgen in Zuid-Ontario jarenlang balanceren tussen twee culturen. Thuis spreken ze hun vertrouwde dialect en blijven ze verknocht aan de Vlaamse keuken en de eigen tradities, naar buiten toe doen ze hun best om Engels te leren en voldoende mee te draaien in die bonte, multiculturele gemeenschap.

Het heimwee knaagt soms en er vloeien weleens tranen, maar als ze na enige jaren de kans krijgen om de Canadese nationaliteit aan te vragen, genaturaliseerd te worden dus, dan twijfelen ze daar geen moment aan, ook al blijven ze in taal, sport en spel trouw aan hun diepgewortelde Vlaamse aard.

De Canadese overheid springt niet roekeloos om met het verlenen van naturalisaties. Elk dossier wordt grondig onderzocht en als blijkt dat de kennis van het Engels van de aanvrager nog te zwak is of dat de aanvrager nog niet genoeg afweet van het land en de provincie waar hij nu woont, dan wordt de toekenning verdaagd.

Is het dan eindelijk toch zover en zal de aanvrager de Canadese nationaliteit verkrijgen, dan gebeurt dat tijdens een welverzorgde en zeer officiële plechtigheid.

The Simcoe Reformer, 10 april 1947

WELKOM AAN DE NIEUWE STAATSBURGERS

Acht aanvragers voor naturalisatie legden de eed van trouw af voor rechter G.A.P. Brickenden tijdens de zitting van de Raad van Norfolk County vorige dinsdag in Simcoe. De acht aanvragers werden er verwelkomd in de Grote Zaal door een aantal prominente inwoners van Simcoe en van Norfolk County. De rechter drukte zijn waardering uit voor de acht aanwezige aanvragers:

Paul Abeles, Waterford
Theophil Duyn, Tillsonburg
Peter Gubik, Waterford
George Ludas, LaSalette
Alfons Verbuyst, Delhi
Edward Lauwerier, Simcoe
Camiel Vanacker, Courtland
Gabor Marinkas, Aylmer

Elke aanvrager kreeg een certificaat dat ondertekend was door Mevrouw Iva Roberts, en een speciaal boekje dat werd opgesteld door de Lion's Club van Simcoe, waarin de tekst van het nationale volkslied staat, een korte uitleg over het Dominion Canada en een artikel over burgerschap en de plichten van een goede burger.

Na het afleggen van de Eed van Trouw feliciteerde rechter Brickenden de aanvragers met hun aanvaarding van het Canadese staatsburgerschap, erop wijzend dat met deze eer ook een aantal verantwoordelijkheden gepaard gaan.

'Ik hoop dat u geen Canadees staatsburger werd om andere redenen dan ten bate van uzelf, uw families en Canada,' zei hij. 'Zult u uw buren en andere burgers helpen en dingen doen voor anderen? Ik hoop dat u uw gezinnen zult opvoeden tot goede Canadezen. Als u ongunstige kritieken hoort over Canada, dan hoop ik dat u zult zeggen dat Canada goed en vriendelijk voor u was. U hebt allemaal uw wil om Canada te verdedigen te kennen gegeven en u hebt graag uw diensten aangeboden. Ik raad u ook aan om Engels te spreken thuis zodat u gauw went aan de taal.'

Canadian Tobacco Grower Magazine (www.annexweb.com)

1955, Kingstreet in Delhi.

Canadian Tobacco Grower Magazine (www.annexweb.com)

Februari 1956, LaSalette. Kinderen spelen ijshockey, dé favoriete Canadese sport, op de ijsring op de tabakshoeve van Albert Duwyn.

EMIGREREN TEGEN JE ZIN: HET VERHAAL VAN GASTON GEYSENS

Het gezin Geysens uit Hooglede emigreerde naar Canada in 1951. Hun oudste zoon Gaston (°1928), die eigenlijk niet graag meekwam, vertelt:

> *'Op een dag kregen we bezoek van een jeugdvriend van mijn vader, Constant Verschoore, die kort na de Eerste Wereldoorlog naar Canada was geëmigreerd. Hij was er tabaksboer en reisagent. Ze hadden nog in elkaars buurt gewoond. Constant zei tegen mijn vader: "Maurice, wat wilt ge hier nog blijven? Twee oorlogen in zo'n korte tijd in België. Waarom komt ge met uw familie niet naar Canada?" Mijn vader begon erover na te denken, sprak er met mijn moeder over en ja, we zijn met ons hele gezin naar Canada gekomen in juni 1951. Vader, moeder en vier kinderen. Ik was de oudste.*
> *Ik wilde eerst niet meekomen. Oh nee. Ik was 23, ik had een A2-diploma en ik*

had mooi werk. "Wat moet ik in Canada gaan doen?" vroeg ik. Mijn ouders zeiden: "Waarom gaat ge niet mee voor zes maanden? Dan bent ge daar een beetje gesetteld en dan komt ge terug." Ik ben meegegaan.
Emigreren naar Canada, dat is natuurlijk iets drastisch. Mijn vader was toen vijftig! Alles achterlaten, alles verkopen, je geboorteland verlaten... en dan vertrekken naar een land waarvan je niets kent, waar je de taal niet verstaat. Zo'n grote stap zetten! Ik denk daar nog vaak aan.
Onze sponsor, een zekere Beselaere, had een huis voor ons op een hoeve. We moesten wel alles gaan kopen: tafels, stoelen, bedden... Pannen en zulke dingen hadden we meegebracht. Er was hier werk genoeg in de streek. Het was toen allemaal nog handwerk, er was nog niets mechanisch zoals nu.
Ik had een ticket om terug te keren naar België na zes maanden, maar mijn moeder was er ziek van. Als je vroeger het ouderlijk huis verliet voordat je getrouwd was, dan was dat een drama, hè. Maar ik heb hier dan mijn vrouw ontmoet, Maria Vanhooren (°1935, Leke-Diksmuide), en dus ben ik hier gebleven.'

Gaston Geysens verbouwde tabak tot 1972 en startte toen zijn eigen werkplaats op: Geysens Machine & Welding Shop. Hij gaf ook een aantal jaren avondlessen mechaniek en lassen en hij was jarenlang voorzitter van de Belgian Club in Delhi.

JE HART VOLGEN: HET VERHAAL VAN ROSINA ROBYN

Bij de migratie naar Canada van Rosina Robyn (Merckx) (°1929, Stekene) uit Tillsonburg was er geen sprake van economische redenen. Zij had een zeer goede baan bij de Kredietbank in Borgerhout, maar zij volgde de stem van haar hart.

'In november 1950 was er bezoek uit Canada in Stekene. Cyriel Robyn en zijn vrouw Suzanne, die twaalf jaar eerder naar Zuid-Ontario waren vertrokken, waren terug in het land met hun zoon Roger en hun dochters Irma en Helena. Er was toen net kermis in onze straat en in het café van mijn tante was er volop muziek. Daar ontdekte ik dat die Roger uit Canada heel goed kon dansen, iets wat ik ook zo graag deed. En ja, van het één kwam het ander.

In maart '51 zijn ze weer vertrokken. En vanaf toen kwam er elke week een briefje en acht maanden later stond Roger al opnieuw in Stekene. Hij zou werk zoeken in België, maar dat lukte niet met zijn Canadese nationaliteit. Toen dachten we allebei aan samen werken op de tabakshoeve van zijn ouders, maar dat durfde ik eerst niet zeggen tegen mijn pa. Uiteindelijk hebben we het toch verteld en, zoals verwacht, zag hij dat niet zitten. Ik was zijn jongste dochter en mijn moeder was overleden toen ik nog een kind was. Hij wilde het allerbeste voor mij en hij dacht dat ik op een tabakshoeve niet ver zou geraken.
We zijn getrouwd op 25 februari 1952 en kort daarop vertrokken naar Canada met de Queen Elisabeth.
In Leamington bij mijn schoonfamilie had ik meteen een echt thuisgevoel. Ik kende hen en we spraken hetzelfde dialect. Ik had het daar goed getroffen met Roger en zijn familie en ik woonde graag in Leamington. Het klimaat is er heel zacht en het is relatief dicht bij Detroit. Daar kon ik af en toe eens goed gaan winkelen.'

In 1967 zijn Roger en Rosina verhuisd naar Glen Meyer in Norfolk County, waar ze een eigen tabakshoeve hadden gekocht. Ze maakten er een goed renderend bedrijf van, dat ze pas verkochten in 1997 en… ze zijn altijd blijven dansen.

R&R Robyn (Merckx)

Maart 1952. Het pasgetrouwde paar Roger en Rosina Robyn (Merckx) aan boord van de Queen Elizabeth op weg naar Canada.

12. Aan de slag

De tabakshoeves na de oorlog

Al die Vlamingen die na Wereldoorlog II in de flue-cured-tabaksstreek van Zuid-Ontario hun geluk gaan zoeken, zijn niet allemaal landbouwers van beroep. Verre van zelfs. Het zijn mannen en vrouwen met een brede waaier aan diploma's en aan vakkennis. Maar aangezien diegenen die voor hen een jaar waarborg hebben getekend (hun sponsor), meestal tabakstelers zijn, gaan ze om te beginnen bij hen aan de slag. In de tabak zijn er immers altijd handen te kort. Na verloop van tijd kiest ieder dan zijn eigen weg.

Wie het wil maken in de tabak, zoekt een hoeve waar hij als sharegrower met zijn hele gezin aan het werk kan. Maar velen die niet uit de boerenstiel komen, zeggen: 'Tabak… nooit meer!' Een tijdelijke job in de tabaksfabriek, dat kan nog wel, maar het werk op het veld vinden ze toch echt te zwaar. Ze beginnen ijverig te zoeken naar iets wat beter bij hun diploma of hun aanleg past en met een tikkeltje geduld, een behoorlijke portie geluk en heel veel flexibiliteit lukt dat ook wel. Hoewel… er zijn er ook die niet uit de startblokken geraken, die mislukken en terugkeren naar België, maar dat wordt niet van de daken geschreeuwd.

Sommigen zien heil in een eigen zaak. Een bakkerij, slagerij, kruidenierszaak, reisbureau, hotel, cinema, garage, autohandel, verzekeringsmaatschappij, pompstation… er zijn mogelijkheden genoeg om het als kleine of iets grotere zelfstandige te wagen in deze snel groeiende multiculturele gemeenschap. En de Belgen zijn daar goed in.

En zo zoekt en vindt iedereen zijn eigen weg en worden op de tabakshoeves de plaatsen van deze losse werkkrachten weer ingenomen door nieuwe pas aangekomen immigranten, die zo op hun beurt kunnen starten.

Canadian Tobacco Grower Magazine (www.annexweb.com)

HAMBURGERS? HOTDOGS?

Een job vinden buiten de tabak is niet zo gemakkelijk. Dat ondervindt de negentienjarige Luc Van Maele uit Brugge, die in 1954 met zijn diploma van de Oostendse kokschool op zak op zoek gaat naar werk in de grootstad Toronto. Overal botst hij op de vraag of hij op Canadese wijze kan koken. Nee, dat kan hij niet en van hamburgers en hotdogs heeft hij nog nooit gehoord. Het antwoord dat hij overal krijgt, is dan ook: ‘Sorry, dan kunnen we je niet gebruiken.’ Hij komt dus van een kale reis terug, maar hij vindt uiteindelijk toch werk in het nabije Tillsonburg als manager van de Golf and Country Club tijdens de zomermaanden, iets wat hij naadloos kan combineren met een administratieve job in de verkoopzaal van de tabaksfabriek tijdens de wintermaanden. Later start hij, samen met zijn vrouw Nicole, een eigen reisbureau op in Tillsonburg.

HEBT GE GEEN WERKBROEK BIJ?

Een van diegenen die het boeren niet in de vingers heeft, maar wel over andere kwaliteiten beschikt, is Albertine Debackere (°1908), echtgenote van Gentiel Vernackt. Zij was al sinds haar vijftiende zelfstandig naaister en ze had in Ingelmunster en omstreken een trouw klantenbestand opgebouwd, waarvoor ze zeer mooie en moderne kleren maakte. Gentiel is molenaar, maar er is na de oorlog niet voldoende werk voor de maalderij. Daarom besluiten ze in 1951 om met hun drie kinderen te emigreren naar de provincie Manitoba in Canada. Na een paar maanden niets anders doen dan koeien melken op een enorm melkveebedrijf, houden ze het daar voor bekeken en verhuizen ze naar de flue-cured-tabaksstreek in Zuid-Ontario, waar meer geld te verdienen is. Belgische immigranten die ze op de boot naar Canada hadden leren kennen en waarmee ze nadien in contact zijn gebleven, regelen voor hen dat ze bij aankomst werk en woonst zullen hebben op de tabakshoeve van William en Bertha De Winne (Barbier) in Aylmer.

Hun dochter Nicole Van Maele (Vernackt) vertelt over die memorabele eerste dagen in Aylmer:

'Toen alles uitgepakt was, kwam Bertha kijken. Wij hadden nogal veel kleren meegebracht uit België en toen Bertha dat zag, was haar verbaasde reactie:
"Albertine, wat gaat gij doen met al die mooie kleren in Canada?"
"Ah, dragen..." zei mijn moeder.
"Maar, wáár gaat ge ze dragen? Hebt ge geen werkbroek bij?"
Bertha zei nog iets over onkruid dat "'k weet niet hoe hoog" stond en dat ze de volgende dag moesten schoffelen. Mijn moeder had nog nooit een schoffel in haar handen gehad! Ze heeft dan 's anderendaags haar minst mooie jurkje aangetrokken en is samen met mijn vader een hele dag, onder een blakende julizon, op het veld gaan werken. 's Avonds was ze roodverbrand als een kreeft.'

Twee jaar later kopen Gentiel en Albertine een comfortabel huis in Aylmer en tot haar grote blijdschap komt er een stoffenwinkel in Aylmer. Voordien was er gewoon geen lap textiel te vinden in de hele regio. Albertine kan weer beginnen te naaien. Eerst in dienst van de stoffenzaak en stilaan ook voor haar eerste Canadese klanten. Zo bouwt ze geleidelijk aan een clientèle en een reputatie op en krijgt ze klanten uit de oude, rijke families van Tillsonburg en later ook uit Saint Thomas en zelfs uit London (Ontario).

Het merendeel van de Belgische vrouwen in Zuid-Ontario geeft in die tijd niet veel geld uit aan kleren. Ze kopen wat kant-en-klare kledij in de dorpswinkel en dragen voor de rest vooral een broek om te werken, een jeans. Iets wat dan in België nog totaal onbekend is. Gentiel vindt het werken in de tabak ook niet zijn ding en hij wordt uiteindelijk timmerman.

EEN EIGEN HOEVE KOPEN

Wie de tabak wel ziet zitten, want daar is uiteindelijk het grote geld te verdienen, die begint als sharegrower. En ook dat is weer gemakkelijker gezegd dan gedaan, want je moet van aanpakken weten, het boerenvak toch een beetje in de vingers hebben, je moet een goede hoeve treffen qua grond en ligging en je moet wat geluk hebben met het weer. De jonge plantjes kunnen uitzonderlijk nog bevriezen begin juni en vroege nachtvorst in september kan een heel veld rijpe tabaksbladeren in één nacht liquideren. Er kunnen ook allerlei ziektes opduiken zoals de *blue mold* (blauwe schimmel). Wie het drie jaar op rij probeert en telkens verlies maakt, houdt het meestal voor bekeken. Sommigen geven het al op na één tegenvallend jaar.

De boerderijen die te koop komen in de nieuwe tabaksstreek in de jaren vijftig, zijn vaak niet veel meer dan een huis met een schuur op een hoop zand. Gelukkig zijn ze soms belachelijk goedkoop. Er zijn ook tabakshoeves met alles erop en eraan, meestal van Canadezen of van zuiderlingen, die te koop komen omdat de jonge generatie niets voelt voor dat harde werken en het bedrijf van hun ouders niet wil overnemen.

Met het speciale *quarter crop payment plan* ('kwart van de oogst'-afbetalingsplan) hoeft de koper maar een tiende van de prijs contant te betalen aan de verkoper en voor de rest kan hij kapitaal en interest aflossen door jaarlijks een kwart van de opbrengst te betalen. Dit is een flexibele vorm van afbetalen, helemaal aangepast aan de risico's van de tabaksbedrijven. Zo kunnen slechtere jaren overbrugd worden en kan er na een goede oogst ineens een grote hap afgelost worden. Op die manier worden heel wat Belgen met de contante betaling van een relatief gering bedrag de trotse bezitter van een eigen tabakshoeve. En dit is iets wat de eigenaars van de tabaksfabrieken met lede ogen zien gebeuren. Voor hen kunnen die immigranten maar beter in hun afhankelijke positie blijven zitten, anders komen er, volgens hen, alleen maar problemen van.

De jeugdvriendjes Florent Devlamynck (°1920, Pervijze) en Gabrielle Lisabeth (°1923, Zarren) trouwen in 1948, drie maanden na de terugkeer van het gezin Lisabeth naar Canada. Ze werken eerst een jaar op de tabaksboerderij van Achiel en Blanche Ampe (Clarysse) in Langton en kopen dan hun eigen hoeve in Langton. Florent vertelt hierover:

> *'Wij kochten van een zuiderling. Hij deed zijn bedrijf van de hand voor* peanuts *omdat hij er echt vanaf wilde. Zijn schoonzoon, met wie hij samenwerkte op de hoeve, gaf het geld veel te gul uit en hij was dat beu. Voor een niet overdreven hoge som hadden we een huis, een schuur, een serre en vijf drooghuizen op veertig hectare grond. We konden starten. De woning hebben we wel afgebroken om een nieuw huis in de plaats te zetten.'*

Wie net niet dat beginkapitaaltje bijeen krijgt, gaat het nodige geld lenen bij vrienden. Lenen aan elkaar is iets wat de Belgen veel doen, in alle vriendschap en volle vertrouwen. Of ze tekenen waarborg voor elkaar als ze geld lenen bij de bank. De solidariteit is groot. Ze helpen elkaar om vooruit te komen. En aangezien de Vlaamse boerenzonen heel goed weten hoe ze de grond moeten bewerken en vruchtbaar kunnen maken, spelen ze het klaar om in een paar jaar tijd zieltogende bedrijfjes om te toveren in winstgevende tabakshoeves. Daarbij ontginnen ze ook nog onbewerkt land om de oppervlakte van hun bedrijven uit te breiden. Bij het ploegen komen vaak vuurstenen speerpunten boven van de Neutrals, die hier eeuwen geleden leefden. Sommige nieuwkomers hebben al tabak verbouwd in eigen land en weten al gedeeltelijk hoe het moet. Maar de meesten moeten het allemaal ter plekke leren. Het is hard en zwaar werk, vaak in gebogen houding en zowel in regen en wind als onder een blakende zon. De werkijver van de Vlaamse immigranten is enorm, maar die inzet eisen ze ook van hun personeel. Een beetje regen, daar schuil je toch niet voor! En als zij vroeg uit de veren kunnen, dan moet iedereen dat maar kunnen.

DE FLUE-CURED-TABAKSSTREEK BREIDT UIT

Omdat er enorm veel vraag is naar de goudgele, met hitte gedroogde tabak, verhoogt de toegelaten oppervlakte waarop deze tabak mag worden verbouwd en kunnen er nog steeds nieuwe hoeves bij. Ook buiten de grenzen van de drie oorspronkelijke flue-cured-tabakscounty's (Norfolk, Elgin en Oxford) worden er zanderige gronden gevonden waarop tabak gedijt, zoals in Brant County (ten noorden van Norfolk County) en Middlesex County (ten westen van Elgin en Oxford County). Ook daar worden tabaksbedrijven opgestart.

Ondertussen is er sinds 1940 langzaamaan een volledig nieuwe flue-cured-tabaksstreek gegroeid aan het Ontariomeer in de county's Northumberland en Durham, met als kern Port Hope (160 km ten oosten van Toronto). In 1956 telt die streek 85 tabakshoeves, die er tussen de algemene landbouwbedrijven verspreid liggen. De meeste eigenaars zijn avontuurlijke tabaksboeren uit de Delhi- of Aylmerregio, die in hun bloed die drang hebben om steeds weer nieuwe horizons te verkennen. Onder hen Richard De Keyzer (afkomstig uit Torhout), Roger Depaepe en zijn vrouw Julia Deruysscher en een zekere Viaene uit Aylmer.

VAN TABAKSZAADJE TOT VOLWASSEN PLANT

Het werk op een tabakshoeve in de jaren vijftig verloopt volgens een vast ritme. Tabak is een eenjarige plant, zodat men elk jaar opnieuw moet beginnen met zaaien. Het werk begint al eind februari met het klaarmaken van de zaadbedden in de serres. Hiervoor gebruikt men *muck*, een soort zwarte, turfachtige grond, die uitgestoken wordt in moerassige gebieden. Die bodem wordt vrij van alle onkruidkiemen gemaakt met een chemische bodemontsmetter of, beter

De kweekbedden moeten vaak met water besproeid worden omdat de prille plantjes erg vochtige grond nodig hebben om hun wortels goed te kunnen ontwikkelen. (Irma Andries (Vermeulen), 1955)

Irma Andries (Vermeulen)

nog, door er hete stoom door te jagen. Eind maart worden dan de minuscule tabakszaadjes in die gesteriliseerde grond gezaaid.

Na zeven tot negen weken zijn de prille tabaksplantjes groot genoeg om uitgeplant te worden. Dat uitzetten op het veld gebeurt meestal eind mei, als het gevaar voor nachtvorst is geweken.

Delhi Tobacco Museum & Heritage Centre

Na zeven tot negen weken zijn de plantjes ongeveer tien cm hoog en selecteert men uit de kweekbedden de sterkste plantjes om uitgezet te worden op het veld. (Julia Puype, 1960)

Jonge plantjes uit het kweekbed trekken doet men al zittend, op een plank die men boven het kweekbed heen en weer kan rollen. Het is iets wat zeer voorzichtig moet gebeuren om de tere wortels niet te kwetsen en om tegelijk een goede selectie van de sterkste exemplaren te maken.

Men legt de uit te poten jonge planten in dozen en ze krijgen nog dezelfde dag hun plaats in lange, rechte rijen op het veld, met voldoende water en meststoffen erbij. Dat planten gebeurt al zittend vanaf de plantmachine die getrokken wordt door een paard, of later door een tractor. In het begin zit men met het gezicht naar het paard toe en is een stofbril zeker geen overbodige luxe op deze fijne zandgronden. Later zal men op de automatische plantmachines met het gezicht naar achteren zitten en komen er machines waar plaats is voor vier personen zodat twee rijen tegelijk kunnen worden uitgezet.

Dan volgt het herplanten. Hierbij loopt men met een mand vol jonge plantjes en een trechtervormige '*jackplanter*' langs de rijen om de zieke of dode plantjes te vervangen en om nieuwe te zetten waar de mensen op de machine hebben gefaald.

Daarna volgt een periode van doorlopend verzorgen van de jonge planten en de grond eromheen door te wieden, voorzichtig te schoffelen en de grond te verluchten door hem los te maken met een speciale kleine ploeg. Ook voldoende bemesten en irrigeren mag niet worden vergeten en als de planten groter worden, moet de grond eromheen worden opgehoogd.

In de zomer, als de tabaksplanten volgroeid zijn, moet de bloem uit de top verwijderd worden en ook de overtollige jonge scheuten moeten eraf, omdat ze de groei van de bladeren vertragen. Dit is een vuil werkje, want bij het afbreken van de bloem of de scheuten komt er een kleverig, zwart, gomachtig sap uit de plant. De groei van die ongewenste scheuten kan ook worden afgeremd door het aanbrengen van antischeutolie.

DE KROON OP HET WERK

Daarna volgt de meest arbeidsintensieve periode en tevens de kroon op het werk: het plukken van de geelgroene, rijpe bladeren van de stam van de plant

The Bright Leaf, 1953

Het hele gezin werkt mee bij het verzorgen van de jonge tabaksplanten op het veld. (Edward en Celestine Pieters met hun zeven kinderen op hun hoeve in Cultus (Ontario), 1953. Edward overleed kort nadien in 1954.)

in augustus en begin september. En ook hierbij komt die zwarte gom vrij die aan de kleren en in het haar kleeft. Bij het drogen van de tabaksbladeren met hitte is het van groot belang dat alle opgehangen bladeren in het drooghuis ongeveer even rijp zijn en omdat niet alle bladeren van de tabaksplant tegelijk rijpen, moet er dus selectief worden geplukt. De onderste bladeren (zandbladeren) zijn het vroegst rijp en komen dus eerst aan

Martina De Ridder

Volgroeide tabaksplant.

Martina De Ridder

Tabaksbloemen.

Delhi Tobacco Museum & Heritage Centre

Elke plukker kiest een rij, gaat van plant tot plant, plukt telkens twee à drie rijpe bladeren en houdt ze onder zijn arm. Wanneer hij een armvol bladeren heeft, deponeert hij die in de boot.

de beurt. Dit is meteen ook de zwaarste plukbeurt omdat de plukkers dan hele dagen diep gebukt tussen de rijen moeten lopen. Nadien volgen de bladeren hogerop tot de topbladeren in de laatste plukronde. Meestal zijn er zes rondes met een tussenpauze van een week. Tabak plukken is een zeer lastig en zwaar werk. Gelukkig komen er vanaf de jaren zestig plukmachines waarop de mannen of vrouwen al zittend, met gestrekte benen, hun werk kunnen doen.

Elke armvol geplukte bladeren wordt in de 'boot' gelegd, dat is een lange, smalle, houten bak op een metalen onderstel, die tussen de rijen wordt voortgetrokken, door een paard. De *boatdriver* (bootbestuurder) brengt regelmatig zijn volle boot naar de drooghuizen en brengt die weer leeg terug.

Al die grote, geelgroene, rijpe tabaksbladeren worden naast de drooghuizen aan houten latten opgebonden door vlugge, vlijtige vrouwenhanden en die *sticks* vol tabaksbladeren gaan via een transportband naar het bovenste luik van een drooghuis, waar ze worden opgehangen aan de balken in de nok door lenige waaghalzen zonder hoogtevrees. In één kiln kunnen ongeveer 1200 sticks hangen.

Het opbinden van de tabaksbladeren is een zeer arbeidsintensief werk waarbij de kinderen ook al een handje kunnen toesteken. Het staat nog steeds gegrift in het geheugen van Yolande Bowyer (Hemeryck):

F&G Devlamynck (Lisabeth)

Een goed getraind paard blijft met zijn boot steeds dicht in de buurt van de plukkers. (seizoenarbeiders uit Quebec op de Devlamynck-hoeve in Langton, 1954)

R&R Robyn (Merckx)

1965, Leamington. Tabak opbinden op de hoeve Robyn. (Links mevrouw Versnick en rechts Rosina Robyn (Merckx) met de kleine Robby Robyn uiterst rechts.)

Ontario Flue-Cured Tobacco Growers' Marketing Board

De transportband vergemakkelijkt het laden van een drooghuis aanzienlijk.

Delhi Tobacco Museum & Heritage Centre

Aan elke stick kunnen ongeveer negentig tabaksbladeren worden opgebonden.

'Drie bladeren pakken, aan de vrouw naast me geven, drie bladeren pakken, aan de vrouw naast me geven... en zo de hele dag door. Ik was elf jaar. 's Morgens waren die bladeren nog nat van de dauw en moest ik een aardappelzak voorbinden om niet doornat te worden...'

VAN GEELGROEN NAAR GOUDKLEURIG

Zodra alle houten latten vol tabak opgehangen zijn in de nok van het drooghuis, volgt het delicaatste deel van het hele proces: het drogen van de tabaksbladeren met hete lucht, tien dagen lang. Het is een zeer precies werkje om de exacte temperatuur op het juiste moment te verkrijgen om zo die zacht aanvoelende, goudgeeloranje bladeren als eindresultaat te bekomen. Hiervoor worden in het begin nog steeds de diensten ingehuurd van specialisten uit de Amerikaanse staten Virginia en North-Carolina (de zuiderlingen). Van hen leren de beginnende tabaksboeren langzaamaan de knepen van het vak. Het

Het openen van de deuren van de kiln en een eerste blik werpen op het resultaat van het droogproces is altijd een spannend moment.

Delhi Tobacco Museum & Heritage Centre

Canadese ministerie van Landbouw organiseert praktische cursussen over het met hitte drogen van tabaksbladeren en ook de fabrikanten van fornuizen voor de drooghuizen geven regelmatig demonstraties. De tijd van stoken met hout of met kolen is helemaal voorbij. Er wordt nu stookolie gebruikt en de fornuizen worden steeds meer geautomatiseerd.

R&R Robyn (Merckx)

Het drooghuis uitladen gaat met twee sticks tegelijk, want zo'n houten lat vol gedroogde tabaksbladeren weegt twintig keer minder dan diezelfde stick voor hij in het drooghuis werd opgehangen. (Roger Robyn)

Na tien dagen mogen de deuren van het drooghuis weer open en kan men heel voorzichtig beginnen uit te laden. De sticks vol geurige, goudgele tabaksbladeren worden voorlopig in de schuur opgeslagen.

De volledige oogst moet binnen zijn voor de eerste nachtvorst, want een bevroren tabaksblad is niets meer waard. Op het veld worden nadien de naakte tabaksstengels neergeduwd en fijngehakt met een speciale machine. De grond wordt geëgd en hierop wordt rogge of wintertarwe gezaaid om de fijne zandgrond op zijn plaats te houden.

DE STRIPROOM

De gedroogde tabaksbladeren klaarmaken voor verkoop vraagt ook nog enkele maanden werk. Dat gebeurt in een deel van de schuur, dat men de '*striproom*' noemt. De houten latten met de gedroogde bladeren worden er eerst even in de stoomkamer geplaatst zodat de droge, brosse bladeren weer zacht worden en dan pas kunnen ze van de latten worden gehaald. De sticks worden 'gestript', vandaar die ietwat eigenaardige benaming van de werkplaats waar dit gebeurt. Daarna worden de bladeren zorgvuldig gesorteerd op kleur en kwaliteit. Als je zeer precies sorteert, dan is de prijs die je voor je tabak krijgt beter.

In het begin van de jaren vijftig worden de gesorteerde, gedroogde tabaksbladeren dan in pakjes van twintig gedraaid met een blaadje eromheen (*manotten*). Maar daar stapt men vrij vlug vanaf. Nadien worden de gesorteerde bladeren van eenzelfde kwaliteit, na even in stoom te zijn geplaatst, samengeperst en in allemaal dezelfde rechthoekige pakken van 22 kg verpakt. Zo kan de tabak aangeboden worden voor verkoop. Het werk in de striproom duurt tot februari. En ook hier helpt de hele familie. Bij de meeste tabakstelers is er een zekere fierheid om hun eindproduct zo perfect mogelijk af te leveren. Waarbij Rosina Robyn (Merckx) nu de bedenking maakt:

'We waren er allemaal zo trots op hoe proper en netjes alles wel was en we hebben nooit kunnen denken dat het niet gezond was...'

Gedroogde tabaksbladeren sorteren op kleur en kwaliteit in de striproom.

Ontario Flue-Cured Tobacco Growers' Marketing Board

Delhi Tobacco Museum & Heritage Centre

Manotten.

Zijsprong: Hold-up in Langton

Woensdag 21 juni 1950, 14u45. In het rustige, landelijke Langton stapt een gewapende man de Imperial Bank binnen. Hij bedreigt het personeel met zijn pistool, dwingt hen de deur van de kluis te ontgrendelen en hem al het geld te overhandigen. Er bevinden zich op dat moment vijf klanten in de bank. De bandiet drijft iedereen samen in de kluis. Een van de bedienden heeft op een alarmknop kunnen drukken, zodat een sein weerklinkt in de naburige winkel van Archie Van Hooren. Maar daar denken ze dat het om een test gaat. Zoiets gebeurt immers regelmatig. Zoon Lambert wandelt naar de bank om te melden dat het alarm werkt… en belandt eveneens achter de tralies van de kluis. De overvaller wordt nu heel nerveus. Hij maakt zich uit de voeten met het geld, maar vergeet in zijn haast de deur van de kluis weer te vergrendelen.

Twee klanten, Arthur Lierman en William Goddyn, lopen meteen naar buiten. Ze zien nog juist de bandiet wegrijden in westelijke richting, ze springen in de wagen en zetten de achtervolging in. Ook winkelier Archie Van Hooren twijfelt niet. Hij stapt in zijn bestelwagen en probeert vanaf een afstand de dolle achtervolging te volgen. De twee wagens draaien met gierende banden een zandweg in die naar een drassig, bosrijk gebied leidt. Even later slaat ook de bestelwagen deze weg in. Een paar kilometer verder doet Archie Van Hooren een akelige ontdekking. De wagen van de overvaller ligt in de gracht en erachter staat de auto van de achtervolgers. De voorruit van hun wagen is doorzeefd met kogels. William en Arthur liggen levenloos op de voorbank. De auto van de bankovervaller is leeg.

Een kwartier later is de provinciale politie ter plaatse en wordt een grootse klopjacht ingezet in het ruige, moerassige gebied. De dader wordt drie dagen later gevat in een keet in het bos. Hij zit helemaal onder de insectenbeten en is totaal op na drie dagen en drie nachten in het moeras. Het is een man uit de grensstad Windsor. Een zekere Joseph McAuliffe, ex-militair, machinist en… notoire valsmunter. Iemand die niet aan zijn proefstuk toe is.

De hele streek is geschokt, verbijsterd en verontwaardigd om wat er is gebeurd en iedereen leeft mee met de twee jonge Belgische gezinnen die zo zwaar zijn getroffen. Arthur Lierman (31) was een succesvol vastgoedmakelaar en verzekeringsagent uit South Middleton, vlakbij Langton. Hij was gehuwd met Mary Verplancke en is vader van een zoon van elf en een dochter van acht. William Goddyn (25) was sharegrower op een tabakshoeve in South Middleton, die eigendom is van Arthur Lierman. Hij was gehuwd met Irma De Zutter en het jonge paar had drie heel kleine kinderen.

De dubbele begrafenis in de Sacred Heart Church in Langton op zaterdagmorgen wordt door meer dan tweeduizend mensen bijgewoond.

Het is voor beide getroffen gezinnen emotioneel een catastrofe, maar voor de jonge weduwe Goddyn is het daarbij ook nog een financiële ramp. Het jonge paar had immers schulden gemaakt om het tabaksseizoen te beginnen en hierbij geen verzekering afgesloten. Maar solidariteit is geen ijdel woord bij de Belgische immigranten. Nog geen week later wordt al een Familie Goddyn Steunfonds opgericht waarin velen (ook niet-Belgen) een mooie som storten. Bovendien komen niet minder dan 175 vrienden, kennissen en buren schoffelen op de tabaksvelden van de familie Goddyn tijdens een door de pastoor mee georganiseerde hulpdag. Irma's broer en de tabaksboeren uit de buurt zullen haar helpen bij de oogst.

Een maand later beslist de Vereniging van Canadese Bankiers samen met de Imperial Bank of Canada om beide weduwen een grote som geld uit te keren. Mary Lierman (Verplancke) aanvaardt enkel het geld dat ze krijgt van de Imperial Bank en ze beslist om het grote bedrag van de Vereniging van de Canadese Bankiers volledig aan Irma Goddyn (De Zutter) te schenken omdat die het veel harder nodig heeft dan zij.

Het proces van Joseph McAuliffe gaat door in het gerechtsgebouw van Simcoe midden september. Hij wordt veroordeeld tot de dood door ophanging. Op 19 december 1950 wordt deze straf voltrokken. In Canada wordt de doodstraf door ophanging overigens nog toegepast tot december 1962.

13. De Belgische Zaal

Een clubhuis voor de Belgen

Na de Tweede Wereldoorlog groeit bij de Vlaamse immigranten in de flue-cured-tabaksstreek van Zuid-Ontario de intense wens om een eigen vereniging te stichten en om een eigen zaal te hebben waar ze de sociale en culturele activiteiten kunnen organiseren waarmee ze zo vertrouwd waren in hun thuisland. Een plek waar ze kunnen samenkomen, praten in hun eigen taal, lachen, dansen, zingen, kaarten, biljarten, bollen, een pijltje gooien en een pint drinken... Vooral dat laatste is behoorlijk taboe in het protestantse Norfolk County, waar telkens als er een vergunning wordt toegekend voor de verkoop van alcoholische drank, een heel pak bezorgde burgers de overheid bestookt met petities.

AANDEELHOUDERS GEZOCHT

Op 17 november 1945 begint een kleine kern alvast met een comité te vormen met Gerard Vanden Bussche als voorzitter, Julien Degrieck als ondervoorzitter, Remi Lecour als secretaris-penningmeester en Medard Van De Walle en Jean Bouckaert als bestuursleden. Dit is het prille begin van de Delhi Belgian Club Limited. De Belgische Club. Ook al zijn de Belgische immigranten in de flue-cured-tabaksstreek bijna uitsluitend Vlamingen, toch worden ze door de Canadezen en de andere etnische groepen steevast '*Belgians*' genoemd en heet hun club ook zo. De onversneden Vlaamse dialecten die ze onder elkaar praten, wordt door de anderen bestempeld als de taal *Belgian*.

Gerard Vanden Bussche organiseert een speciale bijeenkomst om het idee voor een eigen clubhuis te lanceren en daar komt een vijftigtal Belgische immigranten op af. Ze zijn unaniem gewonnen voor de zaak en richten meteen een bouwcomité op. De eerste taak van dat comité is een geschikt stuk grond vinden. Er is een groot perceel dennenbos te koop in James Street, recht tegenover de middelbare school, aan de rand van het dorp. Dat lijkt wel wat. Maar ook de Poolse gemeenschap in Delhi heeft bouwplannen en laat zijn oog vallen op datzelfde perceel. Gerard betaalt alvast het voorschot uit eigen zak om de Polen voor te zijn en hij verkoopt het perceel nadien aan kostprijs door aan het comité.

IJverige vrijwilligers rooien de bodem, trekken de grond gelijk en graven de fundamenten. Een architect inhuren is te duur, daarom doen ze een beroep op de diensten van Edward Laevens, die al behoorlijk wat ervaring heeft in de bouw. Het comité probeert het nodige geld voor de constructie bijeen te krijgen door zoveel mogelijk te lenen bij de bank en door aandelen in het toekomstige clubhuis te verkopen aan al degenen die het project willen steunen. Hun intenties en bedoelingen beschrijven ze in de plaatselijke krant.

The Delhi News-Record, 14 maart 1946
De bouw van het Belgische Clubhuis zal weldra van start gaan. De geschatte kostprijs is 50.000 Canadese dollar. De voorlopige plannen omvatten een ruimte voor de boogschuttersgilde, een bowlingbaan, een biljartlokaal, een kaarthoek en een grote zaal voor toneelopvoeringen, bals en vele andere dingen. Een deel van de grond eromheen zal een park en een speeltuin worden. Het comité is ervan overtuigd dat dit clubhuis een opmerkelijke aanwinst zal zijn voor Delhi, want het zal voorzien in gezonde ontspanningsmogelijkheden.

EEN EIGEN STEK

De opbouw van de Belgische Zaal duurt langer dan verwacht, want als gevolg van de oorlog is er nog steeds een tekort aan ijzer en dus is het wachten geblazen op de stalen steunbalken. Iets meer dan een jaar later staat het stoere, blokvormige bouwwerk er uiteindelijk toch en kan men aan de afwerking beginnen. Buiten de beloofde ontspanningsruimtes is er ook plaats voorzien voor een ruime keuken en een modern appartement voor een inwonende manager

Ongeveer 1950, Delhi. De Belgische Zaal.

www.belgianhall.ca

met zijn gezin. Eind 1947 kan de Belgische Club al vergaderen in zijn eigen royaal ruime clubhuis en gaan er al feesten in door, maar pas in 1948 wordt het robuuste gebouw officieel ingehuldigd. De eerste manager is Constant De Geyter (°1912, Erpe) en zijn vrouw Delphine DePauw (°1916, Vlierzele).

De Polen vinden een andere geschikte bouwplaats in Delhi voor hun clubhuis en ook de Hongaren bouwen hun eigen stek in het dorp. De drie zalen worden een jaar later overtroefd door de mooiere Duitse German Hall in nostalgische Zwarte Woudstijl. Delhi wordt nu echt het sociale centrum van de nieuwe tabaksstreek terwijl de stad Tillsonburg uitgroeit tot het commerciële centrum.

Het idee om een eigen feestzaal te hebben werkt aanstekelijk, want in Chatham, in Wallaceburg en in nog enkele andere plaatsen in Zuid-Ontario bouwen de Belgische gemeenschappen, soms in samenwerking met de Nederlanders, ook hun eigen oase in de smeltkroes van nationaliteiten.

Paul Mertens (Uit het boek *Wie gaat er mee naar Amerika?* van Callaert/Mertens)

In Wallaceburg komt het eerste initiatief voor een eigen clubhuis voor de Belgen en de Nederlanders er in 1947, maar het duurt nog tot maart 1951 eer men met de bouw ervan begint. Op 25 mei 1952 wordt de Canadian-Belgian-Dutch Club van Wallaceburg officieel geopend.

In Leamington en vooral in Windsor richten de Belgen zich zeer sterk op de Amerikaanse stad Detroit, net over de grens. Met de wagen ben je er immers zo, via een tunnel onder de Detroitrivier of via de Ambassadorbrug over die rivier. In Detroit is er een grote keuze aan Vlaamse cafés en verenigingen. Zo gaan Cyriel en Roger Robyn uit Leamington in de jaren veertig en vijftig naar Detroit om te boogschieten.

EEN SCHOT IN DE ROOS

De Belgische Club met zijn eigen Belgische Zaal is meteen een schot in de roos en wordt binnen de kortste keren een gigantisch succes. Niet honderden maar duizenden mensen uit de hele regio worden lid, zelfs vele niet-Belgen. Lidgeld betalen is een vereiste omdat de Belgische Club als een private club wordt beschouwd. Voor de niet-leden die er occasioneel iets komen drinken, moet steeds iemand die wel lid is, zijn handtekening plaatsen. Zo hoort het nu eenmaal om in orde te zijn met de Canadese wetgeving. De Belgische Zaal verkrijgt de nodige licenties om bier te mogen tappen. De uren waarop er alcohol mag worden geschonken, zijn strikt gereglementeerd: van 12 tot 18 u en van 20 tot 23.30 u met telkens nog een halfuurtje om het laatste glas rustig uit te drinken. Om middernacht gaat de zaak onherroepelijk dicht. De Britse stempel op het dagelijkse leven in Canada is ook hier zeer duidelijk te voelen. Maar het zouden geen Belgen zijn, moesten ze geen achterpoortje vinden om deze wet te omzeilen. Wie nog 'dorst' heeft na middernacht, trekt

Delhi. De wapenschilden van alle Belgische provincies aan de muur in de Schild en Vriend-bar van de Belgische Zaal.

L&R Christiaen (DePauw)

Delhi. Gezellig samenzijn in de Schild en Vriend-bar. Links de Belgische bakker Sylvere Van Gulck en zijn vrouw uit Straffordville (Ontario).

L&R Christiaen (DePauw)

naar een *bootleg*, een illegaal cafeetje. Er zijn er in Delhi een twintigtal, waaronder een aantal Belgische. Het zijn gewone huizen waar in een achterkamer of in de kelderverdieping illegaal bier en/of whisky wordt verkocht door de heer of vrouw des huizes. Als de politie hen betrapt, dan betekent dat niet alleen een fikse geldboete voor de 'uitbater', maar ook een boete voor de aanwezige klanten. Bij herhaling kan er voor de illegale cafébaas zelfs een gevangenisstraf op volgen. Maar... als de buren je tijdig waarschuwen, is alle geld en drank net op tijd verdwenen en vangt de politie bot.

De bar in de benedenverdieping van de Belgische Zaal krijgt de naam Schild en Vriend. Het is een grote, nogal donkere ruimte met kleine ramen die verborgen zitten achter dichtgetrokken, donkere overgordijnen. Het drinken van alcohol moet immers goed afgeschermd worden voor de mogelijke blikken van minderjarige voorbijgangers. Zo is Canada nu eenmaal. Deze bar met zijn lange toog, zijn biljarttafels, zijn dansvloer en de schilden van de negen Belgische provincies aan de muur, wordt voor de Belgische immigranten hun gezellige en gemoedelijke ontmoetingsplaats, waar er altijd wel iemand is die weet waar je werk kan vinden en waar de vele 'nieuwe' Belgen goede raad krijgen van de 'oude' Belgen. Hoewel... sommige 'nieuwe' Belgen hebben toch het gevoel dat degenen die het voor de oorlog en in veel moeilijkere omstandigheden in deze regio hebben gemaakt, nu een beetje op hen neerkijken.

WALSEN EN SWINGEN

Het hoogtepunt van de week is de zaterdagavond. Dan zit de Belgische Zaal afgeladen vol. De drukte begint al in de namiddag. Hele gezinnen komen van ver buiten Delhi naar deze Belgische oase, waar ze honderduit in hun eigen taal kunnen praten en lachen en waar ze volop kunnen kaarten, bollen, biljarten en vooral dansen, als welverdiende verpozing na een weeklang hard werken. George Pieters vertelt hierover:

> *'We woonden toen in Cultus, op 35 mijlen zuidwest van Delhi. Het mocht sneeuwen, het mocht onweren, het mocht gelijk welk weer zijn... elke zaterdag stapte ons hele gezin de auto in en reden we naar de Belgian Hall in Delhi.'*

In de namiddag is er al muziek en dansgelegenheid voor de jonge tieners, alcoholvrij weliswaar, want men mag pas alcohol drinken vanaf 21 jaar.

L&R Christiaen (DePauw)

Feestvierders in de Belgische Zaal. V.l.n.r. Joyce Duwyn (Mitchell), Delphine Duwyn (Boterberg) (achter hen Camiel en Victor Duwyn), onbekend, Constant De Geyter, Cesarinne DePauw (Boterberg) en Delphine De Geyter (DePauw).

’s Avonds kunnen de Belgen van alle leeftijden beneden uitbundig walsen, foxtrotten en polka dansen, terwijl de jeugd van alle nationaliteiten zich boven uitleeft op de swingende tonen van eigentijdse muziek. De Belgische Zaal is elke zaterdag barstensvol, er wordt ontzettend veel plezier gemaakt en het is de plaats waar vele romances beginnen. De band die er in de jaren vijftig vaak voor ongelooflijke ambiance zorgt, zijn de Skymasters. Aan het orgel Marcel Nolf, op accordeon Raymond Harelbeke, aan de drums afwisselend Rudy Vereecke en Joe Coucke en aan de xylofoon Laurent Van Puyenbroeck.

De Belgische Zaal is niet de enige plaats waar de Vlaamse jeugd zich kan uitleven op zaterdagavond. In de parochiezalen van Aylmer, Langton en Delhi, veilig onder de katholieke kerktorens, wordt ook duchtig gedanst, gevreeën en plezier gemaakt.

DE DAG VAN GOD

Op zondag is de Belgische Zaal gesloten omdat er volgens de Canadese wet op de ‘dag van God’ absoluut geen alcohol mag worden verkocht. Sport op zondag mag in Delhi wel vanaf april 1950, nadat de bevolking zich hierover positief heeft uitgesproken in een opiniepeiling.

’s Zondags gaan de Vlaamse immigranten dan maar bij elkaar thuis op bezoek om wat te babbelen en te kaarten… Dat is zowat het enige wat ze kunnen doen. De jeugd gaat ook bij elkaar thuis zitten om samen een pint te drinken. Bij sommige families is het echt een ‘zoete inval’, zoals bij het gezin De Volder in Tillsonburg.

Tijdens de zomermaanden trekt de jeugd naar het strand van Turkey Point aan het Eriemeer en rijden de Vlaamse gezinnen uit in hun glimmende nieuwe wagen met in de koffer de nodige spijs en drank.

TROUWFEESTEN EN TONEELOPVOERINGEN

De zeer ruime bovenzaal van de Belgian Hall is de ideale plaats voor grote, luisterrijke feesten. De Belgische trouwfeesten (en ook de Duitse), die mits een speciale vergunning tot twaalf à één uur 's nachts mogen duren, worden beroemd en berucht in de hele regio. Stel je voor: gemiddeld een vierhonderdtal genodigden en dat kan 's avonds oplopen tot zevenhonderd... en die krijgen allemaal te eten en te drinken. Wat moet dat kosten! De Canadezen kunnen het niet begrijpen. Deze legendarische trouwpartijen worden muzikaal omlijst door de Skymasters en de ceremoniemeester van dienst is vaak Marcel Lannoo, die samen met zijn vrouw Paula Vanlerberghe ook veel huwelijksmissen zingt.

Nu er zo'n grote zaal met een ruim podium voorhanden is, probeert Paula Kaes (DeVos) (°1904, Beveren-Roeselare) de Belgische toneelbond opnieuw leven in te blazen en dat schijnt haar ook te lukken in het begin van jaren vijftig. Zij en haar man Omer Eugeen Kaes (°1898) waren er al bij toen de Belgen hun eerste toneelopvoeringen gaven in 1934 in Delhi. Paula was hoedenmaakster in België. In Delhi exploiteert ze samen met haar man een chemische rei-

Delhi. De bovenzaal van de Belgian Hall. Het feest kan beginnen.

L&R Christiaen (DePauw)

nigingszaak, maar toneel is en blijft haar grote passie. Ze zoekt geschikte stukken uit om op te voeren, ze regisseert de acteurs (onder meer Gerard Vanden Bussche, Madeleine Van Londersele en haar man, Medard Van De Walle en zijn vrouw), ze is zelf een gedreven actrice en ze ontwerpt en naait alle kostuums voor de toneelopvoeringen. Maar na een vijftal jaren krijgt ze niet meer de nodige mensen bij elkaar. Haar zoon Henry Kaes (°1929) vertelt hierover:

> *'Elke week repeteren, een rol van buiten leren... het vraagt allemaal veel tijd. De mensen waren er niet meer in geïnteresseerd. Uiteindelijk overtuigde ze ook mij om mee te spelen, terwijl ik er niet zoveel zin in had, en zelfs mijn vrouw, die Tjecho-Slowaakse is. Kun je je dat instuderen van die Nederlandstalige rol voorstellen?'*

Uiteindelijk valt het doek voorgoed voor de Belgian Dramatic Club rond 1960. En dat lot is ook de nostalgische Vlaamse zangavonden in de Belgische Zaal beschoren. De eerste jaren hebben die zangstonden veel succes, vooral bij de Belgen die al veel jaren in Canada wonen, maar jammer voor hen heeft de nieuwe generatie andere hits en is er weinig of geen interesse meer voor de eigen volksliederen.

EEN THUIS VOOR VLAAMSE VERENIGINGEN

Voor het Vlaamse verenigingsleven in de wijde omtrek rond Delhi is de Belgische Zaal een waar godsgeschenk.

De vele liefhebbers van boogschieten moesten het voordien stellen met een staande wip die Ward Deelen op zijn erf had gebouwd. Nu kunnen ze zomer en winter naar de wipschieting (liggende wip) in het ruime lokaal dat ze ter beschikking hebben gekregen in de benedenverdieping van de Belgische Zaal. De Delhi Archery Club (Delhi boogschuttersgilde) floreert en telt spoedig meer dan honderd leden. Ze organiseren ontmoetingen met de andere gilden uit Zuid-Ontario, zoals die van Wallaceburg en van Chatham, en ze gaan zelfs deelnemen aan wedstrijden tot in Detroit en Chicago, waar nog steeds Vlaamse verenigingen actief zijn. Jaarlijks houdt de club zijn eigen strijd voor de titel van 'Koning van het Jaar'.

De topschutters van die eerste jaren zijn:
Koning van 1948: Franssens Louis
Koning van 1949: Spietaels René
Koning van 1950: Saman August
Koning van 1951: Clapdorp René
Koning van 1952: DePoorter Remi

G&MA Pieters (Duwyn)

1952, Delhi. Remi DePoorter (in het midden) met zijn trofee van Koning van het Jaar van de Delhi Archery Club.

De vele verwoede kaarters onder de Vlamingen nestelen zich ook in de Belgische Zaal vanaf 1952. Hun club heet Delhi Belgian Card Club en hun voorzitter is negentien jaar lang Constant De Geyter. Nadien zal Henri Ghesquiere de fakkel overnemen.

Kampioenen van het eerste uur zijn:
1952-1953: Remi Vandamme
1953-1954: Charly Lesage
1954-1955: Gustaf Valcke
1955-1956: Louis Evens
1956-1957: Marcel Dekind

Vogelpikken is een typisch Vlaams caféamusement, maar toch wordt er vanaf de start van de Belgische Zaal gekozen voor het meer complexe, Engelse darts en er wordt een Delhi Belgian Dart Club opgericht. Ook dat wordt een groot succes.

Er wordt in de beginjaren van de Belgische Zaal nog veel gespeeld op de trogvormige bolbaan met de afgeplatte houten bollen, maar na de eerste verbouwing in 1958 wordt die baan vervangen door een hypermoderne bowling met zes banen. De houten 'kaasbollen' worden aan het Belgisch clubhuis in Chatham

The Canadian Tobacco Grower Magazine (www.annexweb.com)

Reclame voor de moderne bowlingbaan in de Belgische Zaal in het tijdschrift The Canadian Tobacco Grower *van oktober 1958.*

geschonken. (In Langton is al sinds de jaren veertig een bowlingteam dat in Tillsonburg speelt, met onder andere Henry Rigole als een van de spilfiguren.)

DE BELGIAN DAYS

Elk jaar, tijdens het weekend rond de 21ste juli, de Belgische nationale feestdag, richt de Belgische Club zijn *Belgian Days* (Belgische dagen) in. Dit is een beetje naar het voorbeeld van de toen al immens populaire jaarlijkse Vlaamse kermis in Langton, de *Belgian Fair*.

The Delhi News-Record, 23 juli 1948

LANGTON WEEKOVERZICHT

De Belgian Fair trekt honderden naar de wielerkoersen, het boogschieten en andere wedstrijden.

Er was een grote menigte aanwezig op de jaarlijkse Belgische kermis, de enige in zijn soort in Ontario, deze week op maandag en dinsdag.
Er was maar één ding dat dit jaarlijkse gebeuren verstoorde en dat was een stortbui dinsdagnamiddag. Maar hoe dan ook, alle evenementen die erdoor verhinderd waren, konden later op de dag doorgaan. Er waren attracties voor de kleinsten en drankstalletjes voor iedereen. Ook een aantal firma's en handelaars maakten van de gelegenheid gebruik om hun producten voor te stellen tijdens de kermis.
Een hoogtepunt was de schoonheidswedstrijd die werd georganiseerd. Mejuffer Angela Philips uit Langton werd tot Kermiskoningin gekroond. Haar mededingers voor de titel waren Agnes Coppens uit Cultus en Margaret Lierman uit South Middleton. Er was zeer veel belangstelling voor deze wedstrijd.

Een ander hoogtepunt van de kermis waren de wielerwedstrijden die op beide dagen werden gereden. Toprenners uit de Verenigde Staten en uit Canada, waarvan velen zullen deelnemen aan de Olympische Spelen dit jaar, waren van de partij. De jonge Pat Murphy, een student aan de middelbare school in Delhi, liet een paar uitzonderlijke staaltjes van puike wielrennerij zien in zijn strijd tegen de meer ervaren renners. Ook Delhi's Joe DeMaeyer stelde zijn vele supporters niet teleur. Hij won de belangrijkste wedstrijd, de 20 mijl open. *[...]*

Een nieuwe attractie dit jaar waren de boogschutterswedstrijden. De prijzen voor het tornooi van maandag werden geschonken door Achiel Verkeyn uit Detroit en Arthur Lierman, verzekeringsagent uit South Middleton. De prijzen op dinsdag werden gechonken door mevrouw Verkeyn uit Detroit en de Norfolk Oil Company uit Delhi. *[...]*

Onze nationale feestdag valt ideaal voor de tabakstelers omdat het oogstseizoen dan nog net niet is begonnen. Op de *Belgian Days* kunnen ze nog een keer uitbundig uit de bol gaan en alle remmen loslaten vooraleer het wekenlange, onafgebroken harde labeur begint.

Tijdens dat feestweekend is er heel wat te doen in en rond de Belgische Zaal. Binnen worden er aan de lopende band frieten en hamburgers gebakken en buiten staat een echt oliebollenkraam. Het hoogtepunt van deze Belgische dagen is natuurlijk de wielerwedstrijd op zaterdag. De organisatoren weten elk jaar wel een paar zeer bekende renners uit Canada en de Verenigde Staten te strikken en de plaatselijke wielerhelden, zoals Smokey Joe DeMaeyer en later Pat Murphy, kunnen op een horde fervente supporters rekenen. Heel het centrum van Delhi wordt dan afgezet voor het verkeer en de toeschouwers staan vele rijen dik langs het hele parcours. Vanaf de laadbak van een vrachtwagen die bij de Belgische Zaal geparkeerd staat, laat de commentator van dienst zijn enthousiaste koersverslag over de menigte schallen.

HET BESTUUR

Alles wat in en rond de Belgische Zaal gebeurt, wordt besproken, beslist en geleid door het bestuur van de Belgische Club, dat elk jaar wordt herkozen. De zeven bestuursleden kiezen om de twee jaar een voorzitter. De eigenaars van de zaal zijn de vele aandeelhouders. Inkomsten komen vooral uit het verhuren van de grote zaal en van enkele kleinere lokalen.

De stichtende voorzitter is Gerard Vanden Bussche. Daarna neemt Julien Degrieck het roer over en een paar jaren later is Medard Van De Walle aan de beurt. Het voorzitterschap van de Belgische Club wisselt die eerste jaren voortdurend. Tijdens de vergaderingen wordt er aanvankelijk Nederlands gesproken, maar vanaf het begin van de jaren zestig schakelt men over op Engels.

1953. De Delhi Archery Club. ***Voorste rij*** *(v.l.n.r.): René De Koninck, August Rosehart, René De Baene.* ***Tweede rij*** *(v.l.n.r.): Desiré De Dobbelaer, Godelieve Osaer (Sinnesael), Peter Mels, Frank Vanherstraeten, Joseph Van Osselaer, Frank Osear, Edward Pieters, August Saman, Leon Saman, Henry De Cook, René Spietaels.* ***Derde rij*** *(v.l.n.r.): Louis Franssens, Marcel Opdecam, Edmond Steels, Joseph Van Osselaer, Vic Osaer, Sylvien VanDamme, Jerome Van De Slyke, Morris Prinzie, Omer Vandendriessche, Philemon Schockaert.* ***Vierde rij*** *(v.l.n.r.): August Spietaels, Theo Van Gulck, Willy Verbuyst, John Pieters, Lucien Deelen, Lucien Pieters, Armand Clapdorp, Marcel Spietaels, Edward Verbuyst, Remi Myny, Leon DeMaeyer.* ***Vijfde rij*** *(v.l.n.r.): Alfons Evens, Maurice Vancompernolle, Joe Vandemaele, Joe DeMaeyer, Jules Van Snick, Jozef Van Gulck, Alfons Saman, Oscar Waeyaert, Jules Bolle, Alfons Callewaert.*

14. Duivensport en wielrennen

Na de oorlog opnieuw sport en spel

In de beginjaren van de Belgische Zaal krijgt ook de duivenbond van Delhi er onderdak, maar dat duurt niet lang, want er zijn veel meer tegenstanders dan voorstanders. Niet getreurd, de leden van de duivenbond vinden hiervoor een zeer praktische oplossing: er zal voortaan worden ingekorfd in de garage bij duivenmelker August Saman, die net achter de Belgische Zaal woont, zodat de bar voor het traditionele pintje en het bijbehorende commentaar toch niet veraf is.

ECHTE EN VALSE KAMPIOENEN

Bij de vele Vlamingen die na 1950 in de flue-cured-tabaksstreek in Zuid-Ontario neerstrijken, zijn heel wat rasechte duivenmelkers. Zij brengen een nieuw elan in de bestaande bescheiden duivenbonden van Delhi, Langton, Simcoe en Tillsonburg. Een van die nieuw aangekomen, ervaren duivenmelkers is Omer Vanhaverbeke (°1907) uit Torhout. Hij krijgt de kans om in 1952 de duiven over te nemen van een kennis die onverwachts is overleden en zo kan hij opnieuw beginnen te 'spelen'. Hij wordt lid van de Langton Farmers Homing Club, een florerende duivenbond die dan al ongeveer zestig leden telt. Inkorven gebeurt in de buurt van

Mei 1955. Duivenmelker August Saman uit Delhi met zijn kleindochter Marie Saman.

Canadian Tobacco Grower Magazine (www.annexweb.com)

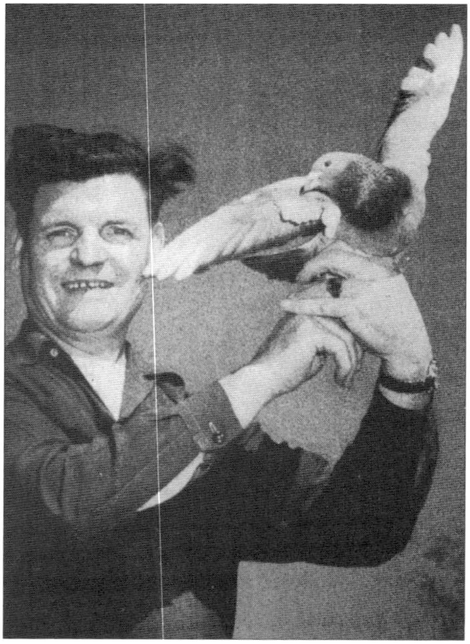

Canadian Tobacco Grower Magazine (www.annexweb.com)

Mei 1955. Maurice Prinzie uit Delhi, voorzitter van de Delhi Homing Pigeon Club, de duivenbond uit Delhi.

South Middleton, op de hoeve van tabaksboer Cyriel Vanderhaeghe, in zijn garage. Ze mogen er geen bier schenken, maar ze doen het toch. De 'goeie mannen' van die tijd zijn de Vanlouwes en de Vanderhaeghes, afkomstig uit de streek rond Langemark. Later wordt er ingekorfd bij Valere Spriet, ook een gereputeerd duivenmelker.

Omers oudste zoon Oswald (Ozzie) vertelt over zijn vaders hobby:

'In de winter van '54-'55 ging mijn vader voor het eerst terug naar België en hij kocht weer duiven bij de bekende namen: de gebroeders Janssens uit Arendonk en Valère De Smet uit Nokere. Die nieuwe aanwinst bracht hij dan over naar Canada. Dat heeft hij nadien nog veel keren gedaan. En zo kweekte hij dan zeer goeie duiven. Een keer was mijn ex-vrouw mee met hem. Toen ze terugvlogen, moest ze een paar [bebroede] *duiveneitjes in haar beha verstoppen, maar op het vliegtuig kwamen die eitjes uit. Daar zat mijn ex-vrouw met een paar onrustige duivenjongen tussen haar borsten. Toen ze thuiskwam, zei ze vastberaden: "Dat nooit meer!"'*

Ozzie Vanhaverbeke

Omer Vanhaverbeke.

Dat heen en weer reizen naar België en Nederland om er rasduiven te gaan kopen wordt heel veel gedaan, en gebeurt meestal volledig legaal. Voor afstammelingen van die duiven wordt veel geld neergeteld.

Natuurlijk zijn er ook de onvermijdelijke profiteurs, die compleet waardeloze duiven meebrengen uit België en ze dan in Zuid-Ontario verkopen als kampioenen.

Het aantal leden van de duivenbond in Langton stijgt voortdurend. De meesten van hen zijn tabakstelers, voor het overgrote deel Vlamingen, maar ook een paar Hongaren en enkele Nederlanders. Ze organiseren vluchten tot

Ozzie Vanhaverbeke en Roland Paret
Research bijschrift: Ozzie Vanhaverbeke en Roland Paret

1951. The Langton Farmers Homing Club, de duivenbond van Langton. ***Vooraan links****: Omer Vanhaverbeke.* ***Vooraan rechts****: onbekend.* ***Eerste rij*** *(v.l.n.r.): Jules Vanlouwe, Stan Vanlouwe, Martha Vanderhaeghe, Cyriel Vanderhaeghe, Jules Lierman, Speedy(?) Dewinne.* ***Tweede rij*** *(v.l.n.r.): ? De Leebeeck, Albert Vanderhaeghe, Maurice Demaiter, Cyriel Vanlandschoot, Arsène Demeester, Maurice Vancompernolle, Remi Vermeulen, Achiel 'Archie' Van Hooren.* ***Derde rij*** *(v.l.n.r.): Harry Vanlouwe, Jules Demeester, Jules Madou, Valere Spriet, Marcel Vanlauwe, Julien Demaiter, Arthur Phillips, Jerome Delaere.*

Montreal (620 km). Er wordt goed geld verdiend in de tabak en dus laten ze bij de inleg de dollars rollen. Iedereen geeft veel duiven mee en sommigen zetten zeer veel in op hun vermeende prijsbeesten.

EEN DEMONTEERBARE WIELERBAAN

Wielrennen is bij de Belgische immigranten in Zuid-Ontario na Wereldoorlog II nog altijd even populair als voordien. De wielersport begint er aan een tweede leven.

De profrenner Albert Coulier, die ondertussen getrouwd is met Irene D'Hulst en in LaSalette zijn eigen vervoerbedrijf met een vijftal vrachtwagens heeft opgericht, wordt nu promotor van wielerbaanwedstrijden. De allereerste wedstrijden die hij organiseert in Tillsonburg, lokken tweeduizend toeschouwers, maar hij droomt van meer.

In Delhi is er eind van de jaren veertig sprake van de bouw van een overdekte arena voor ijshockey, de sport nummer één in Canada. Albert tracht het organiserende comité te overtuigen om een iets grotere ijspiste aan te leggen dan de standaardafmetingen, omdat dit ideaal zou zijn voor de plannen die hij heeft getekend voor een demonteerbare houten wielerbaan. Hij weet ondertussen maar al te goed dat wedstrijden op een open velodroom veel te vaak moeten worden onderbroken, of zelfs worden afgelast, omwille van de regen. Bovendien kan een indoorwielerbaan de arena inkomsten bezorgen tijdens de zomermaanden, wanneer het ijshockeyseizoen stilligt. Het organiserende comité ziet daar wel iets in en gaat akkoord. Albert Coulier begint met beperkte middelen aan de constructie van zijn eerste demonteerbare velodroom, iets waarover hij nog steeds graag vertelt:

> *'Ik kocht het nodige staal zo goedkoop mogelijk in Toronto, want ik wist niet of het wel zou werken. Het was slechts een idee. Om te besparen op de prijs van het hout, kocht ik de bomen van het erf van een Belgische boer in Byron, dicht bij London* [Ontario]. *Het was goede, harde eik. Ik zaagde al die bomen in lange blokken om planken uit te laten zagen. Ik had mijn eigen vervoerbedrijf toen*

en ik liet die vrachtwagens de blokken naar de zagerij en drogerij in Tillsonburg brengen. En dan was er het timmeren en het monteren. In die tijd moest men nog werken van zeven uur 's morgens tot zes uur 's avonds. Als de vrachtwagens al eens vroeger binnenreden, om drie of vier uur, dan liet ik die chauffeurs verder timmeren aan de piste.'

In de lente van 1948 is Alberts wielerbaan klaar en wordt ze voor het eerst opgesteld voor gebruik in een van de jaarbeurshallen van Simcoe. Van daar reist de wielerbaan, netjes gedemonteerd als een circustent, per trein naar Shawinigen Falls in Quebec en daarna komt ze definitief terug naar de gloednieuwe arena in Delhi in 1950.

Albert Coulier

Zesdaagse in de arena van Delhi in de jaren vijftig.

'We konden die wielerbaan opbouwen met vier mensen. In vier uur tijd stond de basis er al. En we konden ze hoger en lager zetten, breder en smaller. Het ging perfect om ze in te passen in de arena van Delhi.'

De volgende jaren organiseert Albert in die arena elke zaterdagavond wielerwedstrijden tijdens de lente, de vroege zomer en de herfst, en dit met renners uit Milwaukee, Chicago, Montreal... Bovendien coacht hij ook zelf jonge renners, zoals Pat Murphy uit LaSalette, de plaatselijke wielergod uit die jaren, en hij komt op voor hun rechten.

Albert Coulier

Bloemen voor de winnaars is een Europese gewoonte die zesdaagseorganisator Albert Coulier (uiterst rechts) ook in Canada in ere houdt. De bloemenmeisjes zijn beginnende actrices, die wat graag de ruikers komen overhandigen aan de wielrenners.

Een sportjournalist van de *London Free Press* is vol lof over Albert en schrijft in mei 1957:

> We houden van Alberts initiatief en al wat hij doet voor de amateurwielrenners en we bewonderen en benijden Delhi voor de speciale attractie die het dorp zomaar in zijn achtertuin heeft.

Albert Coulier bouwt later nog veel demonteerbare wielerbanen voor steden in Canada en in de Verenigde Staten, samen met zijn zoons Ron en Bob Schelstraete onder de firmanaam Apollo Velodrome Systems Inc. Hun koninginnenstuk wordt de Olympische Velodroom in Montreal, die in 1976 dienstdoet tijdens de Olympische Spelen.

Albert Coulier

1973. Delhi-arena.

SMOKEY JOE

Die andere, vijf jaar jongere wielerheld uit de vooroorlogse jaren in tabaksland, Joe DeMaeyer, beleeft na 1945 zijn gloriejaren. Op de piste is hij vooral een crack in de madison (koppelkoers), maar wielerwedstrijden op de weg zijn echt zijn ding. Hij combineert het koersen met een job als vrachtwagenchauffeur én werk in de tabak. Dat gaat hem nog goed af ook, want hij is enorm sterk en taai.

In april 2006, zes maanden voor zijn dood, vertelt hij me nog heel gedreven over die tijd:

'Het liefst reed ik in barslecht weer. Hoe slechter het weer, hoe beter voor mij. En ik probeerde altijd alleen weg te geraken, want ik was geen sprinter. In Hamilton was er elk jaar een wegwedstrijd in maart. Het kon nog bitter koud en vreselijk slecht weer zijn, maar ik reed mee, vele jaren na elkaar. Ik had ook een bijnaam: Smokey Joe, omdat ik in de tabaksstreek woonde en zelf nog tabak heb verbouwd. Gek eigenlijk, want ik heb zelf nooit gerookt...'

Later wordt Joe DeMaeyer coach van de wielerploeg van Ontario, hij begeleidt jarenlang mindervalide jongeren voor het wielrennen tijdens de Paralympics en hij is vele jaren koerscommissaris tijdens wielerwedstrijden op de weg in Ontario. In 1982 beloont de provincie Ontario hem voor zijn jarenlange inzet voor de ontwikkeling van de wielersport in de provincie met een *Special Achievement Award.*

Erna DeMaeyer (Vanhaverbeke)

Joe DeMaeyer op de wielerbaan (vooraan).

15. Eerlijk duurt het langst

De oprichting van de Ontario Flue-Cured Tobacco Growers' Marketing Board

De flue-cured-tabakstelers in Zuid-Ontario doen hun uiterste best om een hoog kwalitatief product af te leveren, maar hiervoor ook een fatsoenlijke prijs krijgen, dat lijkt een strijd van David tegen Goliath.

Tijdens de naoorlogse jaren wordt de prijs voor de flue-cured tabak nog steeds jaarlijks vastgelegd door de in 1936 opgerichte Flue-Cured Tobacco Marketing Association of Ontario met zetel in Simcoe. Deze vereniging functioneert onder de brede mantel van de *Companies Act*. In die raad zetelen zowel eigenaars van tabaksbedrijven als vertegenwoordigers van de tabaksverwerkende fabrieken. Maar in de praktijk wordt eigenlijk met die richtprijs al lang geen rekening meer gehouden. Er zijn ontzettend veel misbruiken en de macht van de tabaksbedrijven binnen dit comité is te groot. De situatie in de jaren vijftig is immers totaal anders dan in 1934. Toen waren er voornamelijk de tabaksverwerkende bedrijven en de kapitaalkrachtige eigenaars die een reeks tabakshoeves bezaten die door sharegrowers werden gerund. Er waren toen slechts sporadisch tabakstelers die zich al hadden opgewerkt van sharegrower tot eigenaar. Tabaksbedrijven kwamen altijd goed overeen met de commerciële groepen en kapitalisten die de vele tabaksbedrijven in bezit hadden. Maar nu zijn er al die kleine Belgen, Nederlanders, Polen, Hongaren en Duitsers die zelf eigenaar zijn geworden en hun zegje en hun rechten opeisen.

OP DE ZWARTE LIJST

Palmira Murphy (Vanden Bussche), dochter van Gerard Vanden Bussche, vertelt hierover:

'In 1938 werd mijn vader benaderd door die Marketing Board in Simcoe om de Belgische tabaksboeren in die raad te vertegenwoordigen en hij ging naar een vergadering. Toen ze suggereerden dat de rechten om tabak te verbouwen eigenlijk alleen maar aan de eerste kolonisten toebehoorden en ze hem daarbij ook susten met "Maar nu ben je een van de onzen en wij zullen voortaan voor je zorgen!", vertelde mijn vader hun wat zijn mening was en waarvoor hij stond, en toen verliet hij boos en ontgoocheld de vergadering. Dat heeft mijn vader achteraf geweten! Hij kwam acht jaar lang op hun "zwarte lijst" te staan en hij kreeg de rechten niet meer om voldoende tabak te verbouwen. Dat waren moeilijke jaren voor hem. Mijn vader had heel wat Belgen geholpen om hun eigen hoeve te kopen. Borg voor hen getekend bij de bank en zo. Wel, de jaren dat hij op de zwarte lijst stond, hebben deze mensen hem erdoor geholpen.'

Palmira Murphy (Vanden Bussche)

1953. Het gezin van Gerard Vanden Bussche en Fientje Vanden Bussche (Adam). Staand v.l.n.r.: Glenda, Palmira, Roger, Gabriella, Danny. Zittend v.l.n.r.: Fientje met Johnny en Gerard met Ronny.

WANTOESTANDEN

Het is de gewoonte dat de opkopers van de tabaksfabrieken zelf naar de hoeves gaan om ter plekke in de schuur de kwaliteit van de oogst te bekijken en al dan niet een bod te doen voor het hele pakket (*barn buying system*). Zelf ontvangen die opkopers maar een karig loontje, waardoor de verleiding zeer groot is om op een andere manier voor het beleg op hun dagelijkse brood te zorgen. En ook hun bazen zeggen niet nee tegen de vele geschenken die ze aangeboden krijgen. Het gaat van flessen whisky en een kerstkalkoen tot en met een half rund. Opkopers van verschillende bedrijven maken onderling afspraken om de geboden prijs extra laag te houden. Er zijn er die in de lente meststoffen verkopen en wie niet bij hen heeft gekocht, moet ook niet op een goede prijs voor zijn tabak rekenen. Die opkopers hebben veel macht en er zijn er zelfs die hiervan profiteren om ook op seksueel gebied wat extraatjes te versieren. Een goede prijs voor al de flue-cured tabak in de schuur voor een nachtje slapen met de boerin. Er zijn ondernemende vrouwtjes die zo een meer dan behoorlijke prijs loskrijgen. Hierover doen veel sappige roddels de ronde. Gabrielle Devlamynck (Lisabeth) hoort ze van haar schoonmoeder.

> *'Ik dacht altijd: och, dat is allemaal achterklap. Tot op een dag een opkoper naar onze tabak kwam kijken en van een moment dat Florent in huis was, profiteerde om heel dicht tegen me aan te komen zitten en met een fluisterstem te vragen: "Wil je een goede prijs?" Ik schrok me een ongeluk. Toen Florent terug de schuur in kwam, heb ik hem meteen gezegd: "Verkoop niét aan die kerel!"'*

Het resultaat van al die wantoestanden is dat voor minderwaardige tabak soms meer wordt betaald dan voor tabak van goede kwaliteit. In het midden van de jaren vijftig loopt het echt de spuigaten uit.

Een van de prominente figuren van de Flue-Cured Tobacco Marketing Association of Ontario is de multimiljonair Francis Gregory, eigenaar van vele tabakshoeves die door sharegrowers worden uitgebaat. Hij heeft zijn werk bij de Imperial Tobacco Company Limited in Leamington in 1932 opgegeven om zich volledig te wijden aan het beheer van zijn tabakshoeves, maar hij bleef wel een belangrijke aandeelhouder. Hij is al sinds de start bestuurslid van de vereniging en sinds 1948 is hij er voorzitter van (met een onderbreking in 1953-1954). Hij is een voorzitter met tirannieke trekjes, die halsstarrig elke vorm van samenwerking met het ministerie van Landbouw van Ontario weigert of ook maar de geringste controle door hen. In theorie behoort hij als eigenaar van tabakshoeves tot het kamp van de tabaksboeren. Maar ook al verzorgt hij zijn eigendommen prima en is hij een goede baas voor zijn vele sharegrowers, toch is het onwaarschijnlijk dat hem nog niets ter ore is gekomen van al die omkoperij en corrupte praktijken. De man maakt tegelijkertijd ook fortuin in de meststoffenbusiness en in de vastgoedsector, wat de verwijten van de tabakstelers dat hij hun belangen niet echt verdedigt, een grond van waarheid geeft.

IN HET GROOTSTE GEHEIM

Ondertussen beginnen tabaksboeren die te eerlijk zijn om mee te doen aan die wanpraktijken, regelmatig samen te komen om zich te beraden over dit corruptieprobleem en om een mogelijkheid te zoeken om onder de hoede van het ministerie van Landbouw te kunnen functioneren. In 1951 was er al eens een poging gedaan, maar die was mislukt. Nu is de situatie veel prangender. Er zijn een driehonderdtal, sommige bronnen gewagen zelfs van ongeveer vijfhonderd, bittergestemde tabakstelers die op de zwarte lijst van de vereniging in Simcoe zijn terechtgekomen en die hun tabak enkel nog maar aan zeer lage prijzen via omwegen kunnen kwijtraken.

Een aantal gemotiveerde, strijdlustige tabakstelers vormt in het allergrootste geheim in november 1956 een Voorlopig Comité. De voorzitter is sharegrower Marcel Renneboog, secretaris is Ted Raytrowsky, ondervoorzitters zijn Bert Van Loon en Alex Dobias. Onder de bestuursleden zijn Gerard Vanden Bussche, Michael (Mike) Demaiter en René Strobbe. Dit Voorlopig Comité trekt, samen met de Nederlands-Canadese pastoor Uyen van Delhi, met zijn grieven naar premier Frost van Ontario en die geeft hun de raad: 'Als je iets wilt veranderd zien, maak dan een plan op over hoe je dit zult veranderen, welk verkoopsysteem je wilt invoeren enzovoort.' De premier staat volledig aan hun kant, want hij heeft al het een en ander opgevangen van wat er gaande is. Ze maken concrete plannen voor een nieuwe verkoopscommissie van enkel en alleen tabakstelers. Het Voorlopig Comité belegt een grote meeting in de Belgische Zaal, maar de mannetjes van de tabaksfabrieken zijn er ook om te luistervinken. Het Voorlopig Comité slaat een aanbod af om samen te werken met de vakbond van de landbouwers van Ontario, maar het voorstel om samen te werken met de Federatie van Landbouw nemen ze graag aan.

De tabaksfabrieken, samen met de raad in Simcoe, proberen zoveel mogelijk deze mannen het leven zuur te maken. Ze strooien bij de anderen angst en verwarring rond door uitspraken te verdraaien, halve waarheden te vertellen en zelfs chantage te gebruiken. Heel wat Vlaams-Canadese flue-cured-tabakstelers zijn bang en zeggen: 'Het Voorlopig Comité gaat zijn plannen nooit kunnen realiseren. Dat is te hoog gegrepen. En wat als we hun kant kiezen en hun hele opzet mislukt? Waar staan we dan? Dan komen we ook op de zwarte lijst van de tabaksfabrikanten te staan.' Die angst en die twijfel zijn te begrijpen. In België bezaten ze weinig of niets, nu hebben ze eindelijk iets bereikt en dat willen ze niet op het spel zetten.

21 MEI 1957

Met de ruggensteun van premier Leslie Frost van Ontario en de minister van Landbouw gaat het uitwerken van een totaal nieuw verkoopsysteem goed vooruit. Op 21 mei 1957 kunnen ze uiteindelijk een stemming organiseren over de oprichting van een vereniging van enkel tabaksboeren, die de productie en de verkoop van de flue-cured tabak voortaan zelf regelt, dit onder de beschermende vleugels van de Ontario Farm Products Marketing Commission. Ze proberen hun plannen zo goed mogelijk uit te leggen tijdens de vele samenkomsten in alle districten van de oude en de nieuwe tabaksstreek en ook via radiopropaganda en advertenties in de kranten, die ze meestal volledig uit eigen zak betalen.

De vereniging van Francis Gregory in Simcoe blijft tot de laatste dag met pamfletten, radioberichten en grote spotprenten in de kranten de tabakstelers bang maken voor de, volgens hen, catastrofale gevolgen van een ja-stem voor

Ontario Flue-Cured Tobacco Growers' Marketing Board – Uit: *Tobacco Board 40th anniversary Special Edition 1997*

1957. Advertentie van de Flue-Cured Tobacco Marketing Association of Ontario. (Ed Murrow overigens is een beroemde en kritische radiostem en tv-figuur bij CBS.)

het nieuwe systeem. Ondertussen zijn de drie vertegenwoordigers van de tabaksboeren in die raad in Simcoe al lang overgelopen naar het Voorlopig Comité.

Canadian Tobacco Grower Magazine (www.annex.com)

Tabaksboer Isidoor Verspeeten uit Delhi brengt zijn stem uit op 21 mei 1957, onder het wakende oog van officiële vertegenwoordigers van het ministerie van Landbouw.

Florent Devlamynck vertelt over die historische 21ste mei:

> *'Alle tabaksboeren die ik kende, stemden voor het nieuwe systeem. Er gebeurde te veel onder tafel. Iedereen was dat gedoe met die opkopers zo beu. We vonden allemaal het nieuwe verkoopsysteem heel fair omdat niemand zou weten wie de koper is van zijn tabak en omdat de kopers ook niet zouden weten van wie ze tabak hebben gekocht.'*

Het resultaat van de stemming op 21 mei 1957 is: 2116 jastemmen tegen 1055 neestemmen, met een opkomst van 92 procent van de stemgerechtigden. De Ontario Flue-Cured Tobacco Growers' Marketing Board (OFCTGMB) is een feit. Het liedje van de niet-gouvernementele vereniging van Francis Gregory in Simcoe is uitgezongen en daar is hij zeer bitter om. De dubieuze rol van de tabaksopkopers is eindelijk uitgespeeld. Er wordt gefeest in Delhi tot in de vroege uurtjes.

Marcel Renneboog (°1920), voorzitter van dat Voorlopig Comité, vertelt in een interview ter gelegenheid van de veertigste verjaardag van de OFCTGMB in 1997:

> *'We hadden toen niet eens de tijd om volop van onze overwinning te genieten. We moesten de verkoop van de tabaksoogst van '57 organiseren. Er moesten magazijnen worden gebouwd, er moest een nieuw veilingsysteem op poten worden gezet, er moest bekwaam personeel worden aangetrokken, onderhandeld worden met de banken... Er was zoveel te doen. We hadden de stemming gewonnen en we hadden het recht om met hetzelfde bestuur nog een jaar verder te doen, maar we kozen ervoor om het Voorlopig Comité te ontbinden en de tabaksboeren onmiddellijk zelf een nieuw bestuur te laten kiezen.'*

HOLLANDSE KLOK

De veertien districten van de verschillende tabaksstreken in Ontario mogen elk vier comitéleden en een bestuurslid kiezen. Een vijftiende bestuurslid wordt verkozen door de sharegrowers. Veel leden van het Voorlopig Comité worden herkozen, onder andere Jesse F. Gray uit Tillsonburg (geboren in West-Virginia, VS), die door de bestuursleden als eerste voorzitter wordt verkozen.

Vlaamse namen in die allereerste Ontario Flue-Cured Tobacco Growers' Marketing Board zijn:

René Strobbe – bestuurslid voor district 5 (Aylmer)
Gerard Vanden Bussche – bestuurslid voor het district 7 (Otterville/Delhi)
Michael Demaiter – bestuurslid voor district 9 (Tillsonburg)

Bert Van Loon – bestuurslid voor district 10 (Vittoria)
Henry Catry – bestuurslid voor district 11 (Delhi)
Marcel Renneboog uit LaSalette – vertegenwoordiger van de sharegrowers.

Onder de comitéleden van de verschillende districten voor het jaar 1957-1958 klinken Vlaamse namen zoals Joseph Staels (Bothwell), Camiel Maes (Mt Brydges), William Barbier (Aylmer), Raymond Vertente (Princeton), Georges Demeyere (Tillsonburg), Robert Causyn (Courtland), Leon Renneboog (St. Williams), Joseph Coeman (Vittoria), S. Demeester (Delhi), A.A. VanHee (Scotland), J.C. Cloet Jr. (Simcoe), Paul Van Londersele (Simcoe), Edward Sevier (Princeton), M. Beausaert (Alliston) en Jacob VanDam Sr. (Nestleton).

Elk flue-cured-tabaksbedrijf krijgt elk jaar een quota (een soort licentie om een zekere hoeveelheid tabak te mogen produceren) toegewezen op basis van de oppervlakte van de hoeve en de vroeger geproduceerde hoeveelheid tabak. Voor de werking van de vereniging staat elk lid een vast bedrag per verkochte pond tabak af. Dit als deelname in de kosten om de bouw en de werking van de magazijnen te financieren. Alle flue-cured tabak zal voortaan collectief worden verkocht in grote veilinghallen met het systeem van de Hollandse klok of *Dutch auction* (niet bij opbod maar bij afslag). De verkoper begint hier met een te hoge startprijs en laat de prijs door middel van de klok zakken totdat iemand zich akkoord verklaart met de prijs. Dit verkoopsysteem is overgewaaid uit Nederland, waar het al courant wordt gebruikt om kaas en bloemen te veilen. Waarom die keuze van verkoop bij afslag met een klok in plaats van verkoop bij opbod met een veilingmeester? Secretaris Ted Raytrowsky heeft hiervoor een kort maar krachtig antwoord: 'Een veilingmeester heeft zakken en kan worden omgekocht.'

De nieuwe beheerraad bouwt drie immense veilinghallen: één in Tillsonburg, één in Aylmer en één in Delhi. Het zijn de modernste in hun soort in de wereld. Ze zijn voorzien van goed verlichte toonzalen, magazijnen waar de temperatuur en de vochtigheidsgraad constant op peil worden gehouden en kantoren voor de aankopende firma's, en er kan tot een miljoen pond tabak per dag worden verkocht.

Canadian Tobacco Grower Magazine (www.annexweb.com)

De Hollandse klok.

Ontario Flue-Cured Tobacco Growers' Marketing Board

Delhi. Binnenaanzicht van de tabaksveilinghal.

Canadian Tobacco Grower Magazine (www.annexweb.com)

Anita Vanden Broeck uit Tillsonburg, Alice D'Haene uit Delhi en Dianne Coeman uit Vittoria (Ontario), drie bedienden van de Ontario Flue-Cured Tobacco Growers' Marketing Board, tijdens de feestelijkheden ter gelegenheid van de officiële opening van de drie nieuwe veilinghallen.

Delhi Tobacco Museum & Heritage Centre. Research bijschrift: Gaston Geysens

Tillsonburg. De tabaksfabriek Norfolk Leaf Tobacco Co. Ltd.,
later Canadian Leaf Tobacco Co. Ltd.,
een van de vele tabaksfabrieken in Norfolk County in de jaren zestig.

Zijsprong:
De Canadese vlag en grondwet

In het voorjaar van 1964, drie jaar voor het honderdjarige bestaan van het Dominion Canada, kondigt de liberale eerste minister Lester B. Pearson aan dat zijn regering een nieuwe en zeer kenmerkende vlag wenst voor Canada, als symbool van de eigen identiteit van het land. Eentje zonder tekens van het Britse imperium en van hun koloniale verleden. Als vlag voor Canada worden nu immers de Britse vlag (Union Jack) of het Canadees Rood Vaandel (rode vlag met hierop in de linkerbovenhoek de Union Jack en rechts het blazoen van Canada) gebruikt. Dit voornemen ontketent een storm van verontwaardiging en protest bij de monarchisten van de oude stempel in de Conservatieve Partij. Het idee is nochtans niet nieuw. In 1925 richtte eerste minister Mackenzie King hiervoor al (tevergeefs) een comité op en hij ondernam nog een poging in 1946, net voor het van kracht gaan van de *Citizen Act* (burgerschapwet), waardoor de inwoners van Canada op de eerste plaats staatsburgers van Canada zijn en pas op de tweede plaats Britse onderdanen.

Er komt een speciaal comité dat zich over alle mogelijke voorstellen voor de nieuwe vlag zal buigen. Uiteindelijk weerhouden ze drie ontwerpen waaruit een historicus en een specialist in heraldiek een definitieve keuze moeten maken. Ondertussen blijven de verhitte discussies hierover aanslepen in het parlement tussen de Conservatieve partijleden, die hardnekkig blijven vasthouden aan de strakke banden met het Britse imperialisme, en de Liberalen, die meer lonken naar de Verenigde Staten en hun vrije handel.

Het voorstel van een gestileerd rood esdoornblad op een witte achtergrond tussen twee verticale rode stroken haalt het als mogelijke vlag van Canada, omdat rood en wit al sinds 1921 Canada's nationale kleuren zijn en omdat het esdoornblad voordien al vaak werd gebruikt als insigne, zoals voor de Canadese soldaten in beide wereldoorlogen.

In december vindt de premier het gebakkelei over al dan niet een nieuwe vlag welletjes en verplicht hij een stemming over het heikele onderwerp in het parlement. De woelige stemming, waarin de pro's het halen, eindigt met de Liberalen die het nationale volklied *O Canada* beginnen te zingen, en de Conservatieven die hierop luidkeels *God Save the Queen* inzetten.

Op 15 februari 1965 wordt de nieuwe Canadese vlag, de *Maple Leaf Flag*, voor het eerst gehesen op de Vredestoren van de parlementsgebouwen in Ottawa in aanwezigheid van eerste minister Lester B. Pearson, van de gouverneur-generaal (die de Britse koningin vertegenwoordigt) en van een duizendkoppige menigte. Hierbij zingt men het nationale volkslied *O Canada*, gevolgd door *God Save the Queen*. In zijn speech benadrukt de woordvoerder van de senaat dat deze nieuwe vlag het symbool is van de eenheid van de natie en dat het al de inwoners van Canada vertegenwoordigt zonder enig onderscheid tussen ras, taal, geloof of overtuiging.

EEN EIGEN GRONDWET

Canada krijgt in 1964 zijn eigen vlag, maar het land heeft dan nog steeds geen eigen grondwet. Het is nog altijd de *British North America Act*, opgesteld in

Martina De Ridder

De vlag van Canada.

1867 bij de oprichting van het Dominion Canada, die als grondwet voor de Canadese staat geldt. Als de regering iets wil veranderen aan die wet, dan moet die wijziging nog altijd eerst door Londen (VK) worden goedgekeurd. Eerste minister Lester B. Pearson wil ook hier verandering in brengen, maar dat lukt hem niet.

Het is uiteindelijk eerste minister Pierre Trudeau die achttien jaar later, na veel woelige parlementszittingen, de *Canadian Act* (Canadese grondwet) erdoor krijgt, waardoor Canada een volledig zelfstandig land wordt. Hij voegt aan die grondwet nog het belangrijke *Charter of Rights and Freedoms* (Charter van rechten en vrijheden) toe, waardoor rechten en vrijheden werden verankerd. Canada is en blijft nog wel een constitutioneel koninkrijk met de Britse koningin aan het hoofd, die in Canada vertegenwoordigd wordt door de gouverneur-generaal.

Martina De Ridder

De esdoorn.

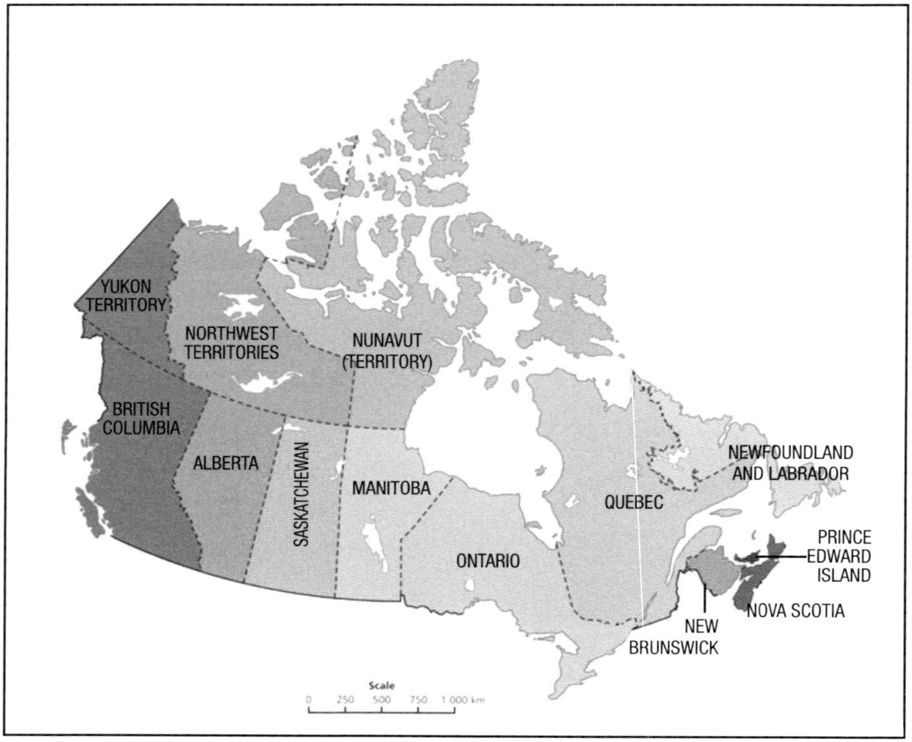

De huidige indeling van Canada in tien provincies en drie territoria.

16. De gloriejaren

Ook in de tabak golden sixties

Na 1960 emigreren er weinig of geen Belgen meer naar de flue-cured-tabaksstreek in Zuid-Ontario en dat heeft zo zijn redenen. Ten eerste gaat het goed in eigen land. Door de snel groeiende economische vooruitgang liggen heel wat kansen nu dichtbij voor het grijpen. Dus waarom zouden ze zo ver weg trekken? Ten tweede, en dat is toch wel de hoofdreden, voert de federale Canadese regering een drastische koerswijziging in haar immigratiepolitiek door. In 1962 wordt de notie 'bevoorrechte etnische groepen', waartoe de Belgen behoren, afgeschaft en wordt er voortaan voorrang gegeven aan mensen uit specifieke beroepsgroepen, die het land met hun kennis of hun kapitaal voordeel kunnen brengen. En landbouw staat al een poos niet meer boven aan de ladder in het snel industrialiserende Canada.

In datzelfde jaar maakt de regering ook een einde aan alle discriminerende immigratiequota's die door premier Mackenzie King in het leven waren geroepen. Deze nieuwe maatregelen openen de poorten van Canada voor Portugezen, Libanezen, Haïtianen, inwoners van de Caraïben, Zuid-Amerikanen, Zuidoost-Aziaten, Chinezen, Indiërs enzovoort.

Deze veranderingen in de immigratiepolitiek betekenen absoluut niet het einde van de emigratie van Belgen naar Canada. Die gaat nog altijd door, maar de eindbestemming is niet langer de landbouwregio. Belgische immigranten kiezen nu voor een baan in de secundaire of tertiaire sector in of rond een van de snelgroeiende steden, zoals Toronto, de hoofdstad van Ontario.

De hoofdzakelijk Franstalige provincie Quebec heeft altijd al een grote aantrekkingskracht uitgeoefend op de Franstalige Belgen. Als in het begin van de jaren zestig in die provincie de *Quiet Revolution* (stille revolutie) plaatsvindt, met een heropleving van zijn nationale trots, een vernieuwing van zijn publieke instellingen en de democratisering van zijn onderwijs met forse uitbreiding van het scholennet, passen veel Franstalige Belgische leerkrachten perfect in dit plaatje.

MEEST KWALITEITSVOLLE TABAK TER WERELD

Het aantal Belgische immigranten dat in de flue-cured-tabaksstreek van Zuid-Ontario woont, bedraagt in het midden van de jaren zestig ongeveer 17.000. Neemt men ook de suikerbietenstreek (Chatham-Kent) en het tabak-groenteteeltgebied (Essex County) erbij, dan loopt dat aantal op tot 35.000. De meesten hebben, elk op zijn manier, hun plekje weten te veroveren in de smeltkroes van etnische groepen, die de Zuid-Canadese tabaksstreek toch is, en ze genieten mee van de golden sixties die Canada, net als de hele westerse wereld trouwens, beleeft.

Rond de grotere steden in Zuid-Ontario ontstaan industriezones die snel uitbreiden. De multiculturele stad Toronto met zijn sterk aanzwellende voorsteden, op zowat 150 km van de tabaksstreek vandaan, is goed op weg om zowel qua bevolkingsaantal als qua economisch belang de stad Montreal te overtroeven en de grootste stad van Canada te worden.

De flue-cured-tabaksstreek van Zuid-Ontario is extra begenadigd door de successtory van de sigaret, die de vraag naar die lichte, goudgele sigarettentabak steeds maar doet stijgen. De tabakstelers slagen erin een product af te leveren dat al gauw de reputatie krijgt de meest kwaliteitsvolle tabak in de wereld te zijn. Ontario wordt dé provincie van de flue-cured tabak in Canada met 95 procent van alle productie. Het resterende 5 procent wordt geteeld in de provincie Quebec en in de maritieme provincies. De provincie Quebec blijft wel de streek bij uitstek van de zware pijptabak en de sigaren.

De Ontario Flue-Cured Tobacco Growers' Marketing Board, die in 1957 na een bewogen stemming werd opgericht, doet uitstekend werk en promoot intensief zijn hoog kwalitatieve product in het buitenland, zodat eind jaren zestig hun tabak al naar niet minder dan zevenendertig landen wordt uitgevoerd.

In die allereerste beheerraad van de OFCTGMB zit onder meer Georges Demeyere (°1930, Tillsonburg), zoon van Cyril Joseph Demeyere, afkomstig uit Kachtem. Deze zeer bekwame man zal bijna dertig jaar lang in het bestuur van dit comité zetelen en hij wordt veertien keer tot voorzitter gekozen voor de duur van een jaar. Hij onderneemt veel succesvolle internationale handelsmissies en wordt zowel gerespecteerd in binnen- als in buitenland.

Ontario Flue-Cured Tobacco Growers' Marketing Board

Voorzitter Georges Demeyere in het midden van de eretafel tijdens een feestvergadering van de Ontario Flue-Cured Tobacco Growers' Marketing Board.

DE HELE STREEK PROFITEERT MEE

In de jaren zestig zijn er ongeveer 4200 tabakshoeves in de flue-cured-tabaksstreek van Zuid-Ontario. Hiervan is ongeveer een derde in het bezit van Belgische families en dat zijn vaak de grootste en de welvarendste bedrijven. De andere tabakstelers zijn Hongaren, Duitsers, Polen en een handvol Canadezen en Nederlanders. De waarde van hun eigendommen schiet pijlsnel de hoogte in en bedraagt na een aantal jaren soms het tienvoudige van de aankoopprijs. Er worden tabakshoeves verkocht aan duizelingwekkende prijzen en speculanten doen gouden zaken.

Veel tabakstelers halen een jaarlijks inkomen dat een stuk hoger ligt dan de

R&R Robyn (Merckx)

Glen Meyer (Ontario). De tabakshoeve van de familie Robyn is een typische tabakshoeve uit de jaren zeventig, met één of twee serres, houten drooghuizen, enkele bulk kilns, één of meerdere schuren, waaronder de opslagschuur voor de gedroogde tabak, en een woonhuis (hier niet goed zichtbaar tussen de bomen).

verdiensten in de andere landbouwsectoren. In tegenstelling tot de krenterige beginjaren laten veel Belgische immigranten nu meer dan toen het geld rollen. Ze kopen de nieuwste pick-uptrucks, de modernste landbouwmachines, hun kinderen dragen mooie kleren en sommigen rijden vanaf hun zestiende in grote auto's naar school. Dat steekt natuurlijk de ogen uit van de doorsnee-Canadees en vormt een bron van afgunst voor sommigen.

Ook in tegenstelling tot de vooroorlogse generatie, toen de kinderen al zeer jong van school werden gehouden om op het eigen erf mee te werken, geven de naoorlogse Vlaams-Canadese tabakstelers hun zonen en dochters alle kansen om zich te ontplooien. Ze laten hen studeren aan middelbare scholen, hogescholen en universiteiten. Maar tijdens het drukke oogstseizoen moeten ze nog wel voor honderd procent meedraaien, iets wat de meesten ook graag en gretig doen.

Het groene goud brengt niet alleen voorspoed voor de tabakstelers, de hele regio vaart er wel bij. Er rijden opvallend veel glimmende, grote wagens rond in de streek en op zaterdagnamiddag is het een drukte van jewelste in de winkelstraat van Delhi en op Broadway in Tillsonburg. De zelfstandigen doen zeer goede zaken.

ULTRAMODERNE BEDRIJVEN

In de jaren zestig komen er machines op de markt die een deel van de handenarbeid in de tabaksvelden vervangen, zoals plukmachines, plantmachines... De nieuwe serres zijn uitgerust met allerlei moderne snufjes (Jacobs Greenhouse start met de verkoop ervan in 1964). Die automatisering kost handenvol geld, maar dat is geen probleem, want de banken staan altijd klaar om de tabakstelers de vereiste bedragen te lenen. Hun hoeves vormen immers een prima onderpand, dat voortdurend in waarde stijgt.

Vanaf 1967 doen de compacte drooghuizen (*bulk kilns*) hun intrede. Hierin hoeven de tabaksbladeren niet meer aan houten latten te worden opgebonden en hoog in het drooghuis te worden opgehangen, maar kunnen ze gewoon op manshoogte worden gestapeld op rekken of in bakken. Tabaksbladeren worden voor het eerst op commerciële schaal gedroogd in bulk kilns op de tabakshoeves van onder meer Gabriel DeMunck (Burford), George Moyaert (Delhi) en George Geurtjens (Vienna). Sommige tabakstelers kopen meteen drie of vier of nog meer van die bulk kilns tegelijk. Een enorme investering is dat, maar het kan. Wie wil er nu als jonge landbouwer niet graag een ultramodern bedrijf runnen?

En met deze nieuwe manier van drogen kan alles veel vlugger gaan. Er worden extra mensen aangetrokken om meteen nadat de eerste tabaksbladeren gedroogd zijn, al te beginnen met het sorteren en het verpakken. Dat kost wel meer aan mankracht, maar de klus is geklaard voor hartje winter eraan komt. En dat betekent een paar maanden extra vrije tijd, die zeer welkom is, voor een deugddoende vakantie in het warme Florida (VS) bijvoorbeeld. Laat het dan maar vriezen en sneeuwen in Zuid-Ontario. Deze jaarlijkse trek naar het warme Florida wordt in de jaren zestig zeer populair onder de Vlaams-Canadese tabakstelers. Gepensioneerden die er warmpjes inzitten, rekken hun verblijf in Florida soms tot zes maanden. En ook daar gaan ze weer allemaal gezellig dicht bij elkaar zitten in een caravanpark in West Palm Beach.

Ontario Flue-Cured Tobacco Growers' Marketing Board

Met de moderne plantmachines kunnen vier rijen jonge tabaksplantjes tegelijk worden uitgezet.

Ontario Flue-Cured Tobacco Growers' Marketing Board

Op de traditionele plukmachines kan men al zittend de rijpe tabaksbladeren plukken en verzamelen.

De moderne versie van de boot met de komst van de plukmachines. (Rosanne Devlamynck)

F&G Devlamynck (Lisabeth)

Ontario Flue-Cured Tobacco Growers' Marketing Board

De compacte bulk kilns vervangen de traditionele, hoge, houten drooghuizen.

DE VLAAMSE ONDERNEMERSGEEST

In de rand van de bloeiende tabaksindustrie is er plaats voor heel wat toeleveringsbedrijven. Een eigen zaak oprichten en uitbreiden tot een succesvol bedrijf door hard te werken en risico's te nemen, dat zit de Vlamingen (en dan vooral de West-Vlamingen) in het bloed en ja, ook Zuid-Ontario kan kennismaken met hun legendarische ondernemersgeest. Enkele van die bedrijven groeien zelfs uit tot zeer grote en gerenommeerde internationale firma's.

Ghesquiere Plant Farms Ltd.

Voor Herry Ghesquiere (°1929, Wervik) is het 'groene goud' niet de tabaksplant maar wel de aardbeiplant. Herry emigreert in 1954 naar de flue-cured-tabaksstreek in Zuid-Ontario. Eén ding staat vast voor hem: hij wil liever een kleine baas worden dan een grote knecht. Sharegrowing is dus niets voor hem. Om het nodige geld bij elkaar te krijgen om die droom te verwezenlijken werkt hij de eerste jaren op verscheidene boerderijen en gedurende de winter in een bakkerij in Toronto. Een paar jaar later trouwt hij met Jeannine Moerman (afkomstig uit Merkem) en kopen ze een hoeve met twintig hectare grond aan de *7th Line* in Simcoe. Aardbeien telen lijkt hun iets winstgevends, dus waarom dat niet proberen? En het lukt hun. Ze produceren twintig jaar lang aardbeien van zeer goede kwaliteit en ze breiden hun bedrijf flink uit. Tijdens de pluktijd huren ze Portugese immigranten in, soms wel 150 tegelijk.

Om de twee jaar moeten de aardbeiplanten vernieuwd worden en Herry vindt de kwaliteit van die aangekochte jonge planten maar povertjes. Dat kan ik beter! denkt hij en zo is hij geleidelijk aan overgeschakeld van de productie van het fruit naar de teelt van de plantjes en de export ervan naar alle hoeken van de wereld. In 2004 geeft hij het beheer van zijn bedrijf door aan zijn zoon Carl.

Verspeeten Cartage Ltd.

Archie Verspeeten is een zoon van Isidoor Verspeeten uit Vlierzele en Aimee Marie De Bock uit Burst, die in 1925 naar Essex (Ontario) in Canada emigreerden. Archie is hun eerste *Canadian born*. Hij groeit op in de flue-cured-tabaksstreek.

In 1951 trouwt Archie met Irene Clarysse en ze starten hun eigen tabakshoeve op in Delhi. In die jaren is er nood aan transportmiddelen om de tabak te vervoeren en Archie speelt daar handig op in. In 1953 koopt hij een vrachtwagen om tijdens de wintermaanden tabak te transporteren, maar hij vervoert ook allerlei andere vrachten. In 1954 volgt al een tweede vrachtwagen en in 1957 besluiten Archie en Irene om volledig over te schakelen van tabaksteelt op het uit de grond stampen van een transportbedrijf. De gloriejaren in de flue-cured-tabaksstreek betekenen ook voor hen een gouden tijd. Het is wel hard werken, soms dag en nacht, maar het loont enorm. Hun vijf zonen (Alan, Mark, Brian, Ron en Dennis) stappen één na één mee in het bedrijf. Vanaf de jaren zeventig specialiseren ze zich in het vervoer van auto-onderdelen voor General Motors, zowel in de VS als in Canada, en ook dat is weer een schot in de roos. Hun terrein in Delhi wordt te klein en ze verhuizen hun bedrijf naar Tillsonburg. Momenteel is de hoofdzetel van Verspeeten Cartage Ltd. in Ingersoll (Ontario) gevestigd en het bedrijf heeft terminals in Canada en de VS. Archie Verspeeten staat anno 2006 nog steeds aan het hoofd van zijn bedrijf, met zoon Ron als onderdirecteur.

DeCloet Limited

Gabriel en Daniel DeCloet zijn twee zonen uit het gezin van Omer en Maria DeCloet, dat in 1953 vanuit Aarsele naar de flue-cured-tabaksstreek emigreerde. Ze richten in 1966 in Delhi een bedrijfje op voor de distributie en dienst na verkoop van Volta-*tying machines* (machines om tabaksbladeren aan de sticks te 'naaien'). Later ontwerpen en produceren ze hun eigen tying machines. Broer Ben komt erbij in de zaak en ze breiden hun gamma uit naar alle machinerie die nodig is voor de tabaksteelt. Toppers van DeCloet Limited zijn in de jaren zeventig de compacte drooghuizen (bulk kilns) en in het begin van de jaren tachtig de mechanische plukmachines. De drie broers gaan joint ventures aan met andere bedrijven om ook serres en generators te kunnen verkopen en het bloeiende bedrijf gaat ook exporteren, voornamelijk naar de Verenigde Staten.

Na de flue-cured-tabakscrisis moet het bedrijf zwaar inkrimpen. Daniel en Ben verlaten de zaak om andere richtingen in te slaan, Gabe doet alleen verder. Hij focust op onderhoud van verkochte machines en op de export van machinerie naar Europa. DeCloet Limited bloeit weer op en in 2000 bouwt het bedrijf nieuwe productiehallen en bureaus in Tillsonburg.

Vanden Bussche Irrigation Ltd.

Gerard Vanden Bussche (°1902, Geluwe - †1986, Delhi) emigreert in 1926 naar Zuid-Ontario en is een van de pioniers in de flue-cured-tabaksteelt. Hij ziet in 1954 een markt voor het irrigatiesysteem dat hij gebruikt in de serres van zijn Klondyke Gardens in Grand Bend. Dat zou immers bijzonder nuttig kunnen zijn voor de tabakstelers tijdens hardnekkig droge periodes. Gerard vraagt een concessie aan en start Vanden Bussche Irrigation Ltd. op, samen met zijn zoon Roger. Ook dochter Palmira en haar echtgenoot Joe Murphy zitten een paar jaar mee in de zaak. Gerard trekt zich vrij vlug terug uit het bedrijf en zoon Roger neemt het roer over. Vanden Bussche Irrigation groeit uit tot een belangrijk toonaangevend irrigatiebedrijf in Noord-Amerika.

Marc Vanden Bussche, de huidige directeur, komt al op achttienjarige leeftijd in de zaak, na het plotse overlijden van zijn vader Roger op negenenveertigjarige leeftijd. In 1991 neemt hij de leiding en gaat hij volop internationaal. Zijn doel is het bedrijf doen uitgroeien tot dé leider in Noord-Amerika op het gebied van irrigatiesystemen. Het hoofdkwartier van Vanden Bussche Irrigation Limited is nog steeds in Delhi.

Uit de *Gazette van Detroit* (1954)

Spriet Associates

Andrew Spriet is een telg uit de wijdvertakte familie Spriet, die vanuit het West-Vlaamse Egem naar de Zuid-Canadese flue-cured-tabaksstreek is geëmigreerd. Andrew is een zoon van Leon Spriet en Renilde De Vos, die in 1928 België verlieten. Hij behaalt in 1957 een ingenieursdiploma aan de Queen's University in Kingston (Ontario) en richt in 1961 Spriet Associates op in London (Ontario). De zaak groeit uit tot een zeer gerenommeerd ingenieurs- en architectenbureau, dat zowel industriële en commerciële projecten uitvoert als stedelijke en provinciale opdrachten realiseert. Hun bureaus zijn gevestigd in hartje London en de stad neemt in 2002 Andrew Spriet op in zijn *London Business Hall of Fame.*

Michael DeGroote

Michael DeGroote (°1933) is een zoon van Medard DeGroote en Irma DeJaegher uit Aartrijke. Het gezin DeGroote emigreert in 1947 naar de Zuid-Canadese flue-cured-tabaksstreek en vestigt zich in Langton. De veertienjarige Michael begint meteen mee te werken met zijn ouders op de tabakshoeve. Op zijn achttiende koopt hij een tweedehandse legervrachtwagen en hiermee vervoert hij mest. Zo verdient hij genoeg geld om in 1959 het kleine vervoerbedrijf Laidlaw Trucking in Hagersville te kopen. Met zijn enorme feeling voor zakendoen bouwt hij dit bedrijf uit tot een belangrijk afvalverwerkend bedrijf en slaat hij ook andere richtingen in, zoals de constructie van de alom gekende schoolbussen. Hij bouwt een heus zakenimperium uit en wordt schatrijk. In 1988 verkoopt hij Laidlaw Inc., maar hij blijft bedrijvig in de zakenwereld.

Twee jaar later verhuist hij naar Bermuda, waar hij nog steeds woont. De McMaster University in Hamilton (Ontario) koestert deze man als geen ander, omdat hij hun in 2003 een schenking doet voor hun medische researchcentra van maar liefst 105 miljoen Canadese dollars.

Zijsprong:
The Canadian Tobacco Grower

In 1952 komt in Canada een tijdschrift op de markt dat zich specifiek richt tot de tabakstelers: *The Canadian Tobacco Grower*. Dit vaktijdschrift wordt uitgegeven door Cash Crop Farming Publications Ltd. uit Delhi en het verschijnt zesmaal per jaar. Het volgt het wel en wee van de tabakstelers op de voet, het zet sommige van hen extra in de kijker en het besteedt ook aandacht aan hun hobby's.

Joe DeMeester uit Delhi, René Strobbe en schoonzoon Arnold Van Heukelom uit Aylmer, Frank Terrebrood uit Windham Centre en vele anderen stellen trots hun moderne, goed renderende hoeve voor in dit blad en ze vertellen aan reporter Ted Crandon, onder het werken door – want gaan zitten voor een babbel in de loop van de dag, dat doe je niet – met hoe weinig ze begonnen zijn en wat ze al bereikt hebben. Fotograaf John Mesaros maakt ondertussen knappe foto's van hen. Duivenmelkers als Maurice (Morris) Prinzie en Leon Saman poseren fier voor zijn lens met hun topduiven.

Sommige Belgisch-Canadese tabakstelers duiken ook op in de advertenties, waar ze meststoffen en sigaretten aanprijzen.

The Canadian Tobacco Grower Magazine (www.annexweb.com)

De knappe zussen Jeannine en Jacquie DeVos poseren tussen tabaksplanten met bloem voor de voorpagina van The Canadian Tobacco Grower *van augustus 1957.*

The Canadian Tobacco Grower Magazine (www.annexweb.com)

Tabaksboer Gaston Cooreman uit Aylmer houdt het bij Rothmanssigaretten (advertentie uit The Canadian Tobacco Grower *van december 1958).*

17. Vlaamse schlagers en rock-'n-roll

Hoogtijdagen in de Belgian Hall en het Vlaamse radio-uurtje

Zowel de Duitse, de Poolse, de Hongaarse als de Belgische Zaal in Delhi beleven in de jaren zestig en zeventig hun hoogtijdagen omdat de meeste immigranten nog de behoefte voelen om tijdens het weekend samen te komen en zich te ontspannen in hun eigen vertrouwde taal.

Voor de Vlamingen is de bar van de Belgian Hall de Canadese versie van het gezellige, oeroude, Vlaamse café geworden, waar altijd wel iemand te vinden is voor een praatje bij een frisse pint.

L&R Christiaen (DePauw)

Zaterdagavond in de Belgische Zaal. Hier ontstaan veel romances die uitdraaien op een huwelijk met een grandioos feest in dezelfde zaal.

De moderne bowlingbaan kent veel succes en de kaartclub, de boogschuttersgilde en de dartsclub floreren en tellen elk meer dan honderd leden. De Belgische Club heeft er een vrouwelijke zijtak bij gekregen: de Ladies Auxiliary, met de bedoeling dat ook zij evenementen organiseren om de clubkas te spijzen.

Bij de boogschutters wordt er vanaf 1967 naast de titel van 'Koning van het Jaar' ook gestreden voor 'Koningin van het Jaar' en die eer valt Jacqueline Jacobs als eerste te beurt. Bogen en pijlen kunnen worden aangeschaft in London (Ontario), maar de mooie hoofdvogels die de club tijdens wedstrijden als trofeeën wegschenkt, worden besteld en gemaakt in Antwerpen. Er is altijd wel iemand die ze in zijn bagage naar Canada wil overbrengen.

Bob Sinnaeve

Delhi. Boogschieten in de Belgische Zaal.

EEN CANADEES KAMPIOEN

De Delhi Belgian Dart Club krijgt eind jaren zeventig een heuse kampioen onder zijn leden: Bob Sinnaeve (°1949), zoon van Urbain Sinnaeve en Agnes

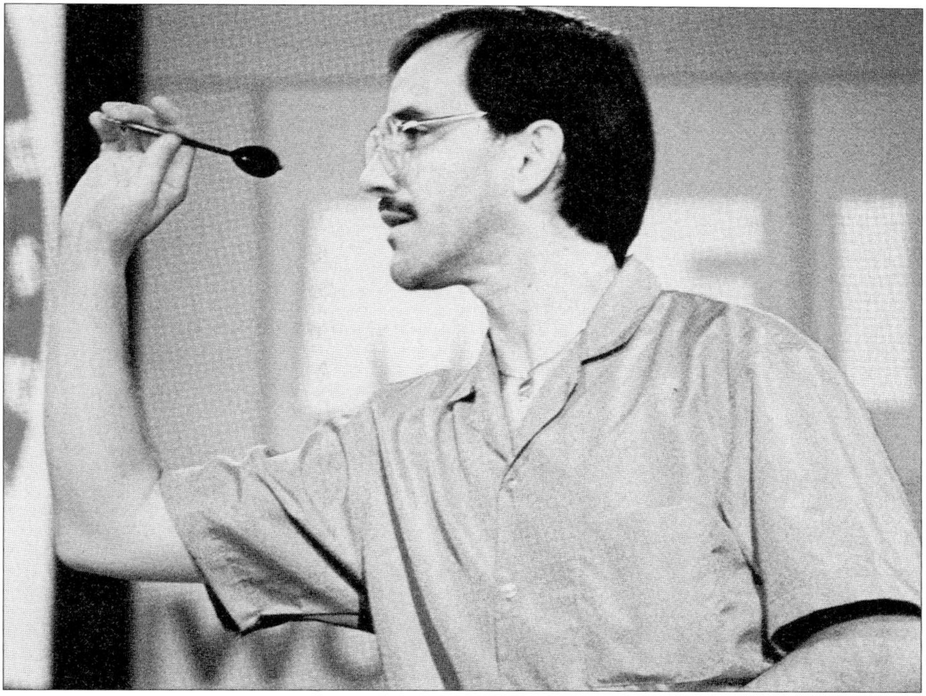

Bob Sinnaeve

Bob Sinnaeve uit Langton, vijfvoudig Canadees kampioen darts.

Willaert uit Langton. In 1973 overtuigt Bob Demeester zijn nichtje Judy Bacro en haar vriend (en toekomstige echtgenoot) Bob Sinnaeve om eens een partijtje darts te spelen in de Belgische Zaal, in plaats van altijd maar bowling te spelen. Bob en Judy krijgen de dartsmicrobe te pakken en Bob blijkt een natuurlijke aanleg te hebben voor het spel. Lucien Cattryse leert hem de knepen van het spel en vijf jaar later is Bob al kampioen van Ontario. Het jaar daarop wordt hij zelfs kampioen van Canada en vertegenwoordigt hij zijn land op de World Masters in Londen (VK), iets wat hij jaarlijks zal doen tot in 1991. Hij wordt vijfmaal kampioen van Canada en op een bepaald moment staat deze Vlaamse Canadees vierde op de wereldranglijst van dartsspelers.

ROCK-'N-ROLL

De dansavonden op zaterdagavond in de grote balzaal van de Belgian Hall worden in de jaren zestig enorm populair bij de jeugd tot ver buiten de grenzen van Norfolk County, en dat door de aanpak van Lou(is) Christiaen, die van 1962 tot 1977 manager is van de Belgische Zaal samen met zijn vrouw Raymonda DePauw. Lou is geboren in Rodney (Essex County), groeide op in Torhout en kwam terug naar Canada in 1948. Raymonda is geboren in Kingsville (Essex County) als dochter van John DePauw en Jeannette Van Belle, beiden afkomstig uit Vlierzele.

Lou(is) Christiaen (°1929) vertelt over die rock-'n-rolljaren van de Belgische Zaal:

> *'In het begin van de jaren zestig roerde er wat in de muziekwereld. Elvis Presley, rock-'n-roll... ik was zelf nog jong en ik hield er wel van. Ik nam toen een abonnement op het muziekblad* The Billboard *en zo was ik op de hoogte van de nieuwste trends. Af en toe nam ik contact op met een band of artiest om een optreden in de Belgische Zaal op zaterdagavond vast te leggen en dat viel in de smaak bij de jeugd. Dit bouwde ik geleidelijk op tot ik uiteindelijk kanjers als The Platters, Chubby Checker en zelfs Roy Orbison naar Delhi kon brengen. We werden de place to be voor de jeugd uit de hele regio.'*

Elke zaterdagavond is in de Belgische Zaal het gedreun van de zware klankinstallaties tot beneden in de bar te horen, wat daar aan de toog

Delhi. Manager Lou Christiaen verwelkomt de bekende Amerikaanse zanger Roy Orbison voor zijn optreden in de Belgische Zaal.

L&R Christiaen (DePauw)

L&R Christiaen (DePauw)

Eind jaren zestig, Delhi. Optreden van The Drifters in de Belgische Zaal.

meer dan eens reacties uitlokt in de trend van 'Dedj... wat hebben ze daarboven nu weer losgelaten!'

De keerzijde van de medaille is dat er tijdens die zaterdagavonden veel jonge mensen onder de 21 jaar in de zaal aanwezig zijn. Volgens de Canadese wet mogen die nog geen alcohol drinken, maar ze doen dat toch omdat een scherpe controle in zo'n massa volk haast ondoenbaar is. Als er dan op weg naar huis een zwaar verkeersongeluk gebeurt, dan wordt er met een beschuldigende vinger naar de Belgische Club gewezen.

De oudere generatie ziet deze invasie van moderne muziek in hun zaal niet graag gebeuren. Ze vinden dat hun Belgische Zaal op deze manier volledig zijn oorspronkelijke doel misloopt.

Lou Christiaen is manager van de Belgische Zaal tot in 1977. Nadien is het een komen en gaan van managers die allemaal maar voor korte tijd blijven, zoals Pinoy, Neville, Demaere... Uitzondering hierop is Mike Gruyaert, die in het midden van de jaren tachtig de Belgische Zaal draaiende houdt.

L&R Christiaen (DePauw)

1966, Delhi. Manager Lou Christiaen en alle obers van de Belgische Zaal, klaar voor de jaarlijkse oktoberbierfeesten. Tussen de obers: Cyriel DeGroote, Paul Huygebaert, ? Van Elslander, Peter Eeclo, Marsh Vandenbussche, Emiel DePauw, schoonzoon van Bill Handsaeme...

VLAAMSE ZANGERS TE GAST

In de jaren zestig en zeventig zijn ook Vlaamse artiesten te gast in de Belgische Zaal in Delhi. Tijdens die optredens zit de balzaal van de Belgian Hall afgeladen vol met Vlamingen van alle leeftijden, die er een geweldige avond beleven. De allereerste op hun podium is Will Ferdy. Later volgen Joe Harris, Willy Lustenhouwer, Joris Verlinde, Bob Verwilst, Roger Danneels en orkest en Eddy Wally. Meestal is hun optreden een deel van hun tournee langs Vlaamse centra in de Verenigde Staten en in Canada. Eddy Wally is zelfs twee keer te gast. Voor Joe Harris (echte naam Georges Lisabeth) is zijn optreden in Delhi in april 1979 meteen ook een gelegenheid om zijn ooms en tantes en zijn vele neven en nichten in de flue-cured-tabaksstreek te bezoeken.

L&R Christiaen (DePauw)

Delhi. In de keuken van de Belgische Zaal. V.l.n.r.: Bertha DePraetere, Mieke Waem, Heddy ? (stiefdochter van Paul Huygebaert) en Raymonda Christiaen (DePauw). Mieke Waem is de kok van dienst sinds het begin van de Belgische Zaal en dit tot in 1965. In 1968 verongelukt ze, net voor ze voor de eerste keer terug naar België zou reizen, iets waar ze zo naar uitkeek.

De contacten van de Belgische Club met hun ambassade in Ottawa en het consulaat in Toronto verlopen vele jaren heel vriendschappelijk. Er wordt druk heen en weer getelefoneerd om allerlei kleine en grote dingen te organiseren en te regelen. Ook de Belgische consul en latere ereconsul van Detroit (VS) René De Serranno (°1910, East Moline, maar familie afkomstig uit Tielt – †1983 Detroit) onderhoudt goede betrekkingen met de Belgische gemeenschap in Zuid-Ontario in de jaren zeventig en het begin van de jaren tachtig. Hij heeft er trouwens ook heel wat verre familie wonen.

NIEUWS EN MUZIEK UIT EIGEN LAND

Gelukkig is er voor de Belgische immigranten die niet van rock-'n-roll houden, het wekelijkse Vlaamse uurtje op radio CKOT. Dit priveradiostation uit Tillsonburg (mede gefinancierd door het meststoffenbedrijf van Mike Demaiter uit Delhi) programmeert sinds 1956 uitzendingen in de eigen taal voor de Hongaren, de Duitsers en de Belgen in de regio. *Vijftig minuten nieuws en muziek made in Flanders* gaat op maandag in de ether. Het tijdstip is zo gekozen dat de vele Vlaamse tabaksboeren maximaal kunnen luisteren: in de winter van twee tot drie in de namiddag, want dan zijn ze toch allemaal binnen tabak aan het sorteren, in de zomer van zeven tot acht 's avonds als iedereen klaar is met het werk buiten. Jaren later wordt de uitzending verplaatst naar zondagnamiddag. Het programma, gepresenteerd en samengesteld door de Bruggeling Luc Van Maele, wordt al gauw een enorm succes. Veel Vlamingen zitten tijdens die vijftig minuten zo dicht mogelijk bij hun radiotoestel om toch maar niets te missen van de Vlaamse en Nederlandse liedjes, de verzoekjes, de gelukwensen en het nieuws uit de Lage Landen.

Luc Van Maele vertelt over zijn begindagen bij Radio CKOT:

'Mijn eerste uitzending was op 11 maart 1957. Mijn voorgangers Marcel Lannoo en Urbain Platteau introduceerden me op de radio en voor de muziek waren we platen gaan lenen bij de familie Vanderhaeghe in Delhi. Marcel Lannoo had er mij voor gewaarschuwd: "Ge zult moeten rondrijden van de ene naar de andere om muziek te lenen!" En inderdaad, aan platen geraken was het grootste probleem, want wie had toen Vlaamse muziek in huis? Enkel de mensen die naar België geweest waren en platen hadden meegebracht. Dat waren toen nog van die 75-toerenplaten. Van die kanjers. Je laat dat vallen en het is voor altijd gedaan. In die eerste uitzending zaten liedjes van onder andere Max Van Praag en Jan Verbraeken. Die Jan Verbraeken was enorm populair bij onze Vlaamse mensen hier. Mooie stem, hij zong af en toe een beetje westernmuziek. Hij was echt dé man.'

STEUN VAN DE BELGISCHE RADIO

Luc leent platen bij de mensen tot hij in contact komt met de bekende accordeonist Roger Danneels uit Brugge, die tevens een muziekwinkel uitbaat. Hij bestelt voortaan zijn platen bij hem, per brief of per telefoon. Eerst zijn dat nog van die grote 75-toerenplaten en is er bij elke zending wel iets stuk, maar nadien komen de 45-toerenplaatjes op de markt en dat maakt het verzenden een stuk gemakkelijker.

Om de nieuwsberichten voor zijn programma samen te stellen luistert Luc op de korte golf naar radio Hilversum en ook naar een programma van de Belgische radio voor Vlamingen in het buitenland, gepresenteerd door een zekere Lode Leo Rommens. Hij neemt contact op met die presentator en hij krijgt een brief terug van de Belgische radio (toen nog NIR). 'Meneer Van Maele, wij kunnen u helpen met uw programma.' Dat laat Luc zich geen twee keer zeggen. Hij komt samen met zijn vrouw naar België en wordt in het omroepgebouw aan het Eugène Flageyplein in Elsene ontvangen door de grote baas van toen, Jan Boon. Luc mag er voor zijn radioprogramma platen kiezen in de discotheek en later krijgt hij nog regelmatig muziek toegestuurd, vooral bandopnames. Eerst van die hele grote banden, nadien een beetje kleiner en uiteindelijk zijn het cassettes. Het materiaal is niet allemaal even bruikbaar voor zijn Vlaamse uurtje, maar er zit ook muziek bij die hijzelf fantastisch vindt: jazz!

MUZIKALE ONTVANGST IN BELGIË

Ondertussen heeft Luc in 1961, samen met zijn vrouw Nicole Vernackt, een eigen reisbureau opgericht in Tillsonburg. Het is net de beginfase van de luchtvaart. Eerst zijn het nog vluchten met DC7's, maar dan komen de jets. Luc en Nicole organiseren chartervluchten vanuit Toronto naar Brussel voor de vele Belgische immigranten uit de flue-cured-tabaksstreek, terwijl ze ook proberen om voet aan wal te krijgen in de Canadese reismarkt. Iets wat niet gemakkelijk is, want als 'vreemdeling' het vertrouwen winnen van de Canadezen is een zeer langzaam proces.

Lode Rommens weet dat Luc vaak charters inlegt voor de Belgische immigranten uit Zuid-Ontario en hij stelt voor om vanuit radio en televisie iets te organiseren voor hen. Een feest waar de Belgen uit Canada gevierd worden en waar ze eens volop kunnen genieten van Vlaamse liedjes. Een avond in de Salamander in Ingelmunster bijvoorbeeld, met Frans De Backer, Henk Van Montfoort, Yvonne Henneco, het orkest van Marcel Hellemans én Jan Verbraeken. Die avond komt er en het is een gigantisch succes, dat nog vaak zal worden herhaald. Ook een avond met Louis Neefs is iets wat enorm in de smaak valt.

Als het reisbureau van Luc en Nicole in het midden van de jaren zestig op volle toeren begint te draaien en Luc een paar keer per jaar naar België reist, begint hij zelf zijn plaatjes te kopen. Will Tura, Louis Neefs, Willy Sommers, Paul Severs, Luc Steeno, Jo Vally… Hij programmeert ook af en toe een liedje van Johan Verminnen of een streepje Straussmuziek, maar dan moet hij weleens horen: 'Awel, wat *brol* hebt ge daar nu gedraaid!' Voor veel Vlaamse immigranten blijven die oude liedjes van Jan Verbraeken immers de enige, de mooiste en de beste.

VLAAMS RADIO-UURTJE VAN MAANDAG 11 MAART 1957

Een overzicht van de muziek tijdens de eerste uitzending van Luc Van Maele:

DEEL ÉÉN

1. Retour de Liège – A. Deprince en orkest
2. Florentijnse nachten – Max Van Praag
3. Eens komt de dag – Jan Verbraeken
4. Oh Seville – Jean Vaissade en ensemble
5. Domino – Lena Sanders
6. Goudblond haar – Jan Verbraeken
7. Chantons Madeleine – Maurice Alexander en orkest

DEEL TWEE

8. Gig – Hector Delfosse
9. Ik hoor bij jou en jij bij mij – Max Van Praag
10. Ziede gij me gere – Jan Verbraeken
11. Accordeon medley – De 3 Jacksons
12. April in Portugal – Jan Verbraeken
13. Mijn moeder was een Wenerin – Jan Verbraeken
14. De trappers van Alaska – Bobbejaan Schoepen
15. Zet je van achter – Willy Lustenhouwer
16. Accordeon potpourri – De 3 Jacksons

****

Muziek* Ter beschikking gesteld door de familie:
Achiel Vanderhaeghe
R.R. # 1
Delhi Ontario
Tel. 794-74

Speaker* Luc Van Maele

RADIO zender CKOT Radio in Tillsonburg

18. Handen te kort

Seizoenarbeiders en studenten op de tabakshoeves

Het succes van de flue-cured tabak in Zuid-Ontario heeft ook een schaduwzijde. Al die welvaart en voorspoed werkt in de jaren vijftig en begin van de jaren zestig als een magneet op seizoenarbeiders en werkzoekenden van heinde en ver. Als de tabakspluk begint, eind juli is dat gewoonlijk, dan komen ze met duizenden afgezakt naar Simcoe, naar Tillsonburg en vooral naar Delhi. Die massale toeloop vergelijken sommigen wel eens met een *goldrush*. Al die kandidaat-plukkers vormen een bont allegaartje van nationaliteiten en talen. De tabakstelers pikken de werkkrachten op die ze nodig hebben, in het centrum van Delhi, Simcoe of Tillsonburg. Ze verschaffen deze mensen gedurende een week betaald werk en logement op hun erf, zonder ook maar iets van hen af te weten. Het is altijd bezorgd afwachten of de uitgekozenen wel van aanpakken weten.

EEN BONTE BENDE

Hoeveel extra werkkrachten zijn er nodig op een tabakshoeve in die periode? Florent Devlamynck vertelt:

> *'Tijdens de oogst had ik ongeveer veertien werkkrachten nodig: zes plukkers, één om met de tractor te rijden, zes om een drooghuis te vullen en één om de sticks vol tabaksbladeren hoog in het drooghuis op te hangen. Ik pikte hen op in Delhi op zondagavond. Voor het* curen [stoken] *kon ik gelukkig altijd rekenen op mijn vader. Mijn vrouw kookte elke dag voor die hele bende. Ze konden slapen in een gebouwtje naast de schuur. Allemaal bedden op een rij, een paar kasten, een nagel in de muur voor hun kleren, zo was dat. Een douche nemen kon in de serre...'*

Als Florent en Gabrielle Devlamynck (Lisabeth) terugblikken op wie er allemaal op hun hoeve tijdens de tabakspluk heeft gewerkt, dan is dat, naast de steeds weerkerende schoolgaande jeugd uit hun buurt, een zeer gevarieerde lijst:

> *'In het begin waren dat vooral jonge mannen uit Zuid-Carolina, die meekwamen met de vakmannen die de tabak kwamen drogen, af en toe eens een paar indianen uit het nabijgelegen Six Nations-reservaat, ooit een Russische jongen die met de fiets vanuit Toronto was gekomen, veel stevige drinkers ook, van wie sommige zelf vroegen om pas op het laatste moment te worden uitbetaald omdat ze anders zonder één cent terug naar huis moesten... De laatste tien jaar kwam altijd dezelfde groep uit Quebec: de familie Toussaint. Het was een vader met enkele zonen en ze brachten neven mee en jongens uit de buurt. Ze kwamen met drie auto's. Het was een hechte groep, waarin elk zeer goed zijn taak kende. Als er eens één niet kon meekomen, dan zorgden ze zelf voor een vervanger. Met de jaren groeide er een oprechte vriendschapsband met hen.'*

Bij Gaston Geysens komt er elk jaar een groep Bretoenen de tabaksoogst doen. Die mannen gaan eerst in Quebec in de suikerbieten werken, komen dan naar Delhi voor de tabaksoogst, trekken nadien naar Pain Court om er tomaten te plukken en keren dan pas terug naar Frankrijk. Het zijn prima werkkrachten, die gewend zijn om gebukt werk te doen.

EEN HARDNEKKIG PROBLEEM

Soms moeten tabakstelers tijdens de week nog vlug 's morgens heel vroeg dagloners gaan oppikken ter vervanging van arbeiders die niet meer komen opdagen. Iets wat wel vaker gebeurt. De rest van de grote groep werkzoekers blijft dagenlang werkloos rondhangen op de stoepen en in het park. De problemen blijven niet uit. Vechtpartijen, dronkenschap, ondernemende hoertjes... het is elk jaar hetzelfde liedje. De politie heeft er meer dan zijn handen mee vol en treedt ook streng op. De meesten van die werkzoekers komen uit de Franstalige provincie Quebec. Dat zorgt voor een bijkomend taalprobleem en Jan Modaal in Zuid-Ontario draagt de Quebecois al geen warm hart toe, ook al doet het gros van hen zijn werk prima.

In Simcoe geeft men al vanaf 1950 onderdak aan de onfortuinlijke seizoenarbeiders in een van de jaarbeurshallen en in Delhi deelt de katholieke pastoor Uyen sandwiches uit aan de meest berooiden. In Tillsonburg en Delhi zet men pas vanaf 1958 tentenkampen op voor hen aan de rand van de stad. Daar krijgen ze een slaapplaats en drinkbaar water. Wie geen cent meer op zak heeft, krijgt er bovendien ook tickets voor gratis maaltijden. Maar de plaatselijke overheid is hen al die jaren wel liever kwijt dan rijk.

Vanaf het midden van de jaren zestig geraakt dit hardnekkige, jaarlijks terugkerende probleem eindelijk opgelost omdat vanaf dan de economie in heel Canada in de lift zit en veel betere jobs ruimschoots voorhanden zijn, maar ook omdat de seizoenarbeiders vanaf dan verplicht worden zich eerst te registreren bij het tewerkstellingsbureau. Er komen nog steeds voldoende seizoenarbeiders naar de flue-cured tabaksstreek afgezakt eind juli, maar er is geen overlast meer. Integendeel. Als de oogst een paar weken aan de gang is, dreigt er eerder een tekort en kunnen dagloners die afhaken, nog met moeite worden vervangen. Sommige Quebecois die graag in de flue-cured tabak werken, vestigen zich blijvend in de regio en vergroten zo de katholieke, Franstalige gemeenschap in de *melting pot* van Norfolk, Elgin en Oxford County.

STUDENTEN UIT VELE LANDEN

De scholieren en studenten in de flue-cured-tabaksstreek in Zuid-Ontario zijn wat blij dat ze tijdens de zomermaanden een mooie som kunnen verdienen in de tabakspluk. Studeren kost immers veel geld in Canada, veel meer dan in België. Speciaal voor hen hervatten de lokale middelbare scholen het nieuwe schooljaar later dan normaal, opdat de jeugd tot het einde van de tabakspluk zou kunnen blijven werken.

Vanaf het midden van de jaren zestig, als het aantal seizoenarbeiders begint te slinken, krijgen die Canadese jobstudenten het gezelschap van buitenlandse universiteitsstudenten uit Ierland, Engeland, Schotland, Frankrijk, Duitsland, Oostenrijk, Nederland... en vanaf 1966 ook uit Vlaanderen. Dit Vlaamse-studenten-in-de-tabak-project is een initiatief van de vereniging België in de Wereld (dat later wordt omgedoopt tot Vlamingen in de Wereld). Deze vereniging wordt in 1965 in Brussel opgericht, waarbij onder meer afgevaardigden van de Belgische Club van Delhi aanwezig zijn. De oorspronkelijke bedoeling van die vereniging is de interesse in het eigen culturele erfgoed aan te scherpen bij Vlamingen in het buitenland. Hun tabaksplukproject kent vanaf de start enorm veel succes en het loopt door tot de jaren tachtig. In 1966 nemen er 350 Vlaamse studenten aan deel. In 1967 zijn er dat zelfs 677, verspreid over meer dan 200 bedrijven van hoofdzakelijk Belgische Canadezen. Nadien vermindert het aantal deelnemers geleidelijk. Al het secretariaatswerk dat hierbij komt kijken, en dat is heel wat, wordt gedaan door Marcel Lannoo uit Delhi. De plaatselijke vertegenwoordiger van Vlamingen in de Wereld is Gaston Geysens uit Delhi.

AU, MIJN RUG!

Dit zes weken lange verblijf in Canada is alles behalve een plezierreisje voor de Vlaamse studenten. Tabak plukken is een niet te onderschatten karwei. 'Au, mijn rug!' is niet uit de lucht die eerste dagen. Daarbij komt nog dat in Zuid-Ontario tijdens hartje zomer de zon meedogenloos kan schijnen. En het is zeven dagen op zeven werken, met slechts heel af en toe een rustdag. Dus veel tijd om te gaan zwemmen in het Eriemeer of om Toronto te bezoeken is er niet. Een student die erbij was in 1967, vertelt:

> *'Het was heel vuil werk. Bij het plukken kwam er uit die tabaksbladeren een teerachtige, kleverige gom. Dat kroop in je kleren en na enkele dagen kon je je werkbroek gewoon rechtop zetten en er zo instappen.'*

Niet elke Vlaamse student kan dat zware werk aan. Gelukkig zijn er genoeg andere en minder zware klussen te doen op de tabakshoeves en op de groente- en fruitbedrijven in de streek. In 1971 werken er van de 350 Vlaamse studenten maar amper 150 meer in de tabak.

Om de zware vakantiejob af te sluiten wordt er jaarlijks een feest georganiseerd voor al de buitenlandse studenten en hun werkgevers, afwisselend in de Duitse of de Belgische Zaal. Het gaat er meestal heel gezellig aan toe: er wordt gezongen, gelachen en vooral veel gedronken. Nadien volgt dan voor de meesten nog een korte reis door een deeltje van het immense Canada. Zo kunnen in 1967 de Vlaamse studenten na hun hard labeur in de tabaksvelden van Ontario genieten van een weekje Montreal, waar dan net de Wereldtentoonstelling doorgaat.

EEN INTENSE ERVARING

Remi en Jeanne Bacro (Demeester) uit Delhi doen vanaf het eerste jaar mee aan dit project. Remi is afkomstig uit Appelterre, Jeanne werd geboren in Saskatchewan (Canada), maar haar vader kwam uit Menen en haar moeder uit Bredene. Zij verwelkomen elk jaar tijdens de zomermaanden vier of vijf Vlaamse studenten op hun tabakshoeve in Delhi. Jeanne haalt graag herinneringen op aan die tijd:

> *'Er stond een klein huisje op onze hoeve en daar sliepen ze. Ik kookte voor hen, drie keer per dag. 's Morgens in alle vroegte stond ik al spek met eieren te bakken. 's Middags was het aardappelen-vlees-groenten met een nagerechtje en 's avonds aten ze nog eens gebakken aardappelen met nog wat bij. En dan deed ik ook nog hun was. De tabaksboeren van vandaag zouden het niet meer doen. 's Avonds speelden ze baseball of ze zaten gewoon wat te praten en wij zorgden ervoor dat er een biertje voorhanden was. Soms leenden ze een fiets van de meisjes en reden ze naar het centrum van Delhi.*
> *Die Vlaamse studenten moesten natuurlijk het werk in de tabak leren en krijg je vijf gasten op je erf, dan heb je er vijf verschillende. De ene leert vlug, de andere is iets trager. We hebben ooit één student gehad die echt dacht dat hij op vakantie kwam. Dat was heel vervelend voor de andere jongens, want zij moesten zijn werk er extra bij doen.'*

Delhi. De schuur van de tabakshoeve van Remi en Jeanne Bacro (Demeester) & dochters.

Jeanne Bacro (Demeester)

Een van de studenten die hen nauw aan het hart liggen is Joe (Jos) Vanhumbeeck uit Bierbeek. Hij komt jaarlijks terug, want hij kan het zware werk goed aan en doet het ook heel graag. Bovendien klikt het perfect met Remi.

Veel jaren later, in 1989, moet Jos voor zijn werk een weekje naar de Verenigde Staten en hij profiteert ervan om tijdens het weekend naar Delhi (Ontario) in Canada te reizen om een verrassingsbezoek te brengen aan Remi en Jeanne. Maar als Jos 's avonds laat in Delhi arriveert, treft hij wildvreemde mensen aan op hun tabakshoeve. Ze vertellen hem dat Remi enkele maanden voordien gestorven is en dat Jeanne verhuisd is. Het is een mokerslag van jewelste. Hij gaat slapen in

Jeanne Bacro (Demeester)

Jaren zeventig, Delhi. Vlaamse studenten op de tabakshoeve van Remi en Jeanne Bacro (Demeester).

een motel en zoekt de volgende morgen hun oudste dochter Judy en haar man Bob Sinnaeve op in Langton, om nadien naar Jeanne te gaan. Het weerzien is tegelijk een ontzettend blij en een zeer pijnlijk moment.

Er zijn nog meer Vlaamse studenten die goede contacten blijven onderhouden met het gezin waar ze tijdens de tabaksoogst in Canada hebben gewerkt en er later nog eens op bezoek gaan.

Zuid-Ontario is voor sommigen van die studenten zo'n intense ervaring dat ze met de gedachte spelen om er misschien definitief naartoe te trekken. Ze hebben van Canada geproefd en ze willen meer, ze maken plannen, twijfelen, wikken en wegen... om uiteindelijk hun dromen voorgoed aan de kant te schuiven omwille van allerlei praktische redenen. Vaak is de doorslaggevende reden dat de verloofde het hele avontuur niet ziet zitten. Enkelen voegen echt de daad bij het woord en realiseren die droom, zoals bijvoorbeeld Paul en Trui Serruys, die in Simcoe in de tabaksstreek zijn gaan wonen.

MEXICANEN EN JAMAICANEN

Sinds de jaren tachtig komen jaarlijks, vanaf begin mei tot eind oktober, seizoenarbeiders uit Mexico en Jamaica (*offshore workers*) naar Zuid-Ontario. Ze komen er werken op de tabaksvelden en in de groente- en fruitbedrijven om het broodnodige geld te verdienen voor hun families. Het zijn niet alleen jonge mannen, maar ook veertigers en zelfs vijftigers die jaarlijks als zwaluwen naar het verre Ontario vliegen om het nodige geld te gaan verdienen voor hun gezinnen, om hun kinderen te kunnen laten studeren bijvoorbeeld. Lonen en werkomstandigheden zijn goed vastgelegd door de Canadese overheid (*Foreign Agricultural Resource Management Services*) in het *Seasonal Agricultural Workers' Program*. De Mexicanen hebben de naam van heel goede werkers te zijn. De Jamaicanen zijn in het begin trager, maar na een paar jaren doen ze hun job ook prima.

Het grote verschil met de vroegere seizoenarbeiders en de buitenlandse studenten is dat de vrouw des huizes nu niet meer hoeft te koken voor die hele groep. De werkgever moet enkel zorgen dat er op de hoeve een aparte leefruimte voor hen beschikbaar is met sanitair en met een keukentje waar ze samen hun exotische potje kunnen koken.

Zijsprong: De olympische wielerbaan van Montreal

In 1974 gaat het wereldkampioenschap wielrennen door in Montreal, de grootste stad van de Canadese provincie Quebec.

Voor het luik wielrennen op de baan laat de stad een nieuwe, olympische wielerbaan bouwen die ook zal worden gebruikt tijdens de Olympische Zomerspelen die twee jaar later in datzelfde Montreal zullen worden georganiseerd. Apollo Velodrome Systems van Albert Coulier en zijn zonen Ron en Bob Schelstraete krijgt deze belangrijke opdracht. Met tweeëndertig werklui bouwen ze in dertig dagen van zestien werkuren deze wielerbaan, die tot een van de mooiste, beste en snelste van de hele wereld wordt gerekend. Het is hun koninginnenstuk.

Onze Eddy Merckx pakt de regenboogtrui tijdens het wereldkampioenschap wielrennen op de weg in Montreal. Albert krijgt die dag de kans om deze ontzettend sterke Belgische renner, naar wie hij zo opkijkt, persoonlijk te ontmoeten.

Ook Joe DeMaeyer krijgt de kans om Eddy Merckx te ontmoeten, dit tij-

1974 World cycling Championship

1974, Montreal. De olympische velodroom.

dens een wielerwedstrijd in Toronto, waar Eddy als speciale gast het startschot komt geven en waar Joe 'koerscommissaris' is. Joe, die al sinds 1954 met wielrennen was gestopt, blijft immers tot het midden van de jaren tachtig betrokken bij het wielergebeuren als koerscommissaris voor de provincie Ontario.

De olympische wielerbaan van Montreal is echter geen lang leven beschoren. Het velodroomgebouw wordt na de Spelen omgebouwd tot een toeristische attractie, de Biodome, en de hardhouten piste waarop de olympische deelnemers zich de ziel uit het lijf hebben gereden om goud, zilver of brons te winnen, moet plaats maken voor een ecologische tentoonstelling. Verontwaardigde Canadese wielerliefhebbers pikken dit niet en trachten nog via juridische weg deze prachtige wielerbaan te redden van de sloophamer, maar het mag niet baten.

1979. Albert Coulier is steeds zijn conditie blijven onderhouden en blijven koersen. Hier zegeviert hij op de World Senior Games.

Albert Coulier

19. Je roots kennen

Het culturele erfgoed van de immigranten

De eerste generatie Vlaamse immigranten in Zuid-Ontario blijft zeer trouw aan hun dialect en aan de gewoonten en gebruiken die ze van thuis hadden meegekregen, terwijl ze ondertussen ook hun best doen om de Engelse taal te leren en voldoende mee te draaien in de Canadese multiculturele samenleving. De wil en de drijfveer om te integreren zijn er, maar tegelijk is er ook een sterke behoefte om de eigen cultuur en taal te behouden, als een houvast in de doolhof van nieuwe indrukken en gewoontes. Ze willen tegelijk Canadees worden en Vlaming blijven, iets wat op het eerste gezicht tegenstrijdig lijkt, maar wat in de praktijk goed te rijmen valt voor die eerste generatie immigranten. Het is alsof hun hart een dubbelleven leidt. Ze koesteren twee liefdes tegelijk en ze blijven die allebei trouw, een leven lang. Bij de vooroorlogse immigranten ligt de nadruk wel meer op het behoud van de eigen tradities dan bij de naoorlogse nieuwkomers, die veel meer openstaan voor al het moderne dat in Canada op hen afkomt.

TUSSEN TWEE WERELDEN

Hun kinderen leren van hen de eigen taal en tradities, maar ze belanden via de school en de sport (voornamelijk ijshockey en baseball) in een op en top Canadese leefwereld. Het is moeilijk voor die tweede generatie van Vlaamse immigranten om in beide werelden goed te functioneren. Zij voelen veel meer de tegenstrijdigheid aan van die twee werelden en ze hebben, jong zijnde, meer sympathie voor al het nieuwe. Dat uit zich soms in het aannemen van twee verschillende voornamen: een Vlaamse naam thuis en een Engelse variant op school, op het werk of in de sportclub. Richard thuis en Rick voor de vrienden bijvoorbeeld. Meestal spreken broers en zussen al Engels onder elkaar terwijl ze met hun ouders nog hun Vlaamse dialect (*Belgs*, *Belgian*) praten.

Veel Vlaamse immigranten van die tweede generatie trouwen onder elkaar. Iets wat door de ouders heel erg wordt gestimuleerd en waar de zaterdagse dansavonden in de Belgische Zaal voor veel tussen zitten. Zo blijven de eigen taal en gebruiken nog een generatie langer in ere gehouden. Bij de vooroorlogse immigranten (de *oude* Belgen) was iets anders ondenkbaar, maar bij de naoorlogse nieuwkomers wordt er ook al getrouwd met een Canadese partner of iemand van een andere etnische groep en zelfs al met iemand van een andere kerkgemeenschap (anglicaans, luthers...). In deze gemengde jonge gezinnen raken de eigen taal en cultuur veel vlugger in de vergeethoek. Andere jonge Vlaams-Canadezen vinden met hun pas behaalde diploma's een goede baan in de grote steden of in de industriegordel rondom die steden en ze trekken weg uit het tabaksland en verliezen zo ook vlugger de verbondenheid met de eigen wortels.

MARKANTE WETTEN

Dit verlies van de eigen culturele aard en waarden overkomt niet alleen de Vlaamse gemeenschap in Zuid-Ontario, het gebeurt evengoed bij alle andere etnische groepen. En ook al is dit de normale gang van zaken, toch vindt de overheid van de provincie Ontario dit jammer en neemt ze in de jaren zeventig en tachtig verschillende initiatieven om actief iets te doen voor het behoud van al die culturen die hebben bijgedragen tot wat de welvarende provincie Ontario is geworden. Dit alles kadert in het respect dat de federale regering onder leiding van de liberale eerste minister Pierre Trudeau betoont voor alle etnische groepen in Canada door het uitvaardigen van de *Multicultural Act* in 1971. Deze wet benadrukt de gelijkheid van alle culturele en etnische groepen in het land en voorziet fondsen voor initiatieven in dit kader.

Het jaar 1971 was om nog een andere reden een mijlpaal in de geschiedenis van multicultureel Canada: dat jaar is voor het eerst in de geschiedenis de meerderheid van de immigranten niet van Europese afkomst.

Een andere markante wet die er door de liberale Quebecois Pierre Trudeau is gekomen, is de *Official Languages Act*, waardoor heel Canada officieel tweetalig (Engels en Frans) wordt.

KOESTER JE ROOTS

In 1976 wordt de Multicultural History Society of Ontario (Multicultureel geschiedkundige vereniging van Ontario) opgericht met als doel 'het koesteren van het bewustzijn van de multiculturele aard van de geschiedenis van Ontario en van Canada'. Praktisch betekent dit dat ze zoveel mogelijk interessante foto's, documenten, interviews en getuigenissen van alle etnische groepen in Ontario trachten te verzamelen om ze zorgvuldig te archiveren en te bewaren voor het nageslacht. En ook om hierover tentoonstellingen te organiseren en publicaties uit te geven. De vereniging krijgt onderdak in een gebouw op de campus van het St.Michael's College in de universiteit van Toronto. Hier is hun documentatiecentrum nu nog steeds gevestigd en kan het door de leden worden geraadpleegd.

In de flue-cured-tabaksstreek is het vooral Paula Lannoo (Vanlerberghe) en dochter Kathleen die zoveel mogelijk materiaal over de Belgische immigranten verzamelen voor dit archief.

OPNIEUW NEDERLANDS GAAN LEREN

Een ander initiatief vanuit de provincie Ontario zijn de taallessen die vanaf 1983 gedurende vele jaren overal in de provincie worden gegeven voor de tweede en derde generatie immigranten, om hun kennis van de taal van hun land van herkomst wat bij te spijkeren. In de tabaksstreek kennen de avondlessen Nederlands voor volwassenen veel bijval. De locatie waar de lessen worden gegeven, wisselt elk jaar: Simcoe, Tillsonburg, Delhi en ook Norwich, waar heel veel Nederlandse immigranten wonen. De cursussen lopen een hele winter lang. Het is vooral de bedoeling dat de kinderen en kleinkinderen van de eerste generatie immigranten een brief van hun familie uit het thuisland zouden kunnen lezen en dat ze zelf ook een antwoordje hierop in het Nederlands zouden kunnen schrijven.

Marcel Lannoo, die het diploma van onderwijzer behaalde in België, is een van de lesgevers. Hij probeert die tweede en derde generatie West- en Oost-Vlamingen de correcte Nederlandse taal bij te brengen en zij laten hem op hun beurt kennismaken met een woordenschat waarvan hij het bestaan niet eens vermoedde ('Ons moeder zei dat altijd zo!') en waarbij zijn oren meer dan eens gaan tuiten.

De provincie Ontario organiseert die taallessen ook voor kinderen. In de flue-cured-tabaksstreek worden die Nederlandse lessen gegeven door Antoinette Demaiter, maar dat initiatief duurt maar een paar jaren.

In Windsor is het Sylvia Thijs die vanaf 1983 de geïnteresseerde Belgen en Nederlanders onderricht in de taal van hun ouders en grootouders.

EEN BOEK OVER DE BELGEN IN ONTARIO

Het provinciebestuur van Ontario geeft ook de opdracht om het verhaal van elke etnische groep in Ontario op te schrijven en te publiceren.

De geschiedenis van de Belgen in Ontario wordt geschreven door de Canadese taalkundige Joan Magee. Zij is bibliothecaresse aan de universiteit van Windsor en ze is tevens ook uitgeefster van een Nederlandstalig cultureel tijdschrift in Canada, samen met haar Nederlandse vriendin Henny Ruger. Joan Magee schreef vóór haar boek over de Belgen al het verhaal van de Scandinaven en van de Nederlanders in Ontario en nadien publiceert ze nog de geschiedenis van de Zwitsers in deze provincie.

Voor haar boek over de Belgen verzamelt ze een schat aan informatie over onze landgenoten in de Detroit- en Windsorregio voor 1900, over het wel en wee van de Vlaamse bietenwerkers en de eerste immigranten in de streek van Chatham, Wallaceburg en Leamington en over de pioniersjaren in de oude en de nieuwe flue-cured-tabaksstreek. Ze raadpleegt hiervoor naast historische bronnen in Windsor, Wallaceburg en Toronto, ook vaak het archief van de *Gazette van Detroit* en ze haalt er ook verschillende Vlaamse boeken, artikels en licentiaatsverhandelingen bij. En natuurlijk gaat ze ook met de Belgische immigranten zelf praten. In de flue-cured-tabaksstreek is haar contactpersoon Paula Lannoo (Vanlerberghe) uit Delhi.

Marcel Lannoo

1987, Kingsville. Groepsfoto bij de voorstelling van het boek The Belgians in Ontario. A History, *geschreven door Joan Magee.*

***Vooraan** v.l.n.r.: Marcel Lannoo, Tony De Block en Mike Lipowski (curator van het tabaksmuseum).*

***Tweede rij** v.l.n.r.: Helen DePestel (Vandendriessche), Luc Van Maele, Irma Andries (Vermeulen) (met boek), Alice De Vos, Mary Platteau, onbekend. **Staande**, v.l.n.r.: Gaston Geysens, Nicole Van Maele (Vernackt), Maria Geysens (Vanhooren) (met boek) en tussen Luc Van Maele en Irma Andries zit Paula Lannoo (Vanlerberghe). **Onder aan de trap:** Urbain Platteau (met bril), Georges Vandendriessche.*

***Bovenaan op de trap**: Daniel Verhaeghe met zijn echtgenote links van hem.*

The Belgians in Ontario. A History verschijnt in 1987 bij uitgeverij Dundurn in Toronto met op de voorpagina een mooie foto van de kantklossende Irma Andries (Vermeulen) uit Delhi. Bij de feestelijke voorstelling van dit boek in Kingsville is een hele delegatie Belgische immigranten uit Delhi en omstreken aanwezig.

EEN MUSEUM IN DELHI

Delhi, het flue-cured-tabaksdorp bij uitstek, krijgt in 1979 zijn tabaksmuseum, dat tegelijkertijd ook fungeert als centrum van het culturele erfgoed van de vele etnische groepen die naar deze streek emigreerden: het Delhi Tobacco Museum & Heritage Centre. Het gebouw, dat er aan de buitenkant uitziet als een typische opslagschuur voor tabak, huisvest vroegere landbouwwerktuigen, boeken en foto's over de geschiedenis van de streek, over tabak in het algemeen en vooral over de flue-cured tabak en daarnaast stelt het ook typische klederdrachten tentoon en specifiek artisanaal werk uit die vele landen van herkomst, zoals Hongaars borduurwerk, Litouwse strodecoraties, kunstige Oekraïense eidecoraties en Belgisch kantwerk.

Martina De Ridder

De auteur voor het Delhi Tobacco Museum & Heritage Centre.

HERITAGE DAY

In Delhi groeit tegelijkertijd ook het idee om een multiculturele dag te organiseren. Het idee komt van een Hongaarse doctor in de rechten en voorzitter van de Kerk van de Baptisten. Hij wil in 1978 een organisatie vormen om alle mensen

Gaston Geysens

1993, Delhi. Voorzitter Gaston Geysens houdt zijn openingstoespraak tijdens de Multicultural Heritage Day.

van de verschillende nationaliteiten in de regio bijeen te brengen. Die multiculturele mozaïek is intussen nog uitgebreid met een grote groep Portugezen en een handvol Vietnamezen, Laotianen en Cambodjanen. Die nieuwkomers nemen alle mogelijke jobs en klusjes aan, ze maken lange dagen en hun vrouwen en ook hun kinderen (na schooltijd) werken ijverig mee, vastberaden om er te komen. Het doet veel Belgen terugdenken aan hun werklust en hun enthousiasme van de eerste jaren. Een gretigheid die je maar één generatie kan volhouden.

Het idee voor de multiculturele dag valt in goede aarde bij de Belgische, Poolse, Duitse en Hongaarse clubs. Ze organiseren een eerste 'samenkomst' in de feestzaal van de middelbare school in Delhi en noemen die dag Unity Day of ook Heritage Day. Het is een regelrecht succes. Het initiatief kent een massatoeloop. Laat ons dit volgend jaar nog maar eens doen, besluiten ze, maar dan wel in een van de vier Zalen, te beginnen met de Belgische. Zo gezegd, zo gedaan, maar het volgende jaar is de Belgische Zaal, die toch een duizend mensen aankan, gewoon te klein voor de massale belangstelling. Daarom organiseren ze het jaar nadien, begin mei, hun multiculturele dag in de immens ruime veilinghal waar in het seizoen de tabak wordt verkocht. Die ruimte is groot genoeg voor de massa bezoekers die elk jaar aangroeit (tot vierduizend kijklustigen), en het ieder jaar stijgend aantal deelnemende landen (tot meer dan twintig). Gaston Geysens is lange tijd de voorzitter van het organiserend comité van deze Multicultural Heritage Day. Hij beschrijft dit grootse, jaarlijks weerkerende evenement in Delhi:

> *'Er was eerst de parade van alle natiën. Elk land met zijn vlag en zijn klederdracht, voorafgegaan door een doedelzakband. Dat was heel kleurrijk en heel mooi. Zelfs de indianen waren erbij, in hun feesttenue, met pluimen en al. In de veilinghal was er dan een tentoonstelling waarbij elke natie liet zien wat typisch is voor hun land. Elke groep bereidde ook een eigen gerecht en demonstreerde een typische vaardigheid. Voor België was dat kantklossen. De hele namiddag waren er dan optredens van dansgroepen uit Polen, Hongarije enzovoort. Wij, Belgen, hadden geen dansers of geen nationaal kostuum en we moesten toch iets bedenken. Daarom deden we beroep op Roger Debacker uit Hamilton. Hij was lid van de Belgische Club in Toronto en hij bezat een traditioneel Gilles van Binche-kostuum* [een Gilles van Binche is een carnavalfiguur in Binche, gekleed in een pak met belletjes en een masker, en met bij zich een mand met sinaasappelen voor de kijklustigen]. *In dat Gillespak liep hij dan rond in de zaal en deelde hij sinaasappelen uit.'*

PAULA EN IRMA

Een vaste waarde en stuwende kracht achter de Belgische vertegenwoordiging op die multiculturele dag in Delhi is Paula Lannoo (Vanlerberghe). Voor dat multiculturele feest zoekt zij voor de Belgische stand iemand die goed kan kantklossen en die er ook vlot kan over vertellen in het Engels. Zo komt ze terecht bij Irma Andries (Vermeulen), die gretig toestemt om mee te doen. Paula maakt voor hen beiden een 'kantwerkstersjurk' naar een model dat ze in een Brugs museum heeft gezien, en hiermee stappen ze allebei op in de parade van alle natiën. Irma stelt haar Brugse kant tentoon en ze klost en vertelt voluit.

Sindsdien is Irma, samen met haar dochter Mary Jean (Marie-Jeanne), een vaste waarde op de Belgische stand op de jaarlijks terugkerende multiculturele erfgoeddag in Delhi.

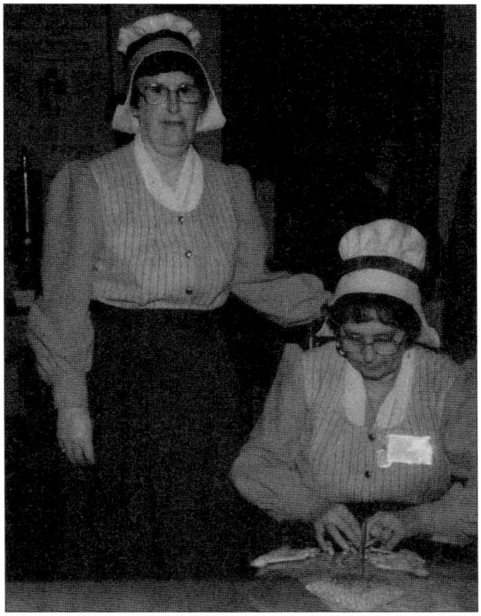

Irma Andries (Vermeulen)

1985, Delhi. Paula Lannoo (Vanlerberghe) en Irma Andries (Vermeulen) op de Belgische stand tijdens de Multicultural Heritage Day.

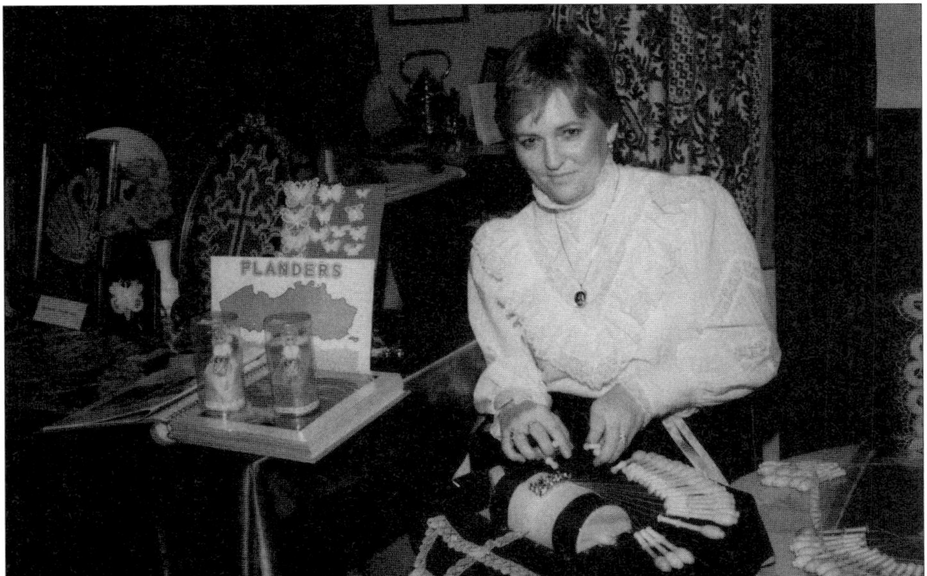

Irma Andries (Vermeulen)

1985, Delhi. Ook Marie-Jeanne (Mary Jean), de dochter van Irma Andries, demonstreert kantklossen tijdens de Multicultural Heritage Day.

20. Moeilijke jaren

De oliecrisis en andere zware dobbers

Het succesverhaal van de schijnbaar niet te stuiten economische vooruitgang die begon in de jaren zestig, blijft niet duren. In 1973 al wordt de hele wereld wakker geschud door de oliecrisis. Olieprijzen gaan fors de hoogte in en aangezien zoveel economische sectoren afhankelijk zijn van olie, raken wereldwijd bedrijven in nood, verhogen de werkloosheidscijfers, stijgen de staatsschulden en komt er inflatie. Ook Canada krijgt hiervan zijn deel en de federale regering probeert daarom meer vat te krijgen op de olieproductie in de westelijke provincie Alberta door het staatsbedrijf Petro-Canada op te starten. Als er in 1979 nog een tweede oliecrisis volgt, is het wel duidelijk: de economische wereld wordt nooit meer als voorheen. Eerste minister Pierre Trudeau kan nog even het vaandel hoog houden in Ottawa, maar in 1984 treedt hij af en laat Canada verweesd achter met zeer hoge werkloosheidscijfers en de waarde van de Canadese dollar in vrije val.

DE LUCHTBEL SPAT UITEEN

Die economische crisis is ook voelbaar in de flue-cured-tabaksstreek in Zuid-Ontario. In 1975 komt er plotseling en vrij onverwacht een eerste verwittiging. Dat jaar sukkelt de sigarettenverkoop in een dipje door een combinatie van een hogere verkoopprijs, meer taksen en daarbij nog exportproblemen. Er is ineens een te groot aanbod van tabak in de veilinghallen, waardoor een deel niet verkocht geraakt. Dat betekent een financiële ramp voor de telers die met hun oogst blijven zitten. Heel het tabakswereldje is in beroering en de bestuursleden van de OCTGMB in Tillsonburg zijn kop van jut. Na lang en moeizaam onderhandelen met de vertegenwoordigers van de tabaksverwerkende bedrijven komt er toch een akkoord uit de bus, dat zegt dat voortaan de onverkochte tabak verplicht moet worden opgekocht aan een bodemprijs. Nadien herstelt de situatie zich weer vlug en leek deze korte crisis maar een venijnige speldenprik te zijn.

In het begin van de jaren tachtig echter begint de algemene achteruitgang van de economie ook voelbaar te worden in de tabaksindustrie. De verkoop van sigaretten daalt en dat betekent dat er minder tabak wordt aangekocht en dat het spook van overproductie dreigt. Als er dan ook nog geruchten de ronde doen over een eventueel ingrijpen van de overheid om het aantal tabakshoeves te verminderen om zo de hele tabaksindustrie weer gezond te krijgen, dan duikelt ineens de marktwaarde van de tabakshoeves spectaculair naar beneden en spat de hele luchtbel uiteen. Ineens is het immense bedrag dat sommige tabakstelers hebben geleend bij de bank, om nieuwe machines te kopen of om uit te breiden, hoger dan wat hun eigendom nog waard is, met alle gevolgen van dien. De bank slaat die hoeves aan en verkoopt ze zonder zich hierbij te bekommeren of de verkoopprijs wel redelijk is en hoe het nu verder moet met het gezin dat op dat bedrijf woont. Als ze maar hun geld terugkrijgen, dat is voor hen voldoende. Er gaan dan ook tabakshoeves van de hand aan schandalig lage prijzen. In het beste geval kan de onfortuinlijke tabaksboer zijn woning behouden en koopt zijn collega-buurman de grond en toebehoren. Die buurman krijgt zo een onverwachte kans om zijn bedrijf behoorlijk uit te breiden op een relatief goedkope manier. Anderen hebben minder geluk en verliezen van de ene op de andere dag letterlijk alles. Dit zijn schrijnende menselijke drama's, waarvan sommige zelfs tot zelfmoord leiden. De zwakke broertjes worden er meedogenloos uitgeschud. Deze situatie is geen speldenprik meer, maar een keiharde vuistslag die iedereen wakker maakt.

DE KLEINTJES ERUIT

Door de sterk gestegen interesten zitten vele tabakstelers financieel in zeer nauwe schoentjes. Er is dringend hulp nodig van de overheid, maar het duurt nog tot de lente van 1987 eer de Canadese regering ook daadwerkelijk met een hulpprogramma, het zogenaamde *Redux Program*, op de proppen komt. Hierbij wordt financiële hulp geboden aan de tabakstelers die eruit willen stappen. Het geld hiervoor komt van de federale en de provinciale overheid en is een soort compensatie voor het verlies dat de tabakssector lijdt door de fikse verhoging van de taksen op verpakte sigaretten. De tabakstelers mogen hun quota's (toelating voor de productie van een bepaalde hoeveelheid tabak) verkopen, deels aan de overheid deels aan collega's die op die manier de capaciteit van hun bedrijf kunnen vergroten. Dat is immers de bedoeling van de hele opzet: minder tabakshoeves, maar wel grotere. De uitstappers krijgen bovendien nog een flinke som geld extra toegestopt om 'iets anders' te gaan produceren. Maar begeleiding in dat zoeken naar 'iets anders' komt er nauwelijks en die hulp is eigenlijk hard nodig, want wát moeten ze in 's hemelsnaam gaan produceren? Het proefstation van het ministerie van Landbouw in Delhi zoekt antwoorden hierop. Het experimenteert al sinds 1970 met alternatieve gewassen zoals maïs, witte bonen, sojabonen, tomaten, komkommers en pindanoten – tabaksboer Camiel Duwyn start zo met succes Duwyn Peanuts op. Maar met welk gewas de vroegere tabakstelers ook beginnen, ze verhogen steeds het marktaanbod in die sector, waardoor de prijzen (en dus ook de winsten) dalen. Dat geldt ook voor degenen die zich in minder voor de hand liggende en tot dan toe zeer winstgevende branches lanceren, zoals het kweken van forellen bijvoorbeeld. Helemaal op zijn eentje experimenteert Marcel Follens al vele jaren met het kweken van witlof en heel geleidelijk aan vindt hij voor deze typisch Belgische groente een afzetmarkt.

Het *Redux Program* loopt vijf jaar en halveert bijna het aantal tabakstelers. Later volgen nog een paar uitstapprogramma's. Langzaamaan verdwijnt ook het systeem van sharegrowing, omdat de winstmarges van de tabaksbedrijven te klein worden om nog eens door tweeën te worden gedeeld.

Ook de vertegenwoordigers van de tabaksboeren in het bestuur van de OFCTGMB in Tillsonburg worstelen zich door moeilijke jaren. Er zijn zware meningsverschillen en er moeten pijnlijke beslissingen worden genomen om de noodzakelijke besparingen te kunnen doorvoeren. Zo wordt het aantal comitéleden verminderd en gaat de veilinghal in Aylmer onherroepelijk dicht. Dit droeve lot zal later ook de veilinghal van Tillsonburg beschoren zijn.

WERKGELEGENHEID

De crisis in de tabaksteelt heeft zijn weerslag op de hele tabaksstreek. Vooral de handelszaken, van de kleine kruidenier tot de groothandelaar in landbouwmachines, zien hun omzet dalen en delen mee in de klappen. Onder die handelaars zijn behoorlijk wat Vlaamse immigranten.

En toch is het niet allemaal kommer en kwel. De werkgelegenheid in de tabaksstreek krijgt een flinke oppepper door de grootse plannen die de regering heeft met het dorpje Nanticoke in het aangrenzende Haldimand County. Daar wil men het immense, verlaten oefenterrein voor oorlogsvliegtuigen langsheen het Eriemeer herschapen in een nieuw, groot industriegebied met daarbij nog de bouw van een totaal nieuwe stad, die even groot moet worden als Toronto.

Er komt een staalbedrijf, een petroleumraffinaderij en een belangrijke energiecentrale die de nodige steenkool aanvoert vanuit de Verenigde Staten over het Eriemeer, maar daar blijft het bij. De ambitieuze plannen voor de 'City of Nanticoke' belanden ergens in een lade om er nooit meer uit te komen en Nanticoke blijft het onooglijke dorpje dat het altijd al is geweest.

De oliecrisis had indirect ook positieve gevolgen voor Zuid-Ontario. Door de schaarste in de jaren zeventig worden kleine Japanse wagens plotseling zeer populair in de Verenigde Staten en de autogigant General Motors gaat joint ventures aan met Suzuki en Toyota om die wagens in de Verenigde Staten en Canada te kunnen bouwen. Zo wordt bijvoorbeeld Ingersoll, ten noorden van de tabaksstreek, vanaf de jaren tachtig een centrum voor auto-industrie.

Dat neemt echter niet weg dat jonge gezinnen, waaronder ook kinderen en kleinkinderen van Vlaamse immigranten, de streek verlaten en uitzwermen naar grootsteden of streken waar hogere lonen lonken. Naar Toronto bijvoorbeeld, dat een belangrijk internationaal handels- en zakencentrum is geworden rond 1980, toen veel internationale bedrijven die gevestigd waren in Montreal (provincie Quebec) hun hoofdkwartier naar Toronto verhuisden wegens een mogelijke afscheiding van de provincie (een afscheiding die er uiteindelijk toch niet is gekomen). Of naar Calgary in de olieprovincie Alberta, een paar dagreizen of vier vlieguren van Zuid-Ontario vandaan. Ze verkopen hun huis, doen hun volledige inboedel van de hand in een garageverkoop en trekken met een paar valiezen naar de *West*, een nieuw leven tegemoet.

NIET MEER HETZELFDE

Vanaf de jaren tachtig zijn de gloriejaren van de Belgische Zaal en de Belgische Club in Delhi ook definitief voorbij. Er wordt nog wel gefeest, gedronken, gedanst, plezier gemaakt, gekaart, gebiljart, gebowld, met de boog geschoten en met de pijlen gegooid, maar het is niet meer met het vuur en het elan van vroegere jaren. Van diegenen die voor Wereldoorlog II immigreerden, zijn er immers al veel overleden. Van de naoorlogse generatie laten sommige ouderen het al afweten en de jeugd is niet meer geïnteresseerd. Die zitten tijdens de jaarlijkse

G&MA Pieters (Duwyn)

1986, Delhi. Een groepje boogschutters van de Delhi Archery Club met een trofee die ze tijdens een tornooi behaalden. Staand v.l.n.r.: manager van de Belgian Hall Mike Gruyaert, Dave Allis, Maurice Verkest, George Pieters en Wilfried Scheers. Zittend v.l.n.r.: Joe DeMaeyer, diens zoon Rick DeMaeyer (†1988) en Mitch Franke.

Belgische dagen in juli liever met vrienden op het strand van Turkey Point aan het Eriemeer dan naar een wielerkoers te gaan kijken waar ze geen snars interesse voor hebben.

Lidgeld betalen voor de Belgische Club hoeft niet meer. Het systeem van lidkaarten wordt afgeschaft rond 1980, wanneer de Canadese wet inzake uitbating van privéclubs versoepelt. Iedereen kan nu de bar van de Belgische Zaal binnenwandelen en er iets drinken en iedereen mag de banketzaal huren om er een feest te organiseren.

De aantrekkingskracht tussen de immigranten en hun familie in België blijft echter groot. Er wordt druk heen en weer gevlogen en naar die familiebezoeken wordt hunkerend uitgekeken. Belgen willen graag eens zien hoe hun broers, zusters, tantes, ooms, neven en nichten leven in dat grote land over de oceaan. En de Belgische Canadezen keren graag even terug naar hun roots, naar de plek waar zij of hun ouders vandaan komen en nog altijd een beetje thuishoren, ook al is er ontzettend veel veranderd in al die jaren en missen ze er het moderne comfort van hun huis in Canada.

21. Niets blijft duren

Steeds meer Canadees, steeds minder Belg

Na het aftreden van de Liberale eerste minister Pierre Trudeau in 1984 is Canada weer een andere economische koers gaan varen onder zijn opvolger Brian Mulroney van de Conservatieve Partij. Deze heeft opnieuw de poorten van Canada opengezet voor investeringen uit het buitenland en dan vooral uit het land van zijn goede vriend Ronald Reagan. Er komt een vrijhandelsovereenkomst met de Verenigde Staten in 1989, die vier jaar later, onder de Liberale eerste minister Jean Chrétien, nog uitgebreid wordt met Mexico. De Canadese economie herpakt zich met als niet te vermijden nevenverschijnsel een nog grotere veramerikanisering van de Canadese (consumptie)maatschappij dan voorheen.

NIEUWE OBSTAKELS EN ONZEKERHEID

De Canadese flue-cured-tabaksindustrie integendeel herpakt zich niet. In de jaren negentig rijzen er weer nieuwe obstakels. Er moet nu worden opgebokst tegen de illegale invoer van veel goedkopere sigaretten uit het buitenland. De Canadese tabakstelers moeten nu meer dan ooit focussen op kwaliteit. De Canadese flue-cured tabak is kwalitatief veruit de beste en de zuiverste en moet dat ook blijven. Meer dan ooit groeit het besef dat telers, fabrikanten, handelaars en de provinciale en de federale regering moeten samenwerken om de Canadese flue-cured-tabaksindustrie verder in leven te kunnen houden. Maar de sigarettenfabrikanten beginnen niettemin goedkopere ingevoerde tabak uit onder meer Brazilië en China te gebruiken en de overheid doet ook niets aan die vreselijk hoge taksen op sigaretten.

Daarbij komt nog dat de tegenstanders van roken meer en meer hun stem laten horen. Dat deden ze al sinds het eind van de jaren zestig, maar pas nu worden ze echt ernstig genomen. En als dan in 1986 ook nog wetenschappelijke studies bewijzen dat roken nadelig is voor de gezondheid van kinderen, die vaak ongewild de sigarettenrook inademen, is het hek van de dam. Ineens gaan veel meer mensen aandacht schenken aan de antitabakboodschap en krijgt deze groep meer impact op de publieke opinie. Ook in de ogen van de Canadese overheid kent tabak geen genade meer sinds de bevindingen van die wetenschappelijke studies. Iets wat de gezondheid van kinderen kan schaden, moet worden geweerd. Voor het eerst krijgt het woord tabak een negatieve bijklank, iets wat gewoon ondenkbaar was tijdens de gouden jaren en waarmee de tabakstelers voortaan zullen moeten leren leven.

De terechte, groeiende bezorgdheid van de Canadese overheid over de schadelijke gevolgen van roken met de daarbij horende sensibilisatiecampagnes verandert de mentaliteit ten opzichte van tabak enorm. De verkoop van sigaretten daalt en de voortdurend stijgende verkoopprijs door de steeds hogere taksen werkt dit nog in de hand. Wie wel nog rookt, vindt steeds meer de weg naar de illegaal ingevoerde sigaretten. En die weg eindigt in Zuid-Ontario in het Six Nations-reservaat. De sigaretten die daar verkocht worden zijn veel minder van kwaliteit maar wel een pak goedkoper.

De fors dalende verkoop van sigaretten is er mee de oorzaak van dat tabaksverwerkende bedrijven hun deuren sluiten of naar het buitenland verhuizen. De onzekerheid in de tabaksstreek doet jonge mensen verhuizen naar grotere centra en drukke voorsteden. Ook de jonge Canadezen met de Vlaamse achternamen zwermen verder uit. De provincie British Columbia, helemaal aan de Stille Oceaan, met Vancouver als voornaamste trekpleister, is nu *the place to be*, waar zich het economische wonder (misschien) zal voltrekken en mooiere toekomstperspectieven lonken naar de pas afgestudeerden.

KOOLROLLETJES EN KROKETTEN

De vier etnische zalen in Delhi functioneren nog steeds, al wordt het steeds moeilijker om de nodige mensen te vinden om alles te organiseren en wordt hun publiek steeds ouder.

Zowel de Belgische, de Duitse, de Hongaarse als de Poolse Zaal hebben het moeilijk om economisch rendabel te blijven en om hun ouder wordende gebouw in perfecte staat te houden. Het accent ligt nu vooral op 'Hoe overleven we?', 'Hoe kunnen we onze prijzen zo democratisch mogelijk houden?' en vooral 'Hoe kunnen we zoveel mogelijk grote feesten strikken?'. En natuurlijk blijven die Zalen nog altijd een veilige thuishaven, een stukje eigen nest, voor de oudere Belgische, Duitse, Hongaarse en Poolse immigranten. Het is hun mini-enclave, waar de eigen verenigingen nog steeds onderdak vinden en waar ze hun eigen socioculturele activiteiten kunnen blijven organiseren.

Puur zakelijk gezien zijn de bestuurscomités van de vier zalen concurrenten van elkaar, maar dat belet hun niet om als het nodig is ook samen te werken. En er is een duidelijke kruisbestuiving te merken: Belgische wafels in de Hongaarse Zaal, koolrolletjes naast kroketjes op een feestelijk bord in de Belgische Zaal… Het kan allemaal.

GASTON GEYSENS

De Belgische Club vindt steeds moeilijker bereidwillige kandidaten voor zijn bestuur, maar er is wel één vaste waarde, een rots in de branding: Gaston Geysens. Hij wordt tweejaarlijks herkozen tot voorzitter van de Club en dit van 1977 tot 2003 (met een korte onderbreking als gewoon bestuurslid). Hij krijgt hiervoor van de Belgische Staat de onderscheiding van Ridder in de orde van Leopold II. Ook Roger Debusschere is vele jaren bestuurslid. Hij is de trouwe ticketverkoper bij elk evenement dat de Belgische Club organiseert. En de laatste jaren is ook Mary Kowanetz (Van Praet) een vast begrip geworden in het bestuur van de Belgische Club.

Gaston Geysens kan terugblikken op vele jaren van aangename samenwerking en goede contacten met de Belgische ambassade in Canada en het consulaat in Toronto. Vooral de Belgische ambassadeur Luc Carbonez, een Kortrijkzaan, was een graag geziene gast in Delhi. Gaston kan ook terugblikken op heel wat mooie gebeurtenissen tijdens de vele jaren van zijn voorzitterschap, zoals de uitgebreide viering van het veertigjarige bestaan met een huldebetoon aan

Gerard Vanden Bussche en de viering van het vijftigjarige bestaan van de Belgian Club.

PRINSELIJK BEZOEK

Maar hét hoogtepunt is toch het bezoek van kroonprins Filip aan de Belgische Club op 8 december 1998. Die dag komt de prins er kennismaken met de grootste groep Belgische immigranten in het buitenland, dit in het gezelschap van de Belgische ambassadeur in Canada, vicepremier en minister van Economie en Telecommunicatie Elio Di Rupo en van de burgemeester van Delhi, Roger Vermeulen. Prins Filip toont zich zeer geïnteresseerd in hun verenigingen, hij laat zien dat hij best zijn mannetje kan staan in het boogschieten en hij zit mee aan de feestdis. Het is een memorabele dag, waarop zelfs Vlaams-Canadezen in de Belgische Zaal aanwezig zijn die nog nooit eerder een voet in hun zaal hebben gezet (want die zijn er ook). Over die 8ste december '98 zal nog jarenlang worden nagepraat in de flue-cured-tabaksstreek en de foto's die die dag gemaakt zijn, zullen nog vaak tevoorschijn worden gehaald en met een zekere fierheid worden getoond.

R&R Robyn (Merckx)

8 december 1998, Delhi. De eretafel in de Belgische Zaal tijdens het prinselijke bezoek. Gaston Geysens wordt geflankeerd door prins Filip en Elio Di Rupo.

G&MA Pieters (Duwyn)

8 december 1998, Delhi. Prins Filip kent iets van boogschieten, dat kunnen de leden van de Delhi Archery Club vaststellen tijdens het prinselijke bezoek aan de Belgische Zaal.

DE BOOGSCHUTTERS

De meest vitale Canadees-Belgische vereniging in de flue-cured-tabaksstreek is de boogschuttersgilde, de Delhi Archery Club. Zij hebben hun oefenlokaal achter de bar, beneden in de Belgische Zaal, en ze komen er elke woensdagavond en elke zaterdagavond samen voor een schieting. In ruime

8 december 1998, Delhi. De sfeer was zeer gemoedelijk en ongedwongen tijdens het bezoek van kroonprins Filip.

R&R Robyn (Merckx)

vitrinekasten aan de muur prijken de trofeeën die de clubleden behaalden tijdens provinciale en internationale tornooien (bijvoorbeeld in het Amerikaanse Detroit) en hun gouden erelijst van Koningen en Koninginnen van het Jaar. Mary Ann Pieters (Duwyn) uit Simcoe is de enthousiaste bezielster en de duiveldoet-al van deze goeddraaiende vereniging. Zij en haar man George zijn beiden lid sinds 1974. Wilfried Scheers heeft de taak op zich genomen om de juniorafdeling en het boogschieten voor families in goede banen te leiden. Zelf is hij met deze hobby begonnen in 1967, maar hij kende het boogschieten al van toen hij kind was in Beveren.

CANADEZEN IN CANADA

De Belgische Dagen rond 21 juli verwateren volledig. Het is niet dat de kinderen en de kleinkinderen van de Belgische immigranten hun wortels verloochenen. Verre van. Maar er zijn zoveel andere dingen die belangrijker zijn voor hen. Supporteren voor zoon of dochter die baseball speelt bijvoorbeeld, of samen met vrienden (van welke etnische afkomst ook) naar de cottage bij het meer trekken…

Maar als neven en nichten uit België op bezoek komen, dan ontvangen ze hen met open armen en doen ze hun best om nog een beetje *Vloams* te spreken. Ze reizen zelf ook naar België om er met eigen ogen het dorp te zien vanwaar hun ouders of grootouders kwamen, al of niet gecombineerd met een bezoek aan Parijs (want dat moet je toch ook gezien hebben!). Sommigen steken veel tijd en energie in het opstellen en uitpluizen van hun stamboom. Vooral vrouwen doen dat. Anderen bezoeken het Museum van de Immigratie, Pier 21, in Halifax, ontdekken dat ze daar een kopie kunnen vragen van de immigratiedocumenten van hun ouders of grootouders en staan dan met het document in hun handen en overmand door onverwachte emoties rond te staren in die enorme hangar, waar hun ouders of grootouders ooit voet aan wal hebben gezet in Canada.

Het verleden boeit hen, fascineert hen, is een deel van hen, maar ze leven vooral nu, als Canadezen in Canada.

22. En nu?

Wat overeind bleef

Vanaf 2000 gaat het steil bergaf voor de tabaksproducenten in Zuid-Ontario. Een trend die trouwens in heel de westerse wereld aan de gang is. Elk jaar hebben de Canadese sigarettenfabrikanten minder tabak nodig en ze eisen daarenboven elk jaar opnieuw een goedkopere prijs om nog een rol te kunnen spelen op de huidige wereldmarkt (waarin China een steeds belangrijkere plaats inneemt).

Als daarbij de Canadese regering zijn bevolking wil beschermen tegen de gevolgen van passief roken en vrij kordaat aanstuurt op een *smoke-free* (rookvrij) Canada, dan wordt het overduidelijk: het einde van de flue-cured tabak in Zuid-Ontario is onafwendbaar.

IETS ANDERS, MAAR WAT?

De uitstapprogramma's in 2004 en in mei 2005 waarbij respectievelijk 200 en 150 tabakstelers hun quota's kunnen inleveren en hiervoor een som geld ontvangen van de federale en de provinciale regering, zijn slechts een pleister op een houten been. Linda Lietaer, verantwoordelijke public relations van de Ontario Flue-Cured Tobacco Growers' Board, vat de situatie eind 2005 zo samen:

> *'De sigarettenfabrikanten stellen een prijs voor die lager ligt dan de productiekosten van onze tabakstelers. De meesten van onze mensen willen niets liever dan verder blijven doen, want tabak telen is hun leven, het is iets waar ze al generaties lang ontzettend goed in zijn. Maar op deze zwaar verlieslatende manier kan het niet verder. Het is niet meer leefbaar.'*

Geheel of gedeeltelijk overschakelen op een andere teelt is niet eenvoudig en kost handenvol geld. Een tijdje lijkt ginseng (voor uitvoer naar China) de ideale alternatieve teelt te zijn, maar de investeringskosten zijn zeer hoog en als de Chinezen zelf meer ginseng beginnen te produceren, is ook hier weer de mooie winstmarge verdwenen. Andere mogelijke alternatieven zijn paprika's, groene asperges, watermeloenen, aardbeien, blauwe bessen of kruiden. Enkelen komen zeer origineel uit de hoek, zoals de Duitse familie Koprich in Rhineland, die lavendel gaat verbouwen, de Nederlandse familie Boerkamp in Waterford, die van hun tabaksbedrijf een golfterrein maakt, en Mark VanGoethem, die heil ziet in agrotoerisme en van zijn hoeve in Waterford een soort landbouwpretpark maakt (Vango Adventure Farm). Sommigen krijgen hierbij financiële steun via het *Community Transition Program*, als hun project voldoende origineel, vernieuwend en haalbaar is.

MEEDOGENLOZE DRAAIKOLK

Er is maar weinig sympathie in Zuid-Ontario voor de uitzichtloze situatie van de flue-cured-tabakstelers. In de ogen van de doorsneeburger hebben ze immers jarenlang geld *geschept*. Maar Jan Modaal vergeet daarbij dat heel die winstgevende tabaksindustrie jarenlang voor een hoge welstand heeft gezorgd voor de hele streek en dat iedereen hiervan kon meegenieten.

Op de sympathie van de andere land- en tuinbouwers en van de fruittelers uit de streek moeten ze niet rekenen. De hele landbouwsector heeft het immers moeilijk. Iedereen moet heel inventief en ondernemend zijn om het hoofd boven water te kunnen houden en voor de andere telers is er geen Marketing Board die hen als een zorgende moeder beschermt en de prijs en de verkoop voor hen regelt zodat ze alleen maar hoeven te produceren.

De hele regio snakt naar nieuwe economische initiatieven opdat de pas afgestudeerden en de jonge gezinnen in de streek zouden kunnen blijven. Op een bepaald moment doen er zelfs geruchten de ronde dat de middelbare school in Delhi zal moeten sluiten wegens een dreigend tekort aan leerlingen.

Delhi, met zijn vijfduizend inwoners, is het dorp dat het nauwst verbonden is met het hele flue-cured-tabaksgebeuren, onder meer door de grote veilinghal op haar grondgebied. Het is het dorp dat het meest van al de vruchten heeft geplukt van de gouden jaren en dat nu in de meedogenloze draaikolk naar beneden ook de zwaarste klappen moet incasseren. Iets wat zich vertaalt in leegstaande winkelpanden met ingegooide ruiten en verkommerde en afbladderende gevels in de hoofdstraat.

Gelukkig keert het tij door de komst van een paar kleinere bedrijven in Delhi en een groot toeleveringsbedrijf voor autogigant Toyota op het industrieterrein van Simcoe.

De inwoners en het gemeentebestuur van Delhi blijven niet bij de pakken zitten en starten een team op dat praktische initiatieven moet bedenken om hun zieltogende dorp er weer bovenop te krijgen.

TOUR DE NORFOLK

Een van de voorstellen van het team is om de traditie van de jaarlijkse wielerwedstrijd tijdens de Belgische Dagen opnieuw op te pikken en in een eigentijdse versie te gieten. Wielertoerisme is nu het sleutelwoord. In de Verenigde Staten is dit heel populair aan het worden. Waarom niet een tour organiseren voor wielertoeristen, door het zacht glooiende, landelijke Norfolk County en langs de boorden van het Eriemeer met als vertrek- en eindpunt de Belgische Zaal in Delhi met nadien nog een lekkere maaltijd en entertainment bovenop? Yvette Mahieu, zelf een fietsfanaat, coördineert deze Tour de Norfolk, die doorgaat op 21 juli 2007. Op die bewuste zaterdagmorgen dagen meer dan driehonderd deelnemers op. Het is een regelrecht succes. Ook in 2008, met vijfhonderd deelnemers.

Delhi en omgeving gaat zich nu verder profileren als de regio met een hart voor wielertoeristen in het bijzonder en ecotoerisme in het algemeen.

FACELIFT VOOR DE BELGISCHE ZAAL

De verfrissende bries die door Delhi waait, is ook in de Belgische Zaal en de Belgische Club te voelen. In april 2007 neemt een nieuwe groep het bestuur over. De voorzitter is nu Marc Vanden Bussche, directeur van de firma Vanden Bussche Irrigation Ltd. en kleinzoon van Gerard Vanden Bussche, de man die zestig jaar eerder de allereerste voorzitter was. Het bestuur bestaat verder uit: Ed Debusschere, Frank Noorenberghe, Randy Casier, Ivan Christiaens, Nancy Pynaert (Pieters) en David Wagner (die na korte tijd plaats ruimt voor Anne Vankerrebroeck). Tijdens de zomermaanden krijgt de voorgevel van het bijna zestig jaar oude gebouw een ingrijpende facelift. Zachtgeel is de gevel nu, afgewerkt met rode en zwarte toetsen. De zuidzijde is al in mei 2006 opgefleurd door een terras vol kleurrijke parasols. In de herfst volgen werken aan het interieur van de bar. De opknapbeurt, een nieuw logo inbegrepen, is een charmeoffensief om klanten te winnen. Het is immers vooral het verhuren van de zaal dat geld in het laatje brengt. Dus profileren ze zich via reclame en een eigen website als de grootste zaal in de regio voor feesten en banketten tot 640 gasten. En terloops zeggen ze er graag bij dat hun zaal de grootste Belgische Zaal is in heel Noord-Amerika. Ooit was die grootte hun troef, want zij konden alle feesten aan, nu is het vooral een nadeel, want de verwarming van die immense ruimte kost

Delhi Belgian Club

2007, Delhi. De Belgian Hall nu.

een fortuin. De Belgische Zaal garandeert een perfecte service met een mooi gedecoreerde zaal en lekker eten op tafel, alles tot in de puntjes verzorgd.

DE VLAAMSE EMIGRANT

In de grote feestzaal staat sinds 3 april 2005 een beeld dat de Belgische gemeenschap koestert alsof het van puur goud is en dat ze '*absolutely gorgeous*' vindt: *De Vlaamse Emigrant* van beeldhouwer Patrick Steen uit Leke (Diksmuide).

Dit grote kunstwerk uit brons en metaal is een geschenk uit Vlaanderen. Het initiatief kwam van Ludwig Vandenbussche uit Leke, die de vertegenwoordiger is van de *Gazette van Detroit – afdeling Vlaanderen*. Hij vond dat er voor de negentigste verjaardag van de *Gazette* toch iets speciaals moest worden gedaan om te tonen dat Vlaanderen zijn zonen en dochters die naar de Verenigde Staten en naar Canada emigreerden, nog niet is vergeten. Hij sprak hiervoor een jonge kunstenaar uit zijn dorp aan, Patrick Steen. Iemand die vooral gekend is voor zijn werken met recyclagemateriaal uit de landbouw. Ludwig zocht ook sponsors voor dit project en zo kreeg *De Vlaamse Emigrant* langzaamaan vorm. Het is een kunstwerk geworden dat een gezin met drie kinderen voorstelt, dat op de kasseistenen van de kaai in Antwerpen op het schip staat te wachten waarmee ze de grote oversteek gaan maken. Een blauwkleurig waterbassin symboliseert de oceaan en aan de andere kant ervan rijst de skyline op van een onbepaalde Noord-Amerikaanse stad.

Het beeld werd voor het eerst getoond aan het publiek in Leke in september 2004 tijdens het huldefeest voor de jarige *Gazette*, ook al was het toen nog niet helemaal klaar. In februari 2005 is het volledig afgewerkte beeld dan naar zijn uiteindelijke bestemming overgebracht. Dat was niet Detroit omdat er daar geen officiële locatie meer is van de Belgische immigranten, maar wel Delhi in Canada, omdat daar nog veel uitgeweken Vlamingen wonen en onze taal en cultuur er nog leeft.

Deze schenking werd gesponsord door een tiental Vlaamse steden en gemeenten, door firma's en verenigingen en ook door enkele particulieren. Hun namen staan vermeld op een ereplaket.

De onthulling van het beeld in de Belgische Zaal in Delhi was een druk bijgewoonde gebeurtenis, waarop ook een afvaardiging van de Belgische gemeenschap in Chatham aanwezig was. Het beeld is zo raak, zo herkenbaar, zo treffend dat het niemand onberoerd laat. Elke immigrant die het bekijkt, herkent zichzelf in een van de personages en voelt zich weer heel even dat kind of die jonge volwassene van net voor het definitieve vertrek.

L. Vandenbussche

De Vlaamse Emigrant *van Patrick Steen. De figuren en de kasseistenen kade zijn vervaardigd uit brons, het waterbassin is van metaal en de skyline is gemaakt uit recyclagemateriaal zoals kettingen. Het beeld is 1m60 hoog, een meter breed, anderhalve meter diep en weegt 150 kg. Een gewichtig geschenk uit Vlaanderen!*

AANDEELHOUDERS

De Belgische Club in Delhi is nog altijd een vereniging van aandeelhouders, net zoals bij de start in 1947. Hun aantal is wel drastisch geslonken van negenhonderd toen naar ongeveer zeshonderd nu. De vele aandeelhouders van het eerste uur die al overleden zijn, hebben er niet allemaal aan gedacht om hun aandeel op tijd door te geven aan de volgende generatie zodat 'dat papiertje' in veel gevallen is zoekgeraakt. Nieuw bloed komt er doordat sommige Belgische immigranten hun kinderen of kleinkinderen één of meerdere aandelen in de Belgische Club schenken (kostprijs honderd Canadese dollar) ter gelegenheid van bijvoorbeeld hun 21ste verjaardag. Het praktische voordeel hieraan verbonden is dat ze voor het organiseren van een feest de zaal aan een sterk verminderde prijs kunnen huren. Het woord 'aandeel' doet automatisch denken aan geld beleggen en vooral winsten opstrijken, maar dat geldt niet voor deze *shares*. Ze moeten eerder symbolisch gezien worden als een bewijs van betrokkenheid, inzet en steun voor de Belgische Club.

De raad van bestuur van de Belgische Club organiseert per jaar een vijftien activiteiten in zijn zaal, waaronder een vijftal initiatieven van de Ladies Auxiliary. Hun groep telt nog meer dan honderd leden en ze bruisen van energie.

HELMUT LOTTI

De *dinner & dance*-avonden lokken nog steeds een 150 feestvierders naar de Belgische Zaal, maar het valt op dat het enkel en alleen immigranten van de eerste en tweede generatie zijn. Maar ook al staat er een zes of een zeven voor, de Belgische Canadezen walsen en slowen alsof ze altijd twintig zijn gebleven.

De tijd dat Vlaamse zangers kwamen optreden in de Belgische Zalen in Canada is voorbij. In oktober 2003 gaf de Koninklijke Muziekkapel van de Belgische Marine uit Oostende er wel nog een zeer gesmaakt concert. Dit was een initiatief van het Belgische consulaat in Toronto.

Gelukkig is er voor de vele liefhebbers van Nederlandstalige liedjes en van accordeonmuziek nog altijd het radioprogramma *Vijftig minuten nieuws en muziek made in Flanders* van Luc Van Maele op zondagnamiddag. Luc is sinds mei 2005 een jaartje uit de ether omwille van gezondheidsproblemen, maar op 20 augustus 2006 neemt hij de draad weer op. In 2004 heeft hij van het Koninkrijk België de onderscheiding van Ridder in de Orde van Leopold II gekregen voor deze jarenlange inzet. Hij ontving het ereteken tijdens een speciale bijeenkomst op de residentie van de Belgische consul-generaal in Toronto.

Jan Verbraeken, de vroegere held van het lichte lied, is van zijn troon gestoten door Helmut Lotti. Helmut is nu de vedette bij uitstek voor de Vlaams-Canadese mensen in Zuid-Ontario. Liedjes als *Valencia* en *Granada* horen de wat ouderen heel graag, want dat kennen ze van vroeger. Toen Helmut de eerste keer in Toronto kwam optreden, zijn ze met twee volle bussen naar zijn optreden gereden. Maar ook charmezanger Jo Vally heeft meer fans dan hij vermoedt in de tabaksstreek van Zuid-Ontario.

VERENIGINGSLEVEN

De Belgische Zaal is nog steeds de thuishaven voor enkele eigen verenigingen. De kaartclub komt er tijdens de wintermaanden *wiezen* (whisten) op maandagavond en *euchre* spelen op dinsdagavond. De kaarters zijn nog met een dertigtal. De namenlijsten en de foto's van hun vroegere kampioenen pronken in een vitrinekast aan de muur.

De Delhi Belgian Dart Club had er tot voor een paar jaar zijn vaste stek, maar nu gooien ze hun pijltjes op een andere plaats. Hun club telt nog een vijftien à twintig leden, onder wie Bob Sinnaeve, die in 1992 met alle competities stopte, maar nog altijd darts speelt voor zijn plezier.

De Belgische vereniging waarin nog het meeste animo zit in de flue-cured-tabaksstreek, is nu zonder twijfel de boogschuttersgilde, de Delhi Archery Club. Jammer genoeg wordt de lijst van de overleden leden van de gilde steeds langer. Maar er komen gelukkig nog steeds jonge leden bij dankzij de juniorclub onder leiding van Wilfried Scheers. Die juniorclub telt 27 leden in 2006. Sommigen daarvan zijn zeer enthousiast. Zoals Phillip Verhoeve bijvoorbeeld. Hij heeft thuis op de hoeve een eigen liggende wip gebouwd om zoveel mogelijk te kunnen oefenen. Dat resulteert in mooie resultaten tijdens provinciale wedstrijden. Eén of twee keer per jaar begeleidt Wilfried een groepje scouts van Delhi, dat een namiddag komt boogschieten, en heel af en toe krijgt de club een klas van de middelbare school van Delhi op bezoek voor een les in boogschieten. Mary Ann Pieters (Duwyn) is nog steeds de enthousiaste bezieler van de gilde. Mary Ann vertelt:

> *'Ik vervul zowat alle functies in de club, behalve die van voorzitter. Dat is de taak van Mitch Francke.* It keeps you going! *Onze club draait nog steeds goed en dat is fijn. We hebben leden van zowat alle leeftijden, onder wie nog steeds veel oorspronkelijke Vlamingen, maar ook anderen.'*

De fameuze duivenbond van Langton is ondanks ruzies en afsplitsingen toch nog blijven bestaan tot 2001. Toen moesten ook zij opgeven wegens te weinig leden, net zoals de Norfolk Homing Club van Simcoe al eerder had moeten doen eind jaren tachtig en de duivenbond van Delhi zelfs al eind jaren zestig. De overblijvende duivenmelkers, want die zijn er nog altijd, zijn nu aangesloten bij de enige duivenbond die anno 2007 nog steeds bestaat: de Tillsonburg & District Racing Pigeon Club. Ze houden nog jaarlijks hun teerfeest met uitreiking van de trofeeën en alles erop en eraan. Van de vijfentwintig leden zijn er in 2006 nog een tiental van Belgische afkomst: Ozzie Vanhaverbeke, zijn neef Roland Paret, Adolph Nooyens, Frank Schroyens, Jerry Antonissen, Hilda Verheyen, Marcel D'Hondt, Camiel Crombez, John Jacques en Ed DeSutter (†2007).

WIELRENNEN

De wielerclub van Delhi, die in 1939 werd gesticht als de Delhi Cycling Club, bestaat nog steeds. Het is nu de Silver Spokes Cycling Club van Delhi/Tillsonburg. In het bestuur zitten onder andere Yvette Mahieu, Glen Steen en tot voor kort ook Godelieve Van Maele (Bardyn) (°1933, Westrozebeke) uit Delhi, die samen met haar man Willy Van Maele in de jaren tachtig behoorlijk wat trofeeën bij elkaar heeft gereden. De Silver Spokes Cycling Club functioneert onder de vleugels van de grotere London Cycling Club.

Die wielerclub uit London (Ontario) kan sinds mei 2005 het hele jaar door indoor trainen, initiatielessen geven en zelf zesdaagsen en andere wielerevenementen inrichten in de nagelnieuwe Forest City Velodroom. Een vroegere ijshockey-arena in het zuiden van de stad kreeg binnenin een prachtige blankhouten, 138 meter lange wielerbaan met eromheen drieduizend zitplaatsen. Het is het zoveelste project van het familiebedrijf Apollo Velodrome Systems van Albert Coulier en zonen. De kranige, nog steeds actieve, 86-jarige Albert maakte zelf het ontwerp hiervoor. Met de bouw van deze velodroom is zijn lang gekoesterde droom eindelijk in vervulling gegaan: terug over een indoorwielerbaan beschikken in de flue-cured-tabaksstreek (zoals ooit in Delhi). Tijdens zesdaagsen is Albert immer present en gaat hij wat graag een praatje maken met de renners.

Die andere Belgisch-Canadese oud-wielrenner uit de flue-cured-tabaksstreek, Joe DeMaeyer, koestert ook een innige wens. Hij wil zo graag nog één keer een wielerwedstrijd bijwonen in die splinternieuwe Forest City-velodroom in London (Ontario), maar zijn slechte gezondheidstoestand laat het niet toe. Op 8 oktober 2006 overlijdt Joe. Twee weken later, op zondag 22 oktober, wordt hulde aan hem gebracht in de Forest City-velodroom, net voor het begin van de wedstrijden van die dag. Joes zoon, Leon DeMaeyer, heeft voor die gelegenheid de racefiets van zijn vader nog eens tevoorschijn gehaald en hij rijdt ermee een ereronde op de glimmend nieuwe piste die zijn vader zo graag nog een keertje had gezien.

MULTICULTURELE INITIATIEVEN

De inrichters van de multiculturele dag in Delhi krijgen vanaf 2000 nog maar met moeite het nodige volk bij elkaar voor de dagenlange voorbereiding van dit grootse evenement. Al die tafels en stoelen aanvoeren, een podium opstellen en nadien ook alles weer afbreken en terugbrengen… al dat gesjouw wordt te zwaar voor de medewerkers, die allemaal een dagje ouder worden. Op 1 mei 2005 gaat de multiculturele dag nog door in de Arena van Delhi, met als voorzitter van het organiserende comité de Nederlands-Canadese Tony De Block en met 28 deelnemende landen. In 2006 en 2007 past men, maar op 1 juni 2008 gaat men er toch weer voor.

Het multiculturele aspect van de tabaksstreek wordt nog levendig gehouden in het Delhi Tobacco Museum & Heritage Centre, door initiatielessen voor alle schoolkinderen uit graad vijf in traditionele vaardigheden uit Hongarije (borduurwerk), Litouwen (strodecoraties), België (kantklossen) en Oekraïne (eieren beschilderen), in het kader van een cultureel erfgoedprogramma voor de scholen van Haldimand en Norfolk County. De initiatielessen in kantklossen worden tot 2007 gegeven door Irma Andries (Vermeulen).

Volgens Irma geven die 'etnische' lessen de kinderen toch een beter besef dat hun wortels elders liggen:

> *'Toen we twintig jaar geleden met die lessen begonnen, wist geen enkel kind meer waar zijn grootouders vandaan kwamen. Nu weten ze het allemaal. Soms roept er al één van bij het binnenkomen:* "Irma, I am Belgian!"'

Irma geeft ook nog kantles aan volwassenen tot 2007. Voorbeelden en patronen voor haar creaties haalt Irma uit een gespecialiseerd tijdschrift dat ze in Brugge bestelt en ze schuwt de moeilijke, ingewikkelde of zeer grote ontwerpen niet.

OOIT EENS

De meeste jonge mensen in de flue-cured-tabaksstreek hebben weinig of geen boodschap meer aan die etnische tradities. Het is leuk om te weten, meer niet. Ze zijn op en top en voor tweehonderd procent Canadees, hoewel zowat de helft van hen kleinkinderen en achterkleinkinderen zijn van immigranten die in de eerste helft van de twintigste eeuw naar Canada zijn gekomen. Maar wat dan nog? De meesten van hen hebben (over)grootmoeders en (over)grootvaders afkomstig uit verschillende landen. Waar liggen dan je echte roots? Het is wel interessant om te weten waar je grootouders vandaan komen, voor een spreekbeurt op school of zo, maar echt een band voelen met dat land is er voor de meesten niet meer bij. Tenzij de verschillende generaties van de familie dicht bij elkaar zijn blijven wonen en voor het vinden van 'de ware' in eigen kringen zijn gaan zoeken. Enkel in die gevallen kan je nog spreken van een derde en vierde generatie Belgen, Duitsers, Hongaren of Polen. En ja, bij de tabakstelers in dorpen als Langton, Aylmer, Delhi en LaSalette komt dat nog voor. Zo zijn er nog Belgische immigranten van de derde en vierde generatie die nog wat woordjes Vlaams verstaan, nog een en ander afweten van België en misschien zelfs de stad of het dorp vanwaar hun grootouders vandaan kwamen in Vlaanderen, zijn gaan bezoeken, al dan niet in het gezelschap van hun ouders. Maar dit zijn eerder de uitzonderingen dan de algemene regel. Velen praten wel over 'ooit eens' naar dat land van die voorouders te gaan, maar het zal er waarschijnlijk nooit echt van komen (om financiële redenen bijvoorbeeld) en anderen kan het eigenlijk allemaal niet veel meer schelen. Veel hangt af van de vrienden en van de partner(s) die hun pad kruisen.

Het overgrote deel van de kleinkinderen en achterkleinkinderen van de Belgische immigranten in de tabaksstreek van Zuid-Ontario is uitgezwermd over heel de provincie Ontario, over heel Canada zelfs en sommigen wonen in de Verenigde Staten of in een van de Midden-Amerikaanse landen of... weer in België.

Zijsprong: De laatste tabakskoningin

Elk jaar midden september organiseert het tabaksdorp Delhi zijn vierdaagse Oogstfestival. Vroeger, toen nog minstens de helft van de inwoners in de flue-cured tabak werkten, was dit een feestelijke afsluiter van de zware plukperiode. Nu nog worden tijdens de festivaldagen heel wat evenementen georganiseerd in de Zalen en op een podium in de hoofdstraat, maar de animo van toen is verdwenen.

Een vast onderdeel van de feestelijkheden is de verkiezing van een Tabakskoningin. Coach en duivel-doet-al van dit jaarlijkse gebeuren is Susie Huyge, in samenwerking met de Ontario Flue-Cured Tobacco Growers' Marketing Board uit Tillsonburg. Tijdens de gouden jaren waren er elk jaar minstens twintig jongedames die wat graag dat kroontje wilden dragen. In 2005 boden zich nog drie kandidates aan, in 2006 niemand meer.

VIERDE GENERATIE

In 2005 wordt de knappe, 22-jarige blondine Lyndsey Verkindt uit LaSalette verkozen. Ze is een geknipte tabakskoningin, als kind uit een familie die al vier generaties lang het gouden blad verbouwt.

Lyndseys overgrootouders aan vaderskant zijn Robert Verkindt uit Menen en Marguerite Manger uit Knokke. Ze kwamen naar de flue-cured-tabaks-

Lyndsey Verkindt

Delhi's Tabakskoningin 2005, Lyndsey Verkindt uit LaSalette.

streek in de jaren twintig en ze woonden en werkten er eerst op een hoeve in Saint Williams (Norfolk County), waar in 1931 Lyndseys grootvader Roger Verkindt werd geboren. Het jonge gezin verhuisde een jaar later naar een eigen tabakshoeve in LaSalette en in dat huis wonen Roger en zijn echtgenote nu nog altijd. Zoon Allan werd ook tabaksteler en hij bouwde zijn hoeve een paar honderd meter verderop. Lyndsey is de dochter van Allan. Ze behaalde een diploma binnenhuisarchitectuur en volgt in 2005 nog een cursus voor schoonheidsspecialiste. Maar werken in de flue-cured tabak doet ze nog steeds het liefst van al: schoffelen tussen de lange rijen tabaksplanten, bloemen en scheuten wegknijppen, drooghuizen vullen de hele oogstperiode door… daar kan geen enkele andere job tegenop volgens haar. En als ze aangesproken wordt over de schadelijke gevolgen van roken antwoordt ze steevast:

> *'Kijk, tabak verbouwen is wat mijn ouders al zovele jaren doen. Met tabak wordt het bed betaald waarin ik slaap, de kleren die ik draag... Ik voel nog altijd een zekere dankbaarheid ten opzichte van tabak.'*

NAUWE FAMILIEBANDEN

Lyndsey spreekt of verstaat geen Nederlands meer, maar ze zou wel graag eens het land van haar grootouders met eigen ogen zien en daar dan andere Verkindts ontmoeten, want in Canada is haar familie moederziel alleen met die naam. Ze is fier op haar achternaam, dit in tegenstelling tot heel wat generatiegenoten, die hun Vlaamse naam weleens verwensen omdat hij in het Engels zo onuitspreekbaar is. Lyndsey relativeert dit. Zij heeft vriendinnen van Hongaarse origine die met een achternaam door het leven moeten waar echt niet aan te beginnen is.

Lyndsey voelt nog steeds een band met het land van haar overgrootouders en als men haar vraagt van welke afkomst ze is, antwoordt ze steevast 'Belgisch', ook al heeft ze via haar moeder wortels in Ierland en Engeland.

Dat het Belgische element eruit springt, komt door de nauwe band die ze heeft met haar grootouders aan vaderskant, die vlakbij wonen en die nog vaak meehelpen op hun tabaksbedrijf. Opa vertelt nog graag over Vlaanderen, waar zijn ouders vandaan kwamen en waar hij een paar keer op bezoek is geweest.

Lyndsey zou heel graag eens naar België komen. Ze kijkt vaak naar het televisieprogramma *Travel Network* en als er iets over België wordt gezegd of getoond, verscherpt haar aandacht. Zo leerde ze 'Manneken Pis' kennen en haar vader vertelde haar de legende van ons wereldbekende plassende ventje. België is in haar ogen een heel rijk land, waar de vrouwen veel gaan shoppen en waar het leven rustiger is dan in Canada. Een land van wafels, chocolade en frieten met mayonaise, waar het bier in beken stroomt en waar je zelfs cursussen kan volgen om je eigen bier te brouwen. Alle clichés op een hoop dus. Maar België is voor haar ook het land van *Flanders Fields*, waar haar overgrootvader heeft gestreden in de Eerste Wereldoorlog.

1947. Roger Verkindt met links zijn oudere zus Dorothy Verkindt en rechts Angie Rostek.

Dolores VanVlierberghe (Rostek) – *www.lasalette.cc*

23. Doodlopende straat

Nood aan een uitstapplan

Dave Chidley – *The London Free Press*

Voor de zeshonderd flue-cured-tabakstelers in Zuid-Ontario, die na de uitstapprogramma's nog overblijven, is de situatie in de herfst van 2006 penibel. De krant *The London Free Press* bloklettert '*Dead End Tobacco Road*' boven een artikel met een rouwrandje eromheen, iets wat bij Roger en Rosina Robyn (Merckx) uit Tillsonburg (net als bij veel andere gepensioneerde tabakstelers) de bedenking ontlokt:

> *'Dit doet pijn. Dit vinden wij zo erg voor al die jonge mensen die zoveel geïnvesteerd hebben en zo hard werken. Wij hebben het geluk gehad dat we in de goede tijd onze* farm *hebben gehad.'*

EEN WAARDIG UITSTAPPLAN GRAAG

Er moet dringend een totaal uitstapprogramma komen, gefinancierd door zowel de provinciale als de federale regering. De Ontario Flue-Cured Tobacco

Growers' Marketing Board eist dat de tabaksboeren een billijke prijs krijgen voor hun quota's, een vergoeding voor loonverlies en waardeverlies van hun gronden, een compensatie voor de investeringen die ze gedaan hebben in machinerie en waarmee ze nadien niets meer zullen kunnen doen en een som om hen de mogelijkheid te geven om over te schakelen op een andere teelt, want zelf hebben ze daarvoor niet meer het nodige kapitaal. De OFCTGMB berekent dat de kosten van dit uitstappakket ongeveer negenhonderd miljoen Canadese dollars bedragen en suggereert de Canadese regering om dit uitstapprogramma eventueel te bekostigen met een kleine taksverhoging van vijf cent op een pakje sigaretten. Dit zou nog mooi passen in hun 'Canada rookvrij'-campagne ook. De deadline voor dit uitstapplan is 1 maart 2007. Dan is het immers hoog tijd dat de tabakstelers hun serres gaan klaarstomen om de plantjes te zaaien voor het volgende seizoen, als dat tenminste nog nodig is.

Al hun hoop is gericht op de vertegenwoordigster van Norfolk-Haldimand County in het Canadese Parlement en tevens minister van Burgerschap en Immigratie, Diane Finley. Misschien kan zij de kastanjes uit het vuur halen voor haar streekgenoten? Ze doet wat ze kan, maar ze is heel realistisch als ze de tabakstelers toespreekt tijdens meetings of verhitte protestbetogingen. Ze vraagt telkens begrip voor de reële situatie: veel sectoren van de Canadese landbouw zitten in zware problemen, tabak wordt slechts verbouwd in een stipje van dat immense Canada en bovendien heeft het woord 'tabak' een negatieve bijklank gekregen.

PLANTEN OF NIET?

De deadline 1 maart 2007 gaat voorbij en de Canadese federale overheid hult zich in hardnekkig stilzwijgen wat betreft financiering van een uitstapprogramma voor de tabakstelers, tot uiteindelijk de federale minister van Landbouw officieel laat weten dat hij het niet ziet zitten om bijna één biljoen dollar uit te geven aan zeshonderd tabakstelers om dan aan de tweehonderdduizend andere Canadese landbouwers te moeten vertellen dat er voor hen nog vijftig miljoen overblijft om al hun problemen op te lossen. Dit kan niet! Er moet maar eens nagedacht worden over een redelijker voorstel. De Canadese premier Stephen Harper kondigt wel een groot hulpprogramma aan om alle Canadese landbouwers financieel uit het slop te helpen.

De burgemeesters van de flue-cured-tabaksgemeentes gaan zich nu ook actief inzetten voor de zaak, want als de tabak verdwijnt, zal het ook snel bergaf gaan met hun dorpen, vrezen ze. Zelfs de katholieke bisschop Fabbro van London (Ontario) vraagt in een officiële brief aan alle betrokken ministers zich in te zetten voor een waardig uitstapplan voor de tabakstelers.

En ondertussen tikt de klok verder. Moeten ze nu nog tabak planten of niet? Kunnen ze nog wel geld lenen voor het komende seizoen? Het blijven open vragen. De frustratie in de tabaksregio groeit en de banken worden zeer ongeduldig. Enkele wanhopige tabakstelers spreken dreigende taal als ijverige journalisten hun een microfoon onder de neus duwen: 'Als er geen uitstapprogramma komt, dan gaan we tabak planten en verkopen buiten het wettelijk geordende systeem van quota's en verkoop via de Marketing Board, dan bedienen we elke markt die om tabak vraagt. Als er brood op tafel moet komen, dan zal er brood op tafel komen, hoe dan ook.' En met 'elke' markt bedoelen ze natuurlijk het illegale circuit. De beschermende cocon die de Marketing Board al die jaren is geweest voor de flue-cured-tabakstelers blijkt nu voor sommigen een knellend strak keurslijf te zijn.

VERDACHT STIL

De directieleden van de Ontario Flue-Cured Tobacco Growers' Marketing Board herwerken hun suggesties voor een uitstapprogramma en trekken met een *low budget*-voorstel naar de hoofdstad Ottawa. De minister van Landbouw van de provincie Ontario laat alvast weten dat zij geen geld hebben voor deelname in de kosten.

En ondertussen beginnen de flue-cured-tabakstelers aan een nieuw seizoen, boordevol onzekerheid. Elk plant wat minder dan vorig jaar en sommigen haken volledig af. Pas in juli 2007 kan de OFCTGMB het contract afsluiten met de tabaksverwerkende industrie voor de verkoop van tweeëndertig miljoen pond flue-cured tabak, dat is bijna de helft minder dan in 2006, en aan een prijs die vijf cent lager ligt dan vorig jaar. De bodem is bereikt.

En rond het uitstapplan, gefinancierd door de federale en de provinciale overheid, blijft het lange tijd verdacht stil… De federale Canadese regering maakt pas begin augustus 2008 bekend dat 286 miljoen Canadese dollar ter beschikking van de flue-cured-tabaksboeren wordt gesteld om over te stappen op een andere teelt.

Het sprookje van het groene goud, dat ruim honderd jaar geleden in het Zuid-Canadese Leamington begon en dat duizenden Belgen naar de zandgronden van Norfolk, Elgin, Oxford en Brant County bracht in Zuid-Ontario en hen daar veel jaren dicht bij elkaar hield, dat sprookje is uit. Voorgoed.

Voornaamste bronnen

Het boek *The Belgians in Ontario. A History* (1987), geschreven door Joan Magee in opdracht van de Multicultural History Society of Ontario en uitgegeven door Dundurn (Toronto). Het boek is niet meer verkrijgbaar in de handel.

Joan Magee werd geboren in 1937 in Riverside (Windsor), Ontario, waar ze nog steeds woont, samen met haar vriendin van Nederlandse afkomst, Henny Ruger. Samen gaven ze de *Netherlandic Press* uit van 1981 tot 1997. Joan werkte als bibliothecaresse aan de universiteit van Windsor. Ze schreef ook het verhaal van de Zwitsers in Ontario, de Scandinaviërs en de Nederlanders.

Joan Magee zocht de informatie voor haar boek over de Belgen in Ontario in archieven van kranten en tijdschriften (*Gazette van Detroit*, *Wallaceburg News* e.a.), in musea en bij geschiedkundige kringen, in boeken van Vlaamse, Amerikaanse en Canadese auteurs, in een paar scripties van K.U.Leuven-studenten, in briefwisseling en in gesproken getuigenissen van Vlaamse immigranten.

Het boek *Norfolk FOLK. Immigrants & Migrants in Norfolk County* (2005), geschreven door Cheryl MacDonald in opdracht van het Norfolk Folk Book Committee (bestaande uit Marcel Lannoo, Shirley Baker en Bernie Crawshaw) uit Delhi (Ontario). Dit comité is ook de uitgever van het boek.

Cheryl MacDonald is een Canadese journaliste die in Haldimand County (Ontario) woont, maar afkomstig is uit Montreal, Quebec. Ze schrijft boeken over gebeurtenissen uit de Canadese geschiedenis en de locale geschiedenis en ze verzorgt wekelijks een column in de *Simcoe Times-Reformer* over 'de tijd van toen'. Voor haar boek over alle etnische groepen in Norfolk County vond ze haar informatie vooral in archieven van plaatselijke kranten, in boeken en via geschreven en gesproken getuigenissen. Voor het hoofdstuk over de Belgen was een van haar voornaamste bronnen het boek van Joan Magee over de Belgen in Ontario.

Het hoofdstuk '*Belgian Immigration*', pagina 257 tot 269, uit een informatiebrochure in het documentatiecentrum in het **Canadese Immigratie Museum Pier 21** in Halifax, Nova Scotia (*www.pier21.ca*).

Archief van het Redpath Museum in Toronto.

Het boek *Let Redpath Sweeten It* (1993), geschreven door de conservator en archivaris van het Redpath Museum, historicus Richard Feltoe, en uitgegeven door Natural Heritage / Natural History Inc. (Toronto). (Copyright: Redpath Sugars)

Archief van het Delhi Tobacco Museum and Heritage Centre in Delhi, Ontario.

Het boek *The Leaf of the Petuns. Tobacco in Canada* (1968) geschreven door Lyal Tait in opdracht van de Ontario Flue-Cured Tobacco Growers' Marketing Board in Tillsonburg, Ontario, ter gelegenheid van de honderdste verjaardag van de Canadese Confederatie (1867-1967) en de tiende verjaardag van Canada's tabaksveilingsysteem (1957-1967).

Lyal Tait uit Port Burwell was zelf een tabaksteler, hij was lid van het Voorlopig Comité en hij was jarenlang een van de bestuursleden van de Ontario Flue-Cured Tobacco Growers' Marketing Board.

De gelegenheidsuitgave *Tobacco Board 40th Anniversary – Special Edition* (1997), samengesteld door Ed DeSutter in opdracht van de Ontario Flue-Cured Tobacco Growers' Marketing Board in Tillsonburg.

Tijdschriften *The Canadian Tobacco Grower*, jaargangen 1952 tot 1957, uitgegeven door Cash Crop Farming Publications Ltd. in Delhi, Ontario.

Sectie Archieven van de Algemene Dienst Inlichting en Veiligheid in Brussel.

Het archief van de kranten *Simcoe Reformer* en *The Delhi News-Record*, in de bibliotheek van Simcoe.

Website van de regionale Canadese kranten *Simcoe Reformer, The Delhi News-Record* en *The Tillsonburg News*. (*www.simcoereformer.ca*)

Het archief van Norfolk Heritage Centre in het Eva Brook Donly Museum in Simcoe, Ontario.

Website van de Ambassade van Canada in België en Luxemburg.

Diverse websites van de Canadese regering.

Canada. A Celebration (1995) van Robert Fulford, uitgegeven door Key Porter Books Limited, Discovery Books in Toronto in samenwerking met de Canada Council, de Ontario Publishing Centre en de Government of Ontario.

De gelegenheidsuitgave *50th Anniversary Sacred Heart Parish Langton (1936-1986)* (1986) samengesteld door The History Book Committee bestaande uit Marilyn Neyens (Cosyns), Rose Sinnesael (Baecke) en Mary DeCloet (Spriet) ter gelegenheid van het vijftigjarige bestaan van de katholieke Heilig Hartparochie in Langton (Ontario).

Stamboom van de families Duwyn, Huyge, Boterberg en DePauw, opgesteld in 1994 door Joyce Evelyn Mitchell, echtgenote van Camiel Duwyn uit Simcoe, Ontario.

Joyce vatte begin jaren negentig het plan op om de stamboom op te stellen van haar eigen familie en haar schoonfamilie. Ze begon met de familiegeschiedenis van haar echtgenoot, wat haar bij de Vlaamse families Duwyn, Boterberg, Huyge en DePauw bracht. Toen ze met haar eigen stamboom wilde beginnen, kreeg ze kanker. Ze overleed op 18 november 1995.

Website van de Delhi Belgian Hall: *www.belgianhall.ca*.

Mondelinge getuigenissen van:

Irma Andries (Vermeulen) uit Delhi (°1922, Ruddervoorde)

Florent Devlamynck uit Simcoe (°1920, Pervijze)

Gabrielle Devlamynck (Lisabeth) uit Simcoe (°1923, Zarren)

Margaret Van Laeken (Van Maele) uit Langton (°1934, Walsingham, Canada) over haar ouders Richard Van Maele en Elisa Van Besien, allebei afkomstig uit Torhout

Albert Coulier uit Tillsonburg (°1918, Longpre, Frankrijk)

Marcel Lannoo uit Delhi (°1922, Torhout) over zijn ouders Achiel Lannoo en Stefanie Vancompernolle en over zijn echtgenote Paula Vanlerberghe (°1925, Torhout – †1987, Delhi)

Violet Lea (DeSerrano) uit Simcoe (°1925, Leamington, Canada) over haar ouders Aloïs DeSerrano en Emma De Vos, allebei afkomstig uit Beveren-Roeselare

Palmira Murphy (Vanden Bussche) uit Delhi (°1935) over haar vader Gerard Vanden Bussche, afkomstig uit Menen

Joe DeMaeyer uit Delhi (°1923, Chatham, Canada – †2006, Delhi, Canada)

Erna DeMaeyer (Vanhaverbeke) uit Delhi (°1932, Torhout)

Gaston Geysens uit Delhi (°1928, Hooglede)

Roger Robyn uit Tillsonburg (°1928, Stekene)

Rosina Robyn (Merckx) uit Tillsonburg (°1929, Stekene)

Luc Van Maele uit Courtland (°1935, Brugge)

Nicole Van Maele (Vernackt) uit Courtland (°1938, Ingelmunster) over haar ouders Gentiel Vernackt en Albertine Debackere, afkomstig uit Ingelmunster

George Pieters uit Simcoe (°1942, Sint-Gillis-Waas)

Mary Ann Pieters (Duwyn) uit Simcoe (°1943, Brantford, Canada)

Wilfried Scheers uit Delhi (°1935, Beveren)

Oswald (Ozzie) Vanhaverbeke uit Courtland (°1930, Torhout) over zijn vader Omer Vanhaverbeke, afkomstig uit Torhout

Lou(is) Christiaen uit Delhi (°1929, Rodney, Canada)

Raymonda Christiaen (DePauw) uit Delhi (°1932, Kingsville, Canada)

Yolande Bowyer (Hemeryck) uit Simcoe (°1930, Deloraine, Saskatchewan, Canada)

Rita Roe (Fevery) uit Delhi (°1945, Eeklo)
Bob Sinnaeve uit Langton (°1949, Leamington, Canada)
Judy Sinnaeve (Bacro) uit Langton (°1953, Delhi, Canada)
Rinus de Gouw uit Parkhill (°1920, Zundert, Nederland)
Lucia de Gouw (Kustermans) uit Parkhill (°1922, Zundert, Nederland – †2007, Parkhill, Canada)
Henry Kaes uit Simcoe (°1929) over zijn ouders Omer Eugeen Kaes (°1898) en Paula De Vos (°1904, Beveren-Roeselare)
Jeanne Bacro (Demeester) uit Delhi (°1926, provincie Saskatchewan, Canada), weduwe van Remi Bacro (° 1923, Appelterre – †1989, Delhi)
Herry Ghesquiere uit Simcoe (°1929, Wervik)
Archie Verspeeten uit Delhi (°1926, Essex, Canada)
Lyndsey Verkindt uit LaSalette (°1983)

Namenregister

In dit register zijn enkel de namen opgenomen van Belgische immigranten in Canada, hun partners en hun nageslacht. Getrouwde vrouwen vind je onder de naam van hun echtgenoot, naar Canadese gewoonte. Als de meisjesnaam gekend is, staat die er tussen haakjes bij. We sorteren ook op 'Van' en 'De' als dat los van de rest van de achternaam staat geschreven.

Met speciale dank aan:

historicus Jacques Pauwels uit Brantford, Ontario, Canada;
Paul en Hilde Callens-Vannieuwenhuyze uit Pittem
(Vereniging voor Familiekunde Tielt);
Ludwig en Doreen Vandenbussche-Everaert uit Leke
(*Gazette van Detroit* – afd. Vlaanderen).

Reacties op het boek zijn welkom op martina.deridder@hotmail.com.